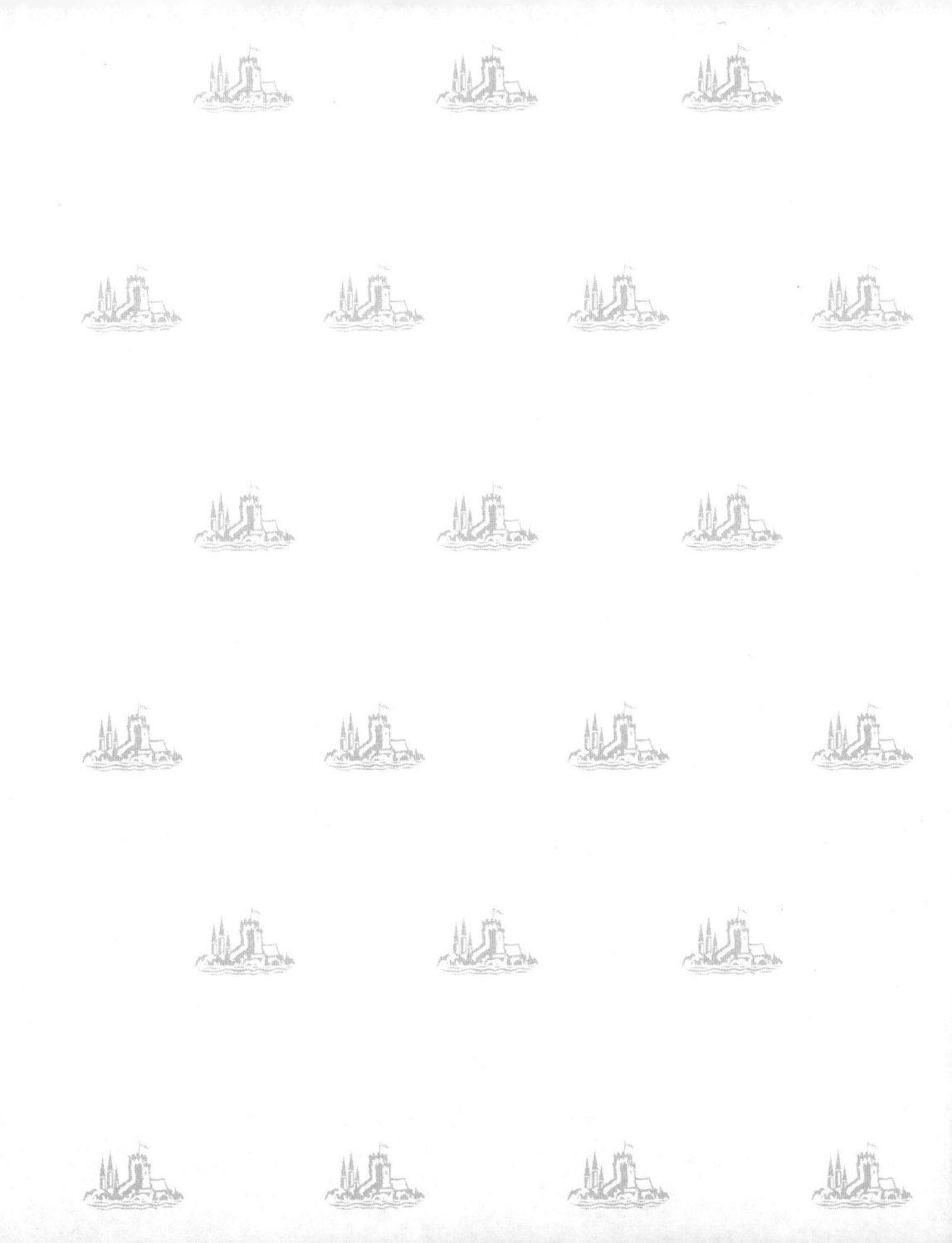

Klaus Granzow

Typisch
Pommern

FLECHSIG TYPISCH

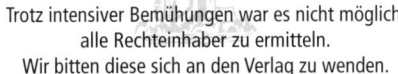

Umwelthinweis:
Dieses Buch und der Umschlag wurden auf chlorfrei gebleichtem Papier gedruckt.
Die Einschrumpffolie – zum Schutz vor Verschmutzung –
ist aus umweltverträglichem und recyclingfähigem PE-Material.

Zeichnungen von Helmut Hellmessen, Maintal

Trotz intensiver Bemühungen war es nicht möglich,
alle Rechteinhaber zu ermitteln.
Wir bitten diese sich an den Verlag zu wenden.

Sonderausgabe für Flechsig-Buchvertrieb
Genehmigte Lizenzausgabe für Verlagshaus Würzburg GmbH & Co. KG, Würzburg
© Stürtz Verlag GmbH, Würzburg
Originalausgabe: Weidlich Verlag, Würzburg
Printed in Spain 2001
ISBN 3 – 88189 – 405 – 5

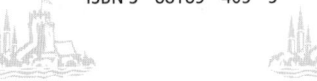

Inhaltsverzeichnis

Man befindet sich in einem
guten Lande　　　　　　　　　　　7

Was die Einwohner des Landes
belanget...　　　　　　　　　　　32

Das Volk hat noch viel Grobheit
an sich
(Der grobe Pommer)　　　　　　　42

Die pommerschen Wasallen seindt
getreue wie goldt
(Der treue Pommer)　　　　　　　59

Freund, versäume nicht zu leben
(Der fröhliche Pommer)　　　　　73

Es ist doch ein schnurrig Ding,
wenn man eine Frau hat...
(Die ländliche und großstädtische Liebe)　　93

Dies ist Pommern. Jetzt bist du
in Deutschland, Däumling
(Legenden, Sagen und Märchen
aus dem Land am Meer)　　　　　110

Vom Fastl-Abend bis Lüttenweihnachten
(Sitten und Bräuche im Jahresablauf)   129

Vom Essen und Trinken
der alten Pommern   162

An Stelle eines Nachworts   186

Autoren und Quellen   187

Man befindet sich hier in einem guten Lande

Und wimmert auch einmal das Herz
und will nicht fort nach Pommern,
wir wissen doch, es schmilzt der Schnee,
es geht zu neuen Sommern.

Theodor Fontane

Konrad Weiss

Fahrt nach Stettin

Manchmal nach der Fahrt über weites
Land, wenn man, so wie wir jetzt, von
Berlin nach Stettin gekommen ist, will der
Sinn des Sehens nicht sofort widerspre-
chen. Das heißt, daß wohl die Schaulust
noch bleibt und daß sie so regsam ist wie
das abendliche Leben selber, das uns jetzt
nach der Stille des Landes umgibt. Mit
der Neige des Tages findet man sich hell-
sichtig und eher noch hellhörig dazwischen. Aber man nimmt nun die Eindrücke, ohne sie zu werten oder weiter zu
Gedanken zu bilden. Orte zwar, wo ein
Werk aus alter Zeit noch mächtig
herrscht, werden den Sinn alsbald wieder
gefangennehmen. Nicht so eine Stadt wie
Stettin, wo die alte Geschichte stark auf-
gesogen ist und in Tun und Bildern sich
die tätige Gegenwart bekennt.

So fahren wir gleich durch die Stadt zu
dem Hafen mit seinen Anlagen an der
Oder. Der Vorhang vor den Augen geht
auf mit der Geräumigkeit über dem Wasser, und die Stadt, die etwas höher gelegen ist, empfängt davon einen mächtigen
Zuwachs. Die geschichtliche Bedeutung
zeigt sich mit der wirtschaftlichen an, und
man spürt den größeren Zusammenhang.
Die Richtung strebt nordwärts. Die weite
Wasserrinne zieht ihrer Mündung zu in
das große Stettiner Haff, und dieses gegen
die Inseln Usedom und Wollin. Dies sind
die ausgeprägtesten Bildungen, welche die
teils ausgeglichene, teils aber durch ihre
Bodden, Inseln und Nehrungen überra-
schend reiche Küste der Ostsee hat. So
macht man sich die Karte im Gehirn zurecht. Aber jetzt ist man mit dem ins Weite geöffneten Vorhang und mit dem er-
reichten Orte zufrieden. Man findet sich
geborgen unter den Menschen der pommerschen Stadt an dem behaglichen
Abend.

Am Ende wollen wir auch von der Hauptstadt Pommerns nur den Haupteindruck,
und dazu gehört die Oder. Aber kleinste
Anhalte können doch dem Sinn noch
Richtung geben, die sich dann in be-
stimmter Art weiterentwickelt. Als wir
auf dem Paradeplatz anlangten, der, auf
einem Teil des alten Festungsgrabens sich
erstreckend, die ältere Stadt gegen die
Oder hin einriegelt, gab uns der stramme
grüne Polizist eine Auskunft, die uns in
die Luisenstraße wies. Er fügte von selber

zur Erklärung den Namen der Königin Luise bei. Im Dahinkommen ersah man kurz das alte Ständehaus mit den genauen preußischen Formen des souveränen Stils aus dem früheren achtzehnten Jahrhundert. Diese Bauweise ist noch weiterhin bemerklich und gibt etwas Bezeichnendes auch von der neueren Stadtgeschichte. Sie erinnert an einen entscheidenden Abschnitt, da Stettin erst 1720 von Schweden, zu dem es im Westfälischen Frieden geschlagen wurde, endlich an Preußen zurückkam. So war schon eine Richtung des Sinnes festgelegt, nämlich die preußische, die somit stärker geworden war als das Gedächtnis an das mittelalterliche Herzogtum Pommern. Schließlich ging auch, daß das Hotel einen sehr preußischen Namen hatte, gefällig in diesen Zusammenhang. Und dazu lesen wir noch auf einer Schrifttafel in der Halle: »Im Jahre 1846 wohnte in diesem Hause Otto von Bismarck und schrieb hier am 21. Dezember 1846 seinen Brautwerbebrief an Herrn von Puttkamer-Jerichow.« So fand man sich mit kleinen Anhalten schon ein wenig geschichtlich eingerichtet.

Aber auch eine Notiz, die nichts weiter als das Wohlergehen des Reisenden betrifft, darf hier Platz haben. Der Süddeutsche kommt wohl wenig nach Pommern. Man befindet sich hier aber, soweit wir zur Wahrnehmung Gelegenheit hatten, in einem guten Lande. Wie man wohnt, oder

bedient wird, das mag man sich wie auf einem Gutshofe vorstellen. Der bejahrte Kellner mit weißem Kittel und mit dem etwas gekrümmten oder durch Gewohnheit gutmütig gebeugten Rücken, der dabei doch wie ein alter Wachtmeister aussah, behandelt mit dem Gaste das Essen-Bestellen nicht als ein Geschäft, sondern als ob er beiläufig die Gepflogenheiten des Hauses hinsichtlich der Mahlzeit mitteilte. Neben anderem schien dann im besonderen die Käseplatte, die mit kleinen und großen Blöcken besetzt war, dem Lande Pommern angemessen. Kurz, was man hier und später als Gast empfand, war nicht nur ein angenehmer Aufenthalt, sondern noch ein Stück Volkstum.

*

Was wir am Abend noch vom Stadtcharakter gesehen haben, das blieb auch am andern Morgen unser näheres Ziel. Es war wieder das Ständehaus, wo das Museum ist und wo in der Vorhalle das Denkmal Friedrichs des Großen in Marmor steht, während sein früherer Standort am Königsplatz durch eine Bronze-Nachbildung ersetzt ist. Das Werk von Schadow ist ähnlich wie Werke Schlüters vorbildlich für die Art, wie in Preußen gute Denkmäler der Geschichte aufgefaßt werden. Es gibt einen nationalen Ausdruck von einer bestimmten, rhetorisch und gedanklich gespannten Wirkung, wenn man auf Plätzen, die oft wie Exerzierplätze sind, nur eine einzige Figur in der Haltung des Fürsten oder Soldaten aufgerichtet sieht. Die Wirkung ist hier nicht in einer allgemein menschlichen Auffassung mit einem antikisch beruhigten Übergewicht gesucht, sondern sie ist aus dem Dienst und Berufe des Königs oder des Soldaten in einem lebhaften Augenblick hervorgerufen. So ist auch hier in dem schönen Marmorwerk die Gestalt Friedrichs durch eine Naturechtheit, durch eine starke Betonung der sprechenden Teile in den souveränen Eindruck erweckt und hineingesteigert. Gegenüber einer allgemeinen Größe bildet sich dadurch mehr das überzeugende Ansehen der zähen und wirklichen politischen Kraft.

Da wir nun am Königstor sind, das wie das Berliner Tor nach 1725 durch den König Friedrich Wilhelm I. errichtet wurde, finden wir vielleicht in seiner barocken Überkrustung und Bekrönung trotz der Gedrungenheit eine ähnliche beredte Stärke im Relief des Anblicks herausgearbeitet. Das Tor hat im übrigen als Denkmal den Charakter eines Festungstores bewahrt, wozu die raumvolle Massigkeit des Materials gehört gegenüber der mehr ideellen Auflösung oder auch »monogolischen« Absicht späterer Tore. Wir aber sind nun zu den Bäumen auf der großen Hakenterrasse hinausgelangt und blicken über den ausgedehnten Treppenaufbau zum Wasser hinab, wo am Oderbollwerk hin dann weiter hinten jenseits der Lastadie im Freihafen Rumpf an Rumpf die Schiffe liegen, wo sich Schlote und Masten und höher noch die Krane heben und der Rauch gleich Wimpeln in der zügigen Luft hinflieht. Ein helles Hochhaus, Hebeanlagen, Sirenentöne, da und dort noch Ländestellen, Fuhrwerke und Pferdegetrampel, ein unruhig umschlagender Wind, aber ein unbewegter großer und grauer Luftraum, so sehen wir den größten deutschen Ostseehafen vor uns liegen. Sofort könnte man über das Haff zu den Bädern mit schönklingenden Namen und über Swinemünde weiter nach Rügen fahren. Wir begnügen uns mit einer Hafenrundfahrt an den Werft- und Industrieanlagen hin. Dabei genießt man die Beschaulichkeit des Fahrens mit dem Anblick des großen Werktags, der sich in all den Anlagen kundgibt, deren Formen zwischen Wasser und Himmel ganz in ihrer zweckhaften Zone für sich allein sind. Reihen von Ladekranen recken sich mit ihrem luftigen Gestänge; da sind die großen, mit Kranen überlaufenen Dockanlagen der Oderwerke, dann wieder schaukelnde Bootsplätze und weiter die Anlegestellen von Segelschiffen des Yachtklubs Pommern an der Tirpitz-Insel. Industriewerke und chemische Werke haben ihre

Schuppen und Verladeplätze. Mais wird aus einem Schiffe ausgeladen, rauschend schießt er in die Boote. Und dann sieht man wieder, wie Sack für Sack ausgeschüttet und umgeladen wird. So ging es hin und her. Und auch der Freihafen mit den fremden Schiffen mußte unseren Umblick noch ergänzen, bis wir das mit den Kranen oft fast abenteuerliche Bild der Hafenstadt wieder verließen. Noch ein kurzer Gang zum alten Stettin, wo das Schloß und dann die Johannis- und die Jakobikirche mit anderer schöner Gotik noch dazwischen steckt; und nun brechen wir den Aufenthalt ab.

Klaus Granzow

Peter- und Paul-Kirche in Stettin

Vor deiner schönen, klaren Backsteinwand,
du älteste der Kirchen von Stettin,
steht jeder, wenn er heimkehrt, wie
   gebannt,
und läßt dein Leid an sich vorüberziehn.

Ein deutscher Bischof legte deinen Grund
und trotzte aller Heiden Spott und Hohn.
Die Pommern schlossen erstmals hier den
   Bund
mit einem Gott und seinem eingeborenen
   Sohn.

Achthundertsechzig Jahre ist es her,
dem Heilgen Adalbert warst du geweiht,
doch es zerstörten Kriege, hart und
   schwer,
dein Mauerwerk für eine lange Zeit.

Der Pommern Wille schuf dich herrlich
   neu,
vertrauten dich dem Schutz von Peter
   Paul.
Sie folgten dir im Glauben, ernst und treu
und streiften ab den alten Heiden-Saul.

Die Linien deiner Backsteinbogenzier —
sie streben nun nach oben, himmelan.
Erhoben, mitgerissen werden wir
durch Zeichen dieser alten Glaubensbahn.

Carl Ludwig Schleich

Mein Ithaka der Jugend
Stettin um 1860

Stettin, die alte Wendenfeste, ist eine echte Hafenstadt am Abhang des mit schwerem Laubwald tief umhüllten uralisch-baltischen Höhenzuges. Es liegt zu beiden Seiten der Oder, deren mehrere Arme Teile von ihm inselartig umfassen. Der breite, nur träge, grau und lässig dahinfließende Strom durchquert die Altstadt direkt nach Norden, links und rechts von

Hafenanlagen, Werften, Villen und bergigen, schön bewaldeten Vororten umrahmt, die bald auf der rechten Seite von flachen Wiesen abgelöst werden. Der Strom erweitert sich dann in einen großen See, den Dammschen, und das breite Papenwasser, um dann mächtig in das Haff auszuladen. Diesem Haff und seinen drei fächerartig gespreiteten Armen: Peene, Swine, Dievenow werfen sich die Inseln Wollin und Usedom dammartig entgegen und trennen das Haff von dem Meer der Pommern, Balten und Skandinavier, der Ostsee. Die Insel Wollin war die Heimat meiner Mutter, woselbst sie mit zwölf Geschwistern eine auch mein Leben sonnig überstrahlende Jugend genoß, deren die ganze kinderreiche Sippe in dem Dorfe Kalkofen auf den Besitzungen meiner Großeltern und Onkels bis zu unserer Reife wie eines großen Glückes teilhaftig wurde. Meine ganze Jugend war eine Glückspendel-Bewegung zwischen Stettin und dieser herrlichen Insel Wollin, von der das sommerreisende Publikum ja nur ein kleines Stückchen um Misdroy herum lieben gelernt hat. Von den schönen Wundern ihres Innern werde ich noch vieles zu berichten haben. Sie ist mein Ithaka der Jugend, das die Erinnerung mit allen Zaubern des ständigen Heimwehs umwoben hat.

Stettin ist bergig auf der Westhälfte und fällt ziemlich steil zum Hafen ab und trug in meiner Jugend noch vornehmlich das Gepräge einer echten Fischer- und Kommerzstadt. Die ganze blühende Entwicklung vom vorherrschenden Großsegel- und Vollschiff bis zum mächtigen Kauffahrteidampfer und den häuserhohen Ozeanriesen habe ich miterlebt. War doch der »Vulkan«, diese weltberühmte Werft, eine Hauptproduktionsstätte größter Dampfer und Kriegsfahrzeuge für aller Herren Länder. Eng waren wir Schleichs mit dem Vulkan verwachsen. Nicht nur, daß mein Vater Augenarzt an diesem Institut war, in dem Tausende von Arbeitern den Stahl zu Schiffsrippen, Rumpfgliedern und Maschinenkesseln umschmolzen, ihn weißglühten, hämmerten und nieteten, was wir Jungen alles eifrig mit ansahen, auch die leitenden Persönlichkeiten waren uns verwandt oder wenigstens eng befreundet. So meine Oheime Schneppe und Koppen, von denen der erstere Aufsichtsrat und der andere ein Jahrzehnt und länger der erste Direktor der Werft war, so Albert Schlutow, der Liebling Kaiser Wilhelms II. Er hieß im Schloß nur »Onkel Schlutow«, genau wie bei uns. In welche naive Zeit meine erwachende Jugend noch hinaufreicht, beweist ein von mir in jungen Jahren belauschtes und bewahrtes Gespräch, das zum Streit anschwoll, zwischen meinem Vater und Onkel Schneppe, einem Vatermörderkragen-Original von eigentümlichster Römerkopfprägung, wie es dazumal in Stettin viele gab, urwüchsig derb rückständig bis in die Puppen, aber lebetoll und ein Schwerenöter. Ich höre ihn noch über den strittigen Schiffsbau also sprechen: »Karl, dat is ja 'n Unsinn mit den Eisenschiffen! Dat weiß doch jedes Kind: Holz schwimmt woll, Eisen versinkt. Et is unmöglich, dat sich eiserne Schiffe über Wasser halten!« In meiner Jugend bildete sich eine Stettin—New Yorker Passagierdampferverbindung, der »Baltische Lloyd« genannt.

Natürlich lagen wir Jungen ständig auf dem Wasser oder trieben uns im Hafen, am Bollwerk in nicht immer holdester Eintracht mit den eingeborenen Bollwerksbrüdern umher, da es überall etwas an Überseewaren zu bestaunen, studieren, stibitzen und zu naschen gab. Da galt es Johannisbrot, Mandeln, Apfelsinen, Zuckerkand, Rohrzucker, Lakritzen und allerhand Gewürze zu mausen. So verlief meine erste Jugend ziemlich kriegerisch in Gemeinschaft von Räubergenossenschaften und Bummlergesindel, da meine Eltern meiner Erinnerung nach bis in meine bewußten Jahre auch nicht den leisesten Versuch gemacht haben, mich standesgemäß zu erziehen, wofür ich ihnen von Herzen danke, denn ich habe mir aus dieser Zeit des Verkehrs mit Schnapphähnen, Bowkies und Latschenträgern, deren futuristisch-kubistisch geflickte Hosen eine sonderbare Neigung besaßen, ständig abwärts zu rutschen, eine gewisse Vorurteilslosigkeit gegen Standesunterschiede und eine gewisse Vorliebe für die Enterbten der Nation bewahrt, nebst der humoristisch-fatalistischen Neigung, irgendein herannahendes Schicksal ruhig auf mich zukommen zu lassen wie den Schutzmann des Bollwerks. Aus zahlreichen Bollwerks- und Straßengefechten, namentlich auf den Abhängen der »Grünen Schanze«, wurden strategisch sorgsam vorbereitete Straßenschlachten mit Besenstielen und Faßreifen, die prächtige runde Husarensäbel abgaben, entwickelt; aus vielen solchen Renkontres, bei denen es häufiger Zahn um Zahn als Auge um Auge ging, habe ich mir eine gewisse Zuversicht in allen Kampflagen erworben, aber auch eine deutliche respektvolle Hinneigung zu meinen Feinden; denn wenn wir uns auch prügelten, wir hatten uns doch ganz gerne, und so habe ich auch meinen zahlreichen und manchmal nicht sehr zarten Gegnern im Lebenskampfe nie so recht bös sein können. Von den Jugendkampfspielen her wußte ich, man vertrug sich ja doch schließlich wieder, und es kam immer eine Zeit, in der »alles nicht gewesen sein mußte!« Vielleicht wissen wir Männer gar nicht, wie lange wir eigentlich »Jungens« bleiben und mit den ernstesten Dingen ein leider viel zu wichtig genommenes Spiel treiben. Nur wenn man die

13

Wissenschaft allzu ernst nimmt, wird man bös. Bewußtsein der Lustigkeit des Gedankenspiels macht gütig und tolerant.

Gerhart Hauptmann

Kap Arkona

Meerumschlungen
Und weidegrün,
Märchendurchklungen
Und heldenkühn,
Herden im Hage,
Reifendes Feld,
Flüsternde Sage,
Lug in die Welt!

Martha Müller-Grählert

Mine Heimat

Wo de Ostseewellen
Trecken an den Strand,
Wo de gele Ginster
Bleuht in'n Dünensand,
Wo de Möwen schriegen
Grell in't Stormgebrus —
Dor is mine Heimat,
Dor bün ick tau Hus.

Well- un Wogenruschen
Weer min Weigenlied,
Un de hogen Dünen
Seg'n min Kinnertied,
Seg'n uck mine Sehnsucht
Un min heit Begehr,
In de Welt tau fleigen
Öwer Land un Meer.

Woll het mi dat Leben
Dit Verlangen stillt,
Het mi allens geben,
Wat min Hart erfüllt,
Allens is verswunnen,
Wat mi quält un drew,
Hev nu Freden funnen —
Doch de Sehnsucht blew.

Sehnsucht na dat lütte,
Stille Inselland,
Wo de Wellen trecken
An den witten Strand,
Wo de Möven schriegen
Grell in't Stormgebrus —
Denn dor is mine Heimat,
Dor bün ick tau Hus.

*

»Diese Klarheit! Dieses stumme und mächtige Strömen des Lichtes! Dann die Freiheit im Wandern über die pfadlose Grastafel. Dazu der Salzgeschmack auf den Lippen. Das geradezu bis zu Tränen

erschütternde Brausen der See... dieses
satte, strahlende Maestoso, womit sie ihre
Brandungen ausrollen läßt!«

Gerhart Hauptmann:
»Gabriel Schillings Flucht«

»... unwiderstehlich zog es mich zum
    Strand,
um mir die Bangnis einer bangen Nacht
in salziger Meereswoge abzuspülen;
nie sah ich seine Fläche so wie heut
in Purpur, den der Tagesgott vorauswarf,
wie jenes Drachen Schuppenhaut
    erzucken,
metallisch vielfach, den der Gott
    erschlug...«

Gerhart Hauptmann:
»Iphigenie in Delphi«

Gerhart Hauptmann

Hiddensee

Hier, wo mein Haus steht,
wehte einst niedriges Gras:
ums Herz Erinnerung weht,
wie ich dereinst
mit Freunden hier saß.
Wir waren zu drei'n,
vor Jahrtausenden mag es gewesen sein.

Es war einsam hier,
tief, tief!
Verlassenheit über der Insel schlief.
Dann kam der Lärm,
ein buntes Geschwärm:
entbundener Geist,
verdorben, gestorben zu allermeist.
Und nun leben wir in fremdmächtiger
    Zeit,
verschlagen wiederum in Verlassenheit.
In meines Hauses stillem Raum
herrscht der Traum.

... und seien es kahle Felsen und öde
    Inseln,
und wohnte Arbeit und Mühe dort mit
    dir,
du mußt das Land ewig liebhaben;
denn du bist ein Mensch und sollst nicht
    vergessen,
sondern behalten in deinem Herzen.

Ernst Moritz Arndt

Ernst Moritz Arndt

Heimweh nach Rügen

O Land der dunklen Haine,
o Glanz der blauen See,
o Eiland, das ich meine,
wie tut's nach dir mir weh!

15

Nach Fluchten und nach Zügen
weit über Land und Meer,
mein trautes Ländchen Rügen,
wie mahnst du mich so sehr!

O wie mit goldnen Säumen
die Flügel rings umwebt,
mit Märchen und mit Träumen
Erinn'rung zu mir schwebt!
Sie hebt von grauen Jahren
den dunklen Schleier auf,
von Wiegen und von Bahren,
und Tränen fallen drauf.

O Eiland grüner Küsten!
O bunter Himmelsschein!
Wie schlief an deinen Brüsten
der Knabe selig ein!
Die Wiegenlieder sangen
die Wellen aus der See,
und Engelharfen klangen
hernieder aus der Höh'.

Und deine Heldenmäler
mit moosgewobnem Kleid,
was künden sie, Erzähler
aus tapfrer Väter Zeit,
von edler Tode Ehren
auf flüchtgem Segelroß,
von Schwertern und von Speeren
und Schildesklang und -stoß?

So locken deine Minnen
mit längst verklungenem Glück

den grauen Träumer hinnen
in alter Lust zurück.
O heißes Herzenssehnen!
O goldner Tage Schein,
von Liebe reich und Tränen!
Schon liegt mein Grab am Rhein.

Fern, fern vom Heimatlande
liegt Haus und Grab am Rhein.
Nie werd' an deinem Strande
ich wieder Pilger sein.
Drum grüß ich aus der Ferne
dich, Eiland lieb und grün:
Sollst unterm besten Sterne
des Himmels ewig blühn!

Ricarda Huch

Stralsund

Altgraue Stadt, die das Meer umblaut,
wo das rostrote Segel sich bläht,
aufblitzt der Fische blanke Haut
und die gaukelnde Möwe kräht.

Es brandet um der Kirche Wall
vergebens Well und Sturm,
sie zittert wohl von der Orgel Schall,
kein Feind stürzt ihren Turm.

Die Wolken mit zartem Flügelschlag
streifen ihr Haupt, drin wühlt

16

ein Traum von zorniger Schlachten Tag,
wo Blut ihren Fuß umspült.

Da liegen die Toten Stein bei Stein,
die Glocken summen dazu:
Ewiges Gedächtnis, mein Sohn, sei dein,
ewige, ewige Ruh!

Gerd Lüpke

Kleine Stadt an der Ostsee

Marktplatz in den Morgen träumt:
Pflasterstein und Wagenspur,
Stundenschlag der Rathausuhr,
graue Häuser lichtgesäumt.

Weiße Sonne steigt herab:
Mittag über Schiff und Kai.
Brücke, Bollwerk, Möwenschrei —
Fischerkahn legt tuckernd ab.

Rote Glut am Himmel steht,
Licht mit Dämmerschatten ringt,
doch vom Turme Frieden klingt:
alter Glocken Dankgebet.

Theodor Malade

Stahlgrau wölbte sich der Himmel über Greifswald

Ein Gemälde von Caspar David Friedrich, standen schwer aus Wiesen und Moor die Mauern und Giebel der Stadt in der diesigen Luft, Natur und Menschenwerk eine feste, unzerstörbare Gemeinschaft. Das war nicht mehr Vergehen und Trauer, sondern Bestand und Kraft. Es kamen Tage und Nächte, in denen der Sturm brauste und brüllte... es kamen Tage: Stahlgrau wölbte sich der Himmel über der Erde, eine frische Brise reinigte von der See her die Luft, und ringsum klapperten lustig die Mühlen. Nirgends Weichlichkeit, überall frohe Kraft...
Auf dem Ryck, dem großen Verbindungsgraben zum Bodden, wurde es lebendig. Kleine Boote glitten dahin oder machten, mit Erzeugnissen der See oder ländlichen Fleißes beladen, am Steinbecker Tor fest, ein in See gehender Frachtdampfer brummte laut, die kleinen Passagierdampfer, die halbstündlich den Verkehr nach Wieck und Eldena vermittelten, lösten sich lautlos vom Bollwerk. Alles vollzog sich ohne Eile und sehr gemütlich. Dem Studio, der das Kolleg schwänzend lieber am Strand bummeln oder den Katzenjammer im Bodden ertränken wollte und dem der Dampfer vor der Nase ab-

ging, winkte der alte Kapitän zu: »Täuwen S', Herr Dokting!« Ein Kommando: »Taurügg!« Und der erboste Ryck warf unter der rückwärtsschlagenden Schraube ordentlich Wellen. Man kannte sich, man war sich gegenseitig Freund.

Schon früh am Morgen, vor Sonnenaufgang, kamen die Wiecker Fischer mit ihren Booten und brachten den Fang der letzten Nacht zu den Räucherhäusern. Ein schwerer Verdienst! Das ganze Wall Heringe, an die sechzig Stück, kostete damals zehn Pfennige. Der Schläfer wurde geweckt durch langgezogene, unverständliche Laute, die wie eine Art indianischen Kriegsgeheuls anmuteten: »Hoalt Hiering — hoalt Boars — hoalt Flunner!« Das waren die Fischweiber, die ihre Karren durch die Gassen schoben und ihre Ware anpriesen.

Paul Fulbrecht

Kirchenruine Hoff

Wellenorgel dröhnt am Kliff
der Ruine Meerchoräle,
wo nun weite Himmelssäle
grenzen an das Kirchenschiff.

Bamberg legte einst den Grund. —
Lauschend stehn wir an der Pforte,

hören Sturm und Predigtworte
mächtig wie aus Gottesmund.

Bröckeln auch die steilen Ufer,
unablässig doch der Rufer
alle Gläubigen beschwört.

Mag sie sinken ins Verwüste:
Gottes Kanzel bleibt die Küste —
unser Beten wird erhört.

Konrad Weiss

Langhin durch Hinterpommern

Schnell schwindet Stettin hinter uns weg; und um noch ein großes Stück des pommerschen Landes hinter uns zu bringen, müssen wir darauf verzichten, nach links auf Cammin und Kolberg zu, wo die Geschichte Pommerns weitere Ankerorte hat, abzubiegen. So wird unsere Fahrt nach Osten ein reiner Landweg, ein Landweg allerdings, wie er der langen pommerschen Seeküste entspricht und wie man ihn nicht leicht wieder in dieser unvergeßlichen und fast gleichmäßigen Weite Stunde um Stunde durchfahren kann. Nun ist, was die Technik heute morgen als Gegenwartsbild gezeigt hatte, schlechthin vom Naturraum der Erde hinweggeschwunden, und was allein noch das ist, das ist die unaufhörliche Feldung. Wohl sind verschiedene Städte auf der langen Strecke, die mit ihren Flüssen auch schon der nahen See zugewandt sind. Aber sowie sie durchfahren sind, herrscht wieder allein das Land. Und was man dazugehörig empfindet, das sind die Gutshöfe und was um sie ist mit dem großen Bauwesen für die Landwirtschaft und mit den Kleinbauten dazu für die Landarbeiter. Auf weite Strecken nichts von einer Siedlung, und dann wieder die Hinweise auf ein Gut, das abseits ist, so ruht dies Land hier in sich und in seinen Jahreszeiten; und es sieht aus, als ob dies immer so gewesen sei und nie anders sein würde.

Immer wieder blickt man gleichmäßig hinaus, und auch, was man als Tagewerk mit Gespann und Menschen sieht, kann kaum mehr vom Landgefühl zum Einzeldasein ablenken. Das Landgefühl aber kann hier übergehen in ein Erdgefühl; und dies ist ein nordisches Erdgefühl. Denn das Land scheint manchmal auch selbst so von sich eingesogen, als ob Arbeit und Dasein nur vor der großen Schwere eines Nichts bestehe, welches dahinter dauert. Ist es nicht, als ob alles, was man tue, nur in einem Vordergrund bestehe, und als ob auch der Blick auf unsere nähere Erde nur wie auf eine farbig schöne Verhüllung sei, hinter welcher, wenn sie aufgerissen würde, als eine helle und große Frage, als eine weiße und

schweigende Leere der Grund des Seins den Schauenden anstarrte? Gibt es nicht solche nordischen Werke?

Und kann uns nicht bei zwei Künstlern, welche geborene Pommern sind, bei Philipp Otto Runge aus Wolgast und bei Caspar David Friedrich aus Greifswald, eine zwar mildere, jedoch ähnliche Empfindung überkommen? Gewiß dichtet gerade Runge an der farbigen Symbolik der »Tageszeiten«, und Friedrich sucht mit Andacht die farbige Hülle der Erde im weiten Raum. Aber bei beiden fühlt man ein hintergründiges Wesen, das ihnen selber dauernder ist als die Schönheit der nahen Schöpfung. Beide schreiten nicht fort in der Geschichte, sondern sie suchen zurück zu einem Naturwesen. Und wenn sie nur den Charakter eines Baumes oder eines Gesichtes zeichnen, so schreiben sie leise etwas Runenhaftes. Beide sind Künstler gleichsam »am Rande der Schöpfung«.

Dieses Gefühl also darf hier, während wir durch die Habhaftigkeit des pommerschen Landes hinfahren, als eine andere seelische Seite nicht vergessen werden. Inzwischen aber ist der Nachmittag lang geworden. Wir sind über Naugard und Plathe gekommen, manchmal liegt ein kleiner See flach im Lande, und in den Städten zeigen klassizistische Hausformen wohl die Verwandtschaft mit dem Stil von Gutshöfen. Ackerer auf den Feldern, einmal mit sechs Pflügen und zwölf Pferden, schwarzgeflecktes Vieh auf den Weiden, auch Schweine am Wege und Herden von Gänsen, aber auf der Straße eilt unser Wagen meist allein dahin. Die leere große Straße läuft unaufhörlich von Osten her entgegen, und man freut sich, daß auch Deutschland so an einem immer gleichen weiten Raum der Erde seinen Teil hat. Rechts würde es nach Schivelbein und zur »Pommerschen Schweiz« gehen. Wir sind durch Körlin und später durch Köslin hindurch, wo es nicht weit zur Ostsee wäre, und dann kommt Schlawe. Gutsflecken, weites, unaufhörliches Land, dann wieder das Viereck eines Marktplatzes mit Gleichheit, Strenge und Stattlichkeit, selten eine größere Hebung in der Gegend, so geht es ostwärts. Ein Regen war vor uns hergezogen und hatte die Straße benäßt, von dem auch das Land noch erglänzte, während die Sonne von Westen immer schräger ihre Strahlen hinter uns her schickte. Es war dadurch eine fast gelbgrüne, gläserne Abendluft über der langsam in das Dunkel sich verlierenden Weite. Mit dem letzten Licht waren wir aber nach Stolp gekommen und konnten noch sehen, wie diese Stadt die kräftigen Bilder der anderen zusammenfaßte und mit älterer Größe erhöhte.

Der Schluß aber war eine Mahlzeit, wie sie die guten Erdgeister dieses Landes besorgen. Und der Kellner war eine ganz alte, dabei aber schwarzhaarige Soldatenfigur, als ob er von Napoleons Feldzug von 1812 übrig geblieben sei. Ganz mild fragte er, ob man zum »Korn« noch ein »Bierchen« wolle. Es klang wohl seltsam zu dem großen Lande.

Ich suche immer wieder nach einer »Vision der Landschaft«. Wir werden sehr froh sein, wenn uns »der Wald« oder »der Himmel« oder »das Meer« wieder die wichtigsten Dinge sein werden.

Lyonel Feininger
(in einem Brief aus Deep im Jahre 1930)

»... doch ist für uns hierzulande (in den USA) nirgends eine »Ostsee« zum Sommeraufenthalt beschieden. Wir sehnen uns oft maßlos nach unseren alten, monatelang ausgedehnten Erholungsreisen in Deep. Das ist uns so gegenwärtig in Erinnerung, wie allen von einst. Doch was nutzt alle Trauer um unwiederbringliche Zeiten, wenigstens haben wir sie in Glück und Frieden durchlebt...«

Lyonel Feininger
(an seine deutschen Freunde
in einem Brief aus New York)

20

Klaus Granzow

»Ja, Swinemünde war herrlich...!«

Als Theodor Fontane einmal von Ignaz Hub um Angaben für eine Autobiographie gebeten wurde, schrieb er zurück: »Th. F., geboren am 30. Dezember 1819 in Neuruppin in der Mittelmark, verlebte das beste Teil seiner Jugend zu Swinemünde an der Ostsee, wohin 1827 seine Eltern übersiedelt waren...«

Theodor Fontanes Vater sagte über Swinemünde sogar: »Wir werden hier Glück haben!« Diese Szene hat sein Sohn in seinem autobiographischen Roman »Meine Kinderjahre« genau festgehalten:

»Halben Wegs zwischen dem Dorf Kamminke und Swinemünde passierten wir eine mitten im Walde gelegene Bohlenbrücke, zu deren beiden Seiten sich eine dunkelschwarze Wasserfläche mit weißen Nymphäen ausbreitete; die niedergehende Sonne stand schon hinter den Tannen, und ein roter Schimmer, der zwischen den Wipfeln glühte, spiegelte sich unten in dem schönen und zugleich etwas unheimlichen Teich. Es steht vor mir, als hätt' ich es gestern gesehen. Bald hinter dieser Brücke hörte der Wald auf, und ein kurzer chaussierter Weg kam, von dem aus man, etwas zurückgelegen, ein weites Moor überblickte, darauf wie Indianerhütten, die ich aus meinen Bilderbüchern

kannte, zahllose Torfpyramiden standen. Der chaussierte Weg, auf dem wir fuhren, war von jungen Silberpappeln eingefaßt, und als diese kurze Chausseestrecke hinter uns lag, begann die Stadt selbst, deren erstes Haus, nicht weitab zu unserer Linken, auf einer kleinen Anhöhe lag. Ein Tischler wohnte darin. Das Strohdach des Hauses hing weit herab und ließ den Lehm- und Fachwerkbau mit seinen Fensterchen nur undeutlich erkennen, aber neben dem Hause zog sich ein Hof- und Gartenstreifen hin, und auf einem den Garten durchschneidenden und allmählich ansteigendem Wege stand ein Sarg, der, weil eben mit einem frischen Lack gestrichen, hell in der Abendsonne blinkte. Das war der Empfang. Ich erschrak in meinem Kinderherzen und wies scheu darauf hin, aber mein Vater wollte von Angst und schlechter Vorbedeutung nichts wissen und sagte: ›Sei nicht so dumm. Das ist das Beste, was uns passieren kann. Das ist, wie wenn einem eine Karre mit einem toten Pferd darauf begegnet, und das hier ist noch besser. Das tote Pferd bedeutet immer nur Geld, aber ein Sarg bedeutet Glück überhaupt. Und bei allem Respekt vor Geld, Glück ist noch besser. Glück ist alles. Wir werden also hier Glück haben. Nicht wahr, Herr Wolff? Glück sag ich. Und Sie auch.‹ Herr Wolff nickte. Übrigens hatte mein Vater ganz recht prophezeit. Es ging uns gut hier, und was mitunter anders aussah, daran war das Glück nicht schuld, das tat umgekehrt sein Möglichstes für uns.«

Fontane beschreibt nun in mehreren Kapiteln sein Leben in Swinemünde. Die Überschriften, die er den einzelnen Abschnitten gab, sagen schon genug: »Unser Haus, wie wir's vorfanden«, »Unser Haus, wie's wurde«, »Die Stadt; ihre Bewohner und ihre Honoratioren«, »Wie wir in unserem Haus lebten — Sommer- und Herbsttage, Schlacht- und Backfest«, »Was wir in Haus und Stadt erlebten«.

Nun, man kann das gar nicht alles in einem Artikel aufzählen, was der Autor über seine Kinderjahre berichtet. Man muß es wirklich lesen, um die rechte Freude daran zu haben. Aber man kann alles, was der alternde Fontane in der Erinnerung erzählt, in dem Satz zusammenfassen, den er an den Schluß des vierten Kapitels setzt: »Dabei quietschten die rostigen Haken, und alles drohte zusammenzubrechen; aber das gerade war die Lust, denn es erfüllte mich mit dem wonnigen und allein das Leben bedeutenden Gefühle: Dich trägt Dein Glück.«

Was ist das doch für ein schönes Wort, das sich auch heute noch jeder Mensch oft vorsagen sollte, wenn er einen neuen Lebensabschnitt beginnt: »Dich trägt Dein Glück.«

Als Fontane 13 Jahre alt war, mußte er Swinemünde verlassen und ging auf das Gymnasium nach Neuruppin und dann auf die Gewerbeschule nach Berlin.

Nach dreißig Jahren besuchte er Swinemünde wieder. Über seine Eindrücke schrieb er seiner Frau Emilie aus Heringsdorf vom 24. August 1863. In dem Brief heißt es:

»Es sind erst zwei Tage und zwei Stunden, seit ich von Berlin fort bin, und schon habe ich so viele Eindrücke empfangen, so viele alte und neue Menschen gesehen und gesprochen, daß mir zumute ist, als hätte ich den Berliner Staub und die Berliner Rinnsteine schon wochenlang hinter mir. Staub und Rinnsteine, da haben wir's. Es läßt sich gegen diese Badereiserei gewiß sehr viel sagen; in hundert kleinen Dingen verschlechtert man sich, es fehlt an Komfort und manchem anderem noch, aber man hat Ruhe und frische Luft, und diese beiden Dinge wirken wie Wunder und erfüllen Nerven, Blut und Lungen mit einer stillen Wonne. Selbst in Swinemünde hatte ich am Sonnabend schon dies Gefühl, hier habe ich es seit gestern in einem sehr verstärkten Grade.

Stettin gefiel mir außerordentlich, der Sonnabend (es war Markt) und der Strom voller Boote von den benachbarten Oderdörfern tat das seinige. Die Landschaftsbilder am Haff waren anmutig. Um vier waren wir in Swinemünde.

An der Stelle, wo ich als 14jähriger Junge, angetan mit einem blauen Bastard von

Frack und Jacke, getanzt und bei ›Pfänderspiel‹ und ›Wohnungsvermieten‹ zuerst die Unbefriedigtheit des jungen Poetenherzens empfunden hatte, erhebt sich jetzt (da früher ein altes wackliges Fachwerkhaus stand) ein großes Hotel mit vielen Balkonen und einem Eckturm, ein Gasthaus, das in Erscheinung und Größe keinem Berliner etwas nachgibt... Aber auch die Stadt selbst hat sich verändert, und in abermals dreißig Jahren wird sie vermutlich den Charakter einer kleinen Schifferstadt mit Giebelhäusern völlig verloren haben. Diese Giebel, die Bäume vor den Türen und eine Art Gitter, das hürdenartig diese Bäume einschloß, war das Hübscheste an der Stadt, aber alles das ist auf dem Punkt zu verschwinden. Nur der Kastanienbaum steht noch, aus dessen Spitze ich (beim Kastanienpflücken) niederstürzte, wobei einer der untenstehenden Jungen ausrief: ›Donnerwetter, nu kommt ne große!‹

Dies führt mich natürlich auf das Haus, darin ich fünf Jahre lang gelebt, gelernt, gespielt, geweint habe. Es ist total runtergekommen. Die Apotheke ist verlegt, und in dem Lokal, wo sonst rezeptiert wurde und wo der katholische Gehilfe dem protestantischen Kollegen mit dem Messingleuchter einen Schlag auf den Kopf gab, ist jetzt ein schmieriger Kaufmannsladen. Doch steht noch der alte Nußbaum, der damals seine noch jungen Zweige in das Fenster von Papas Stube hineinwachsen ließ. Ich bin in solchen Dingen so unsentimental wie möglich, und ich kann nicht sagen, daß das alles mich tief ergriffen hätte; aber von leiser Wehmut, von einer gewissen Herbststimmung, wird das Herz doch beschlichen.«

Wieder vergehen die Jahre, aber die Erinnerung an Swinemünde bleibt in Theodor Fontane lebendig. Als Greis schreibt er am 22. Oktober 1890:

»Es gibt doch wirklich eine Art genius loci, und während an manchen Orten die Langeweile ihre graue Fahne schwingt, haben andere unausgesetzt ihren Tanz und ihre Musik. Diese Beobachtung habe ich schon als Junge gemacht; wie spießbürgerlich war mein heimatliches Ruppin, wie poetisch das aus bankrotten Kaufleuten bestehende Swinemünde, wo ich von meinem siebenten bis zu meinem zwölften Jahre lebte und nichts lernte. Fast möchte ich hinzufügen ›Gott sei Dank‹. Denn das Leben auf Strom und See, der Sturm und die Überschwemmungen, englische Matrosen und russische Dampfschiffe — das war besser als die unregelmäßigen Verba. Ja, Swinemünde war herrlich...!«

Theodor Fontane war schon über 60 Jahre alt, als er seine berühmten Romane zu schreiben begann. Der populärste wurde ohne Zweifel »Effi Briest«. Er wird auch heute noch gelesen und — gesehen, denn mehrere Male ist er verfilmt worden. Die

23

Stadt Kessin, in der Effi nach ihrer Heirat mit Baron Instetten lebt, ist natürlich Swinemünde, und das Flüßchen Kessine heißt in Wirklichkeit Swine. Effis Ankunft wird so beschrieben:

»Es war eine angenehme Fahrt, und pünktlich erreichte der Zug den Bahnhof Klein-Tantow, von dem aus eine Chaussee nach dem noch zwei Meilen entfernten Kessin hinüberführte. Bei Sommerzeit, namentlich während der Bademonate, benutzte man statt der Chaussee lieber den Wasserweg und fuhr auf einem alten Raddampfer das Flüßchen Kessine, dem Kessin selbst seinen Namen verdankte, hinunter; am 1. Oktober aber stellte der ›Phönix‹ regelmäßig seine Fahrten ein, weshalb denn auch Instetten bereits von Stettin aus an seinen Kutscher Kruse telegraphiert hatte: ›Fünf Uhr Bahnhof Klein-Tantow. Bei gutem Wetter offener Wagen‹.«

Die »Adlerapotheke« der Eltern heißt in dem Roman »Mohrenapotheke«, und der altpommersche Brauch des Julklapp wird genauestens beschrieben. Von Vineta, das hier versunken ist, wird erzählt, und das berühmte Duell zwischen Instetten und Crampas findet hinter dem Herrenbade in einer Senkung zwischen den beiden ersten Dünenreihen statt.

Vor dem Duell beschreibt Fontane die Gemütsstimmung des Barons während seiner Dampferfahrt über das Haff:

»... Gleich danach löste sich das Schiff vom Brückensteg los. Das Wetter war herrlich, helle Morgensonne, nur wenige Passagiere an Bord. Instetten gedachte des Tages, als er, mit Effi von der Hochzeitsreise zurückkehrend, hier am Ufer der Kessine hin mit offenem Wagen gefahren war — ein grauer Novembertag damals, aber er selber froh im Herzen; nun hatte sich's verkehrt: das Licht lag draußen, und der Novembertag war in ihm. Viele, viele Male war er dann des Weges hier gekommen, und der Frieden, der sich über die Felder breitete, das Zuchtvieh in den Koppeln, das aufhorchte, wenn er vorüberfuhr, die Leute bei der Arbeit, die Fruchtbarkeit der Äcker, das alles hatte seinem Sinne wohlgetan, und jetzt, in hartem Gegensatz dazu, war er froh, als etwas Gewölk heranzog und den lachenden blauen Himmel zu trüben begann. So fuhren sie den Fluß hinab, und bald, nachdem sie die prächtige Wasserfläche des »Breitling« passiert, kam der Kessiner Kirchturm in Sicht und gleich danach auch das Bollwerk und die lange Häuserreihe mit Schiffen.«

Der Ausgang des Duells ist dann im »Fremdenblatt« verzeichnet: »Wie wir kurz vor Redaktionsschluß von gut unterrichteter Seite her vernehmen, hat gestern früh in dem Badeort Kessin in Hinterpommern ein Duell zwischen dem Ministerialrat v. I., Keithstraße, und dem Major von Crampas stattgefunden. Major von Crampas fiel. Es heißt, daß Beziehungen zwischen ihm und der Rätin, einer schönen und noch sehr jungen Frau, bestanden haben sollen.«

Die Haushälterin Johanna setzt nach dem Lesen dieser Nachricht hinzu: »Was solche Blätter auch alles schreiben!«

Man selbst aber denkt: »Wie dieser Fontane doch schreiben konnte!« und liest und liest und das gesellschaftliche Leben in einer pommerschen Kleinstadt, die zugleich ein aufstrebender Badeort ist, wird wieder vor einem lebendig. Fast hundert Jahre ist das alles her; das Swinemünde von damals gibt es nicht mehr, aber in der Literatur wird es weiterleben als Kessin. Dank Theodor Fontane.

»Auf dem Fluß (Rega) gingen stellenweise große Wellen mit Schaumköpfen direkt vom Meer herein. Wir ließen Modellboote auf dem stürmischen Fluß segeln, und es war wirklich ganz famos, wie die kleinen Dinger ankreuzten gegen Wellen, die weitaus höher waren als ihre Mastspitzen. Bei dieser Beschäftigung mit den Booten ruhe ich wirklich eine zeitlang aus.«

Lyonel Feininger (1927)

»Hier ist eine Mühle, in deren Nähe das Wasser, das sie treibt, an mehr denn hundert Stellen über Gestein herabfällt, welches einen reizenden Anblick von entzückender Mannigfaltigkeit gewährt. Große Bäume, welche fast im Wasser stehen, umrahmen das Ganze, das Laubwerk ist wundervoll. Hier in der Stadt sind zwei Schlösser. Das eine gehört einem Herrn von Osten, es ist ein großes, dreistöckiges Haus ohne irgendwelchen architektonischen Schmuck und liegt ganz von Gärten umgeben auf einer von einem Bach umflossenen Anhöhe. Das andere ist verlassen und verfällt ganz dem Ruin, doch ist es im Stile der alten Schlösser und mit mehr Geschmack gebaut. Auch dies liegt auf einer von Wasser umflossenen Anhöhe. Man tritt über eine Brücke in den Vorhof ein. Als ich durchs Fenster in eines der unteren Zimmer sah, erblickte ich einen Kamin von sehr kostbarer Arbeit. Es stand ganz voll alter Möbel. Am Turm oben ist eine große Sonnenuhr auf rissigen Steinplatten.«

Daniel Chodowiecki über Plathe (1773)

»Ich erinnere einen sehr milden Sommerabend mit den zarten Farben, wie sie an der Küste zu finden sind. Ich saß am Rande eines gelbblühenden Lupinenfeldes an der östlichen Grenze des Dorfes und seinem letzten Hof. Es war ganz still um mich... Ich war ganz in der heimatlichen Welt dieses Dorfes versunken, das ich seit Kinderjahren ja so glühend liebte, umgeben vom Duft seiner Felder und seines Friedens. Da stieg ganz plötzlich in mir der sehnsüchtige Gedanke auf: Könntest du doch hier für immer leben!«

Rita von Gaudecker über Deep

Pommern ist seiner Landschaft nach ein Bauern- und Fischerland. Die Küste ist über 500 km lang, und rund 94% des Bodens dienen dem Ackerbau. Das Ländliche überwiegt: Selbst die Fischer- und Seeleute sind im Nebenberuf oft Bauern, die Bewohner der kleinen Landstädte zum Teil Ackerbürger.
Die Kolonisten kamen als freie Siedler nach Ostelbien, doch setzte im 16. Jahrhundert ein lebhaftes Bauernlegen ein, und der Dreißigjährige Krieg beschleunigte diese Entwicklung. Er machte aus Pommern ein weites Trümmerfeld, von dem noch jetzt das Kinderlied singt:
Maikäfer flieg!
Der Vater ist im Krieg,
die Mutter ist im Pommerland,
Pommerland ist abgebrannt!
Maikäfer flieg!
aus »Deutsche Heimat ohne Deutsche«

Rita von Gaudecker

Deep

»Da ist ein Leuchten, wie sonst nirgendsmehr,
der Freiheit Ruf,
der Schöpfung Stunde und der Stunde Herr,
der mich erschuf.
Ich atme tief, Du, jedes Atems wert,
durchströmte Luft.
Bin endlich ich zu Dir zurückgekehrt?
Dein zarter Duft
aus Wasser, Kiefernstamm und heißem Sand
erfüllt mich ganz.
Bleib bei mir, heile mich, Du herbes Land
voll stillem Glanz.«

Willy Kramp

Oft in meinen Träumen gehe ich durch Stolp

»Das Augustlicht zerstäubte zwischen mannshohen Farnen, lag in breiten Bahnen auf dem Blaubeerkraut. Hirsche kreuzten gelassen die sandigen Fahrwege, das Geweihhaupt erhoben. Rehe schienen unzählig aus dem Boden zu wachsen; wolkenhaft leicht wehten sie dahin zwischen

den Stämmen... Wir Kinder, auf dem
Leiterwagen, sahen mit Vergnügen, wie
die Pferde davonzogen, furzend, nickend
und die Hufe unermüdlich in den Sand
stemmend... Kamenzin. Genau sehe ich
das Wohnhaus vor mir, die sauber verfug-
ten roten Ziegelsteine; vor der Tür auf
steinernem Treppenabsatz die grüne Bank
unter den ineinandergewachsenen Lin-
denkronen...«

*

»Ziemlich oft in meinen Träumen gehe
ich durch die engen, nüchternen Straßen
der Innenstadt von Stolp in Hinterpommern. Ich stehe am Ufer der Stolpe, über
deren ruhig hinrinnendes Wasser die Bäume Schattennetze werfen. Ich sehe den
efeubewachsenen ›Hexenturm‹, den wir
Schüler in endlosen Sitzungen abmalen
mußten... Ich lasse die Straßenbahn in
meinem Rücken vorüberrumpeln, während ich die Auslagen der Buchhandlung
Eulitz studiere oder die Schaukästen der
›Zeitung für Hinterpommern‹, die wir
auch ›Zeitung für Pommernhintern‹
nannten. Und ich verlasse die Stadt, leicht
bergan steigend, bei den Friedhöfen;
dann kommen Felder mit Lerchengesang,
der ›Waldkater‹ streckt sich atmend zur
Linken aus; ich gehe weiter, an der Ab-
deckerei vorbei, einem düsteren Gehöft
mit hohem Schornstein, das Feld wird
größer, der Lerchengesang höher...«

Klaus Granzow

Lupowmündung
nach dem Gemälde von Max Pechstein

Harmonie von Meer und Land.
Himmel weit, bewegt und kühn.
Leuchtendgelber Ostseestrand,
komponiert mit Blau und Grün.

Heimat, — ferner Ruhepol
in der Elemente Bund.
Gardersee und Revekol
leuchten bis zum Grund.

Schmales, langes Mündungsbett
treibt den Fluß ins Meer hinaus.
Wolkensturm auf Violett
weist den weiten Weg nach Haus.

Theodor Fontane

Glück

Sonntagsruhe, Dorfesstille,
Kind und Knecht und Magd sind aus,
unterm Herde nur die Grille
musizieret durch das Haus.

Tür und Fenster blieben offen,
denn es schweigen Luft und Wind,

27

in uns schweigen Wunsch und Hoffen,
weil wir ganz im Glücke sind.

Felder rings — ein Gottessegen,
Hügel auf- und niederwärts,
und auf stillen Gnadenwegen
stieg auch uns er in das Herz.

Franz Rehbein

»Kartoffelkrieg« in Neustettin um 1880

Es war Herbst geworden. Der »Kartoffelkrieg« sollte beginnen. Alles rüstete sich, um die für Hinterpommerns Bevölkerung so außerordentlich wertvolle Knollenfrucht einzuernten, die nicht nur für die ärmeren Klassen, nein für die ganze Landwirtschaft dieser Gegend eine eminente Bedeutung hat. Der Boden ist dort nur durchweg leicht und für schweres Korn nicht gut geeignet. Desto besser aber gedeiht die Kartoffel. Schlag an Schlag, ja ganze Pläne sieht man mit Kartoffeln bebaut, und trotz seiner Einförmigkeit gewährt es einen schönen Anblick, wenn sich im Hochsommer auf den ausgedehnten sattgrünen Feldern Millionen weißer und bläulicher Blüten der Kartoffelstaude in den langen regelmäßigen Reihen hin und her wiegen. Da die Frucht in der Re-

gel gut »trägt«, so erklärt es sich zur Genüge, weshalb Pommern allgemein als das »Land der großen Kartoffeln« bezeichnet wird.

Das Auspflanzen der Knollen, sowie das Instandhalten der Felder erfordert verhältnismäßig nur wenig Arbeitskräfte. In Gärten und kleinen Schlägen wird gewöhnlich »mit dem Spaten« gepflanzt. Auf den Feldern geschieht das Pflanzen durchweg »hinter dem Pfluge«; es geht daher auch bedeutend schneller. Das Hacken und Häufeln wird später ebenfalls mit eigens dazu konstruierten Pflügen besorgt. Ist dann aber die Zeit der Kartoffelernte gekommen, so werden Arbeitskräfte in großer Zahl gebraucht.

In den vorhergehenden Jahren hatte ich beim »Aufnehmen« der Kartoffeln immer »unserem« Ackerbürger helfen müssen, d. h. demjenigen, bei dem mein Vater für unsere Familie die Kartoffeln ausgepflanzt bekam. Was ich dort für meine Arbeit erhielt, wußte ich nicht. Mutter meinte, damit wäre dann der Lohn für die zwei oder drei Dungfuhren abgearbeitet, die der Ackerbürger im Frühjahr für uns geleistet hatte. Übrigens tat ich diese Arbeit ganz gern. Die Knie schmerzten zwar etwas und die Hände wurden rissig, wenn man den ganzen Tag auf dem Acker herumkroch und die Knollen aus dem Boden scharrte. Doch es gab bei Ackerbürgers immer ein gut geschmiertes Stück Bauernbrot, und dafür wäre ich damals durchs Feuer gegangen. Was war das für ein Unterschied gegen die dünnen und spärlichen Brotscheibchen, die ich zu Hause erhielt! Mindestens drei Finger dick waren hier die Schnitte, und Schmalz war drauf, und »Eigengebackenes« war's. Hei, wie ich da einhaute!

Warmes Mittagessen gab's freilich nicht; dazu war's zu weit von Hause. Wer hätte auch kochen sollen! Die Frau des Ackerbürgers nebst ihren erwachsenen Töchtern waren ja alle mit den ganzen Tag auf dem Felde. Auch sie hatten es gewiß nicht leicht. Des Morgens in aller Herrgottsfrühe mußten sie aus den Federn. Dann sollte die Hauswirtschaft besorgt werden; die acht Kühe wollten gemolken sein; die Schweine verlangten ihr Fressen und so weiter. War dann der Tag auf dem Felde zu Ende, so wiederholte sich des Abends zu Hause dieselbe Arbeit wie am Morgen. Das war eben der Kartoffelkrieg! Ich aber bekam des Abends meine warmen »Klüben« bei Muttern.

Die Arbeit auf dem Felde bot mir auch insofern eine angenehme Abwechslung, als ich während dieser Zeit der strammen Schulzucht enthoben war. Welcher Junge sehnt sich nicht gerne eine Zeitlang aus der Schuldisziplin! Der Unterschied liegt nur darin, daß die Kinder bessersituierter Leute die Zeit über schwänzen und spielen konnten, während ich arbeiten mußte.

Originell war zudem mein Ackerbürger. Immer hatte der alte Hasenritter — dies war sein Name — einige Schnurren und Anekdoten auf Lager, die er während der Essenspausen oder auch während der Arbeit selbst zum Besten gab. Der Mann war auf seine Art ein Philosoph. Er hatte »über alles und noch'n ganzen Haufen« nachgedacht, wie er sagte, und daraus die merkwürdigsten Lehren und Nutzanwendungen gezogen.

So z. B. ärgerte er sich jedesmal über die Eisenbahn, die erst vor ein paar Jahren dort gebaut war und an seinem Felde vorüberfuhr. Am meisten wurmte es ihn, daß er selbst mit dabei gewesen war, als der erste Spatenstich getan wurde. Was hatte der Bürgermeister den Ackerbürgern nicht alles zu erzählen gewußt über den Wert solcher Eisenbahnen. Der Verkehr sollte gehoben werden; die Stadt würde sich vergrößern, und — das Wichtigste für die Ackerbürger — ihr Grund und Boden sollte dadurch bedeutend an Wert gewinnen! Deshalb hätten sie sich bereden lassen. Als dann die erste Lokomotive anlangte, eine winzige »Teckelmaschine«, mit der die ersten Vorarbeiten zum Bahnbau begonnen werden sollten, — da hatte der Bürgermeister zur Feier dieses großen Ereignisses eine Proklamation erlassen. Honoratioren, Handwerker und auch die »hochehrenwerten Herren Ackerbürger« sollten erscheinen und das Dampfroß an den Platz seiner Tätigkeit geleiten. Alle, alle waren sie dem Rufe des Stadtoberhauptes gefolgt. Auch er hatte sich in seinen eigengewebten Schoßrock geworfen, den mein Vater ihm einst nach ältester Mode zurechtgebaut hatte. »Ja Junge«, sagte er dabei in gutem pommerschen Platt zu mir, »dein Vater, das war ein Schneider, der konnte noch nach der alten Mode arbeiten.« Ich glaubte es ohne weiteres. Und dann waren sie nach dem Stadtende gegangen. Dort stand die Lokomotive — auf einem Rollwagen! Vier Pferde waren davor gespannt. Staunend hatte man das kalte eiserne Ungetüm betrachtet. Und dann hatte der Bürgermeister eine Rede geredet, und der Herr Superintendent auch. Darauf waren sie mit dem Rollwagen durch die Stadt gezogen, die Stadtkapelle voran. Am andern Ende hatte der Bürgermeister wieder geredet, und die Musikanten hatten unter dem Gesang des ganzen Festzuges gespielt: Nun danket alle Gott.

»Un wat hewwe wi nu davon?« entrüstete er sich weiter: Ein paar Probenreisende mehr in der Stadt, das sei alles. Ihn solle Gott davor bewahren, nie würde er auf dem »tratschen Zug« fahren. Noch um keinen Pfennig sei sein Grund und Boden an Wert gestiegen. Nicht mal durch sein Land sei die Bahn gegangen, so daß er dadurch wenigstens einen Vorteil gehabt hätte, sondern ausgerechnet gerade dran vorbei.

Die Bahn könne nur Unglück bringen. Jetzt wußte er auch, woher der Koloradokäfer kam, dieser Kartoffelfresser, vor dem damals so viel gewarnt wurde. Ganze Felder solle er schon verwüstet haben. Allerdings, gesehen hatte ihn noch keiner, auch die Herren nicht, die so grausig davor warnten. Aber »abgemalen« war er doch auf wer weiß wie vielen Plakaten; er und sein Weibchen und seine Eier. Dieses Vieh war »nur von der Eisenbahn« hereingeschleppt worden! Wer weiß, was die alles mit sich führte an ausländischem Gut. Wie leicht konnte nicht solch Unglückskäfer in einem Güterwagen stekken, dort herausfallen und dann auf den Acker kriechen. Eine unabsehbare Hungersnot mußte die Folge sein.

Und dann die Kartoffelkrankheit! Wer hatte früher davon gewußt? Niemand. Jetzt aber lag die Ursache klar zutage. Er hatte ja seine Beobachtungen gemacht. Einzig und allein der Rauch und Dampf von der Eisenbahn waren schuld daran. Das verfliegt über die Felder meilenweit, schlägt dann nieder — und die Kartoffelkrankheit ist da!

Schüchtern wagte ich zu bemerken, daß doch unser Lehrer die Eisenbahn als eine große Erfindung gerühmt habe. Ganz alleine laufe sie; viel schneller wie Pferde, und könne auch viel mehr ziehen.

Abweisend winkte der alte Mann mit der Hand. »Jo jo«, sagte er dann, »de Minschen hewwe all väl erfunne, awer lat sei ok utkluwe wat sei wille: dat warde sei ni trecht kriege, dat dei Wagens ahne Peerd loopt.« Er starb, ohne ein Automobil gesehen zu haben.

Hermann Löns

Radaunensee in Klotzow

Es taucht aus rabenschwarzer, stiller Flut
die dottergelbe, stolze Wasserrose.
Des Fliegenpilzes feuerroter Hut,
der leuchtet grell aus sammetgrünem
    Moose.

Die düstern Kiefern stehen stramm und
    steif,
zum Wasser bücken sich die schlanken
    Birken;
durchs Unterholz zieht schwer ein
    Nebelstreif
und läßt die weißen Birken zaub'risch
    wirken.

In wolkenloser, dunkelblauer Höh'
kommt müden Flugs ein Reiher
    hergezogen —
Für einen Abend am Radaunensee
gäb ich den Rhein mit seinen goldnen
    Wogen.

Klaus Granzow

Gang durch pommersches Land

Siehst du den graden Weg dort vorn?
Er scheint mir so vertraut, bekannt.
Ein Feld voll Gras, ein Feld voll Korn:
wie fruchtbar ist dies Land.

So durch den Morgen hinzuziehn,
die Ähren streifen durch die Hand.
Ein Streifen gelb, ein Streifen grün:
wie schön ist dieses Land.

Ich wandere und schau und schau,
ganz fern blinkt schon das Meer, der
    Strand.
Die Brandung weiß, der Himmel blau:
wie liebe ich dies Land.

*

Weiße Segel wiegen
auf der blauen See,
weiße Möwen fliegen
in der blauen Höh',
blaue Wälder krönen
weißer Dünen Sand —
Pommerland, mein Sehnen
ist dir zugewandt.

Adolf Pompe
(2. Strophe des Pommernliedes)

31

Was die Einwohner des Landes belanget…

Das Folck ist mehr guthertzigk wan freuntlich

Was die Einwohner des Landes belanget / mögen andere von der Pommern Natur und Ingenio urtheilen. Mir / als einem geborenen Pommern / will es nicht gebüren / zusehr entweder ihr Lob außzuführen / oder jhre Laster durchzuholen. Daß weis Ich wol / das Philippus Melanchthon Chytraeus / Rollenhagen / vnd andere / Pommern / als ein Land / daß viele schöne hurtige Ingenia herfürbringet / beschrien haben. Es ist auch nicht zu leugnen / daß die Pommern gemeiniglich bey den Frembden wegen ihrer Trewe und auffrichtigkeit geliebet / vnd nach gelegenheit befordert worden / wie dann nicht alleine vorzeiten / in vnterschiedlichen Academien / die Pommersche Ingenia sich herfürgethan. Von den vornehmen vnd sehr geschickten Leuten / die sich in grosser menge / so wol vnter den vom Adel / als auff der Unversität zu Greiffswald / zu Stralsund vnd alhie zu Stetin / vnd sonsten in allen Städten / finden / wil ich nicht sagen. Imgleichen könte ich gar viele Pommern nennen / so die höheste dignitäten vnd Officia in Kriegessachen erlanget / vnd sich bey den Hauptern der Welt auffs beste / theils jetzt / theils vor diesem bedienet haben. Aber das lasse Ich denen / die eines Volckes Lob weitleuffig außzustreichen sich bemühen. Dieselbe mögen auch die Laster / die sie bey den Pommern finden / angreiffen / als das sie eines theils zu sehr / nach art fast der gantzen Teutschen Nation / dem Truncke nachhengen / allzu leichtgleubig und vollhertzig seyn / und was sie des Jahres zuheben vnd einzunehmen haben / mit dem Jahre verthan haben...

Chelopoeus beschreibet die Pommern also. Denn Ich wil lieber andere von denselben reden lassen. Die Pommern / saget er / sind großes Leibes / guthwillig / arbeitsam / anderen zu dienen geneigt / in Sachen auszuführen standhafftig / nicht Liebkoser oder Schwäczere / sondern redlich und warhafftig / wie das jhre Pommrische Sprichworter entbringen: Ein Wort ein Wort: Ein Mann ein Mann: Op eine apenbahre Lögen höret eine Ohrfige: Lyke und Recht währet ehom längesten: Recht don / iß keine Sünde. Bey ihnen sind die freyen Künste in grossem werth / vnd Melanchthon gibt ihnen diß gezeugnus / das nicht leichtlich bey einer anderen Nation so viel gelahrte von Adel gefunden werden / die sich auff das Studieren mit solcher Embsigkeit legen.

Ein altes Pommersch Chronicon / kurcz nach Lutheri zeite gefasset / darauß Thomas Kanzovius viele in sein Chronicon versetzet / saget von den Pommern zu seiner Zeit ins gemeine / das sie vom gestrengen Himmel / da sie vnter wohnen / vnd

33

von den alten Wenden noch viele Grobheit haben / vnd wenig von den Studijs vnd freyen Kunsten halten / vnd drumb nicht viele gelarte Leute haben. Ihre Gemühte stehet nur nach etwas zu erwerben. Dennoch zeucht der junge Adel / der fromb ist / hin vnd wieder in Kriege / oder an Fürsten Höfe: Die andere aber / die von der Ehren nichtes achten / rauben auff der Strassen / oder stossen sonst heimlich die reichen Bawren aus / vnd hat immerzu mühe vnd noth / das die Fürsten vnd Landschafft das Land für jhnen sicher behalten können. Die in den Städten aber geben sich gar zur Seewarts oder zur Kauffmanschafft. Es ist durchaus ein fressig / zehrend und prächtig Volck / vnd übernimbt sich sehr mit Kleidung vnd Geschmücke / also das nun vnter dem Adel den Männern / Sammit vnd Seydengewand / vnd bey den Weibern / Gülden vnd Silbernstücke / Perlen vnd grosse güldene Ketten / eine gemeine Tracht ist.

Das Volk ist auch mehr guthertzig / als freundlich / vnd mehr simpel denn klug / nicht leichtsinnig / auch nicht sehr frölich / sondern etwas schwermütig. Sonst aber ist es ein auffgericht / trewe / verschwigen Volck / das die Lügen und Schmeichelwort hasset: Bittet gerne Gäste / vnd gehet wieder zu Gaste / vnd sie thun dem andern nach ihrer Art vnd vermögen gerne gütlig. Sie sind starcke / wolerwachsene Leute / und Manliches gemütes / doch träges zornes / und nicht leicht zum Kriege zubringen / wenn es aber zum Kriege kompt / beyde auffm Wasser vnd auff dem Lande / wol darzu gerüstet / vnd insonderheit mit grobem Geschütz in allen Städten wol versehen / gegen den Feind vnerschrocken vnd hefftig / aber so bald der erste Grimm verbey ist / sind sie wol wieder zustillen. Man hat lange zeit nicht allzuwol im Lande gekochet / auch sehr grob Bier gebrawet / aber nun mit der zeit beginnen sie besser zulernen. Dann es kommen viel Hochteutsche hinein / die bringen bessere Art / davon es die andere lernen / vnd beginnen nun zartlicher vnd leckeriger zuleben / dann zuvor / vnd suchen nur das beste aus.

Wan dieser alte redliche Pommer / der dieses geschrieben / jetzund solte auffstehen / vnd sehen / wie alles vmbgekehret / vnd wie die Pommern an gelarten Leuten zwar anjetzo keinen mangel haben / aber dagegen alle Matery zur Pracht in diesen Kriegen verlohren / vnd das Land so sehr verderbet ist / dz die Leckerbißlein / so zu der Zeit ins Land gekommen / vnd weidlich hernach gesuchet vnd gekostet sein / sich in diesen Kriegen gar wieder verlohren / das kaum der liebe Brotkorb mehr überig ist / was meinestu würde er wol sagen? Aber:

Die gute Zeit ist hin: Die böse ist
   verhanden.

Doch weil nichts in der Zeit jemahlen lang bestanden /
So muß auch wieder fort die böse trübe Zeit /
Die Zeit / so nicht besteht / ist selbst zum Glück bereit.

Aus der Chronik des Johann Micraelius
(1639)

»Sie sind sehr human, bescheiden, schätzen niemand gering, der sich selbst nicht geringschätzt indem er andere verachtet. Den Aufgeblasenen, Hoffärtigen und Lügenhaften dagegen fügen sie sich nicht gern!«

Johann Bugenhagen über die Treptower
(1520)

»An seinem Charakter hatte Furcht oder Bangigkeit nicht den geringsten Anteil, er war ohndem gewohnt, in gewisser Ansicht, das Leben zu verachten. Er war gegen sich selbst unempfindlich und beinahe stoisch, er verachtete die Gefahren, das Leben war ihm gleichgültig, sobald es nur auf die Ausübung auch der kleinsten Pflicht ankam.«

Prof. Nicolai über Ewald von Kleist
(1759)

Witz, Einsicht, Wissenschaft, Geschmack, Bescheidenheit
und Menschenlieb' und Tapferkeit
und alle Tugenden vereint mit allen Gaben,
besaß er, den man hier begraben.
Er starb fürs Vaterland, er starb voll Heldenmut.
Ihr Winde wehet sanft: die heilge Asche ruht.

Ewald von Kleist: Grabspruch für einen
pommerschen Freund (1759)

Steh und falle mit eignem Kopfe,
tu das Deine und tue es frisch!
Besser stolz an dem irdenen Topfe,
als demütig am goldenen Tisch!

Ernst Moritz Arndt:
aus dem »Lebenslied«

»Die Pommern sind von natürlicher Offenheit. Verschmitztheit und Gerissenheit liegt ihnen nicht. Der kleine Mann ist mißtrauisch und dickköpfig, auch wohl selbstsüchtig, aber weder grausam noch heftig, und die Sitten sind sanft, so daß hier keine Strenge am Platze ist. Die Pommern haben einen geraden und schlichten Sinn. Unter allen Provinzen hat Pommern die besten Untertanen für die Kriegsdienste wie für alle Ämter hervorgebracht. Nur mit diplomatischen Verhandlungen möchte ich sie nicht gern betrauen, weil ihr Freimut sich nicht für Geschäfte eignet. Manche leisten im Finanzfach ziemlich gute Dienste, sie geben gute Offiziere, verläßliche Soldaten ab.«

Friedrich der Große:
Politisches Testament (1768)

»Ich liebe die Pommern wie meine Brüder, und man kann sie nicht mehr lieben, als ich sie liebe; denn sie sind brave Leute, die mir jederzeit in Verteidigung des Vaterlandes sowohl im Felde als auch zu Hause mit Gut und Blut beigestanden haben.«

Friedrich der Große bei einem Besuch in
Stargard (1780)

Elisabeth, die starke Pommerin

Kaiserin Elisabeth, die vierte Gemahlin Karls IV., war eine Tochter des Herzogs Erich I. von Pommern, der auch nordischer Unionskönig wurde. Sie besaß so ungeheure Körperkräfte, daß sie Hufeisen und starke Klingen, ja sogar die Panzerhemden der Ritter zerreißen konnte. Sie rühmte nie ihre Kraft, sondern war sanft und demütig. Sie führte ihre Kraft nur vor, wenn ihr kaiserlicher Gemahl sie dazu aufforderte.

*

Redlich und offenherzig, freimütig und dreist, arbeitsam und geduldig, ernsthaft und gesetzt, bedacht und langsam, einen Entschluß zu fassen, fest, standhaft und anhaltend in der Ausführung desselben, klug ohne Hinterlist, kühn, unerschrocken und tapfer in Gefahren, ehrliebend ohne ehrgeizig zu sein, ein Feind aller Neuerungen, deren Unschädlichkeit wenigstens nicht auffallend ist: So ist die Seele des Pommern.

Ludwig Wilhelm Brüggemann
in seinem Werk über Pommern (1779)

»Das Geschlecht ist kräftig, und wohl — ja edelgebildete Frauengestalten aller Stände finden sich durch ganz Pommern. Auf dem Wege hierher kehrte ich in einem Hause ein, wo eine vierzigjährige Matrone mit zwölf Kindern zu Tische saß. Der Hausvater war eben aufgestanden, seine Pfeife zu stopfen; nie habe ich schönere

36

Arme, Schenkel und Schultern gesehen als an diesem Weibe, die dabey ein so redliches Pommersch sprach, daß mir die Ohren noch klingen. Das Land ist fruchtreich, und ich vergesse einmal wieder, daß ich, ein Berliner, andere loben muß.«

Karl Friedrich Zelter
in einem Brief an Goethe (1820)

»Alexander von Humboldt ist heute morgen einige Stunden bei mir gewesen. Was für ein Mann ist das! Ich kenne ihn solange, und doch bin ich von neuem über ihn in Erstaunen. Man kann sagen, er hat an Kenntnissen und lebendigem Wissen nicht seinesgleichen und eine Vielseitigkeit, wie sie mir gleichfalls noch nicht vorgekommen ist. Wohin man rührt, er ist überall zu Hause und überschüttet uns mit geistigen Schätzen. Er gleicht einem Brunnen mit vielen Röhren, wo man überall nur Gefäße unterzuhalten braucht, und wo es uns immer erquicklich entgegenströmt. Er wird einige Tage hierbleiben, und ich fühle schon, es wird mir sein, als hätte ich Jahre verlebt.«

Johann Wolfgang von Goethe
zu Eckermann (1830)

»Wilhelm von Humboldt ist mir eine unendlich angenehme und zugleich nützliche Bekanntschaft, denn im Gespräch mit ihm entwickeln sich alle meine Ideen glücklicher und schneller. Es ist eine Totalität in seinem Wesen, die man äußerst selten sieht... Er hat ein seltenes reines Interesse an der Sache, weckt jede schlummernde Idee, nötigt einen zur schärfsten Bestimmtheit, bewahrt dabei vor der Einseitigkeit und vergilt jede Mühe, die man anwendet, um sich deutlich zu machen, durch die seltene Geschicklichkeit, die Gedanken des anderen aufzufassen und zu prüfen.«

Schiller an seinen Freund Körner

»Sie haben recht gehabt, liebe Mutter, da Sie bange für mich waren, als ich mich der Kunst widmete. Wenn ich jetzt zurücksehe, graust mir ordentlich vor den Abgründen, an denen ich vorüber gegangen bin; aber Ihre Liebe hat mich erhalten. Jetzt hat mir Gott den rechten Weg gezeigt, und er wird mir nun auch den Mut geben, ihn zu gehen. Es ist schwer, wenn uns viel gegeben wird, mit dem Vielen getreu zu wirtschaften... Ich habe nur immer das Gute gesucht und nun den richtigen Weg gefunden... Es fehlt mir nichts als Sie und alle zu Hause. Wieviel ich an Sie denke, kann ich Ihnen nicht sagen; es ist doch nirgends so wie zu Hause, und was ich habe, habe ich doch nur von Ihnen; Ihnen danke ich alles, und es ist mein innigster

Wunsch, daß aus allem, was ich hervorbringe, dieses einmal zu sehen wäre, so gehörte Ihnen denn alles an und ich hätte diesen Strom zu seiner lieblichen Quelle zurückgeleitet.«

Philipp Otto Runge an seine Mutter

»Ziel erkannt,
Kraft gespannt,
Pflicht getan,
Herz obenan!«

Wahlspruch Heinrich von Stephans
(1831—1897)

»Ich spinne mich in meiner Puppe ein, mögen andere ein Gleiches tun, und überlasse es der Zeit, was aus dem Gespinst herauskommen wird.«

Caspar David Friedrich

»Bewahre einen reinen kindlichen Sinn in Dir und folge unbedingt der Stimme Deines Innern; denn sie ist das Göttliche in uns und führt uns nicht irre. — Vielen wurde wenig, wenigen viel zuteil: Jedem offenbart sich der Geist der Natur anders; darum darf auch keiner dem andern seine Lehren und Regeln als untrügliches Gesetz aufbürden. Keiner ist Maßstab für alle, jeder nur Maßstab für sich und die mehr oder weniger ihm verwandten Gemüter. — Nach dem Höchsten und Herrlichsten mußt Du ringen, wenn Dir das Schöne zuteil werden soll.«

Caspar David Friedrich

»Es ist doch weislich eingerichtet, daß der Mensch nicht nur aus Pflichten und Rechten besteht, als sei er gewissermaßen nur ein Wesen, an dem das römische Recht seine Sätze zu probieren habe, sondern daß der Herrgott uns zu dem Drama des Lebens auch das kleine musikalische Instrument, das man Herz nennt, verliehen hat.«

Heinrich von Stephan
(im Vorwort zum »Poststammbuch«)

»Denke, was du willst,
tu, was du sollst,
hüte, was du fühlst,
schweige, wenn du grollst.

Sprich, wenn du mußt,
wirke mit Lust,
zag nicht in Not,
baue auf Gott.«

Heinrich von Stephans Lebensmaxime

Ein gütiges Geschick hat mir den Zug ins Romantische bewahrt und mir bis in mein hohes Alter dieses echt deutsche Schweben durch die Dinge und über ihnen nicht verleidet, ein deutliches Gefühl, als sei dies Leben und seine Erscheinungen nicht das allein Erreichbare, sondern als gehe noch etwas Unerkennbares da mit und nebenher, ja, als sei alles gar nicht so wirklich, wie es scheine. In unsern Spielen blühte überhaupt eine gewisse Geistigkeit und Frühreife, eine Art spöttischen Kritizismus und eine Naseweisheit auf, die ich mir nicht anders erklären kann als mit dem Ab- und Nachglanz einer Art geistigen Klassizismus Stettins, die um das Jahr 1840 dort einsetzte und über zwanzig Jahre eine Hochspannung geistig-künstlerischen Lebens erzeugte, die mich auch den Erzählungen meiner Eltern und älteren Verwandten stets angemutet hat, als habe sie etwas von Weimarer Luft ausgestrahlt. Diese Periode in der Entwicklung Stettins verdient einmal beleuchtet zu werden, zumal ich glaube, daß diese Blütezeit meiner Vaterstadt auf uns »jüngere Stettiner« damals von einem sehr erheblichen Einfluß gewesen ist. Nicht, als ob um eine geistige Persönlichkeit vom überragenden Schlage eines Goethe sich die intellektuellen Kreise konzentriert hätten, aber es war damals in Stettin eine Schar hochbedeutender Männer und Frauen vereinigt durch die Gunst der Zeit, deren Namen auch weit in die Lande hinausleuchteten, wie z. B. der Balladen-Komponist Carl Löwe, Organist an der St. Jakobi-Kirche.

Carl Ludwig Schleich:
»Besonnte Vergangenheit«

Die Leute von Rügen

Die Mönchguter haben anderes Herkommen als die Leute von Jasmund, von Wittow. Man spricht auf Mönchgut noch von dem Bußplatz der gefallenen Mädchen, von dem Schemel der Witwen in den Kirchen. Davon weiß man auf anderen Teilen der Insel nichts mehr. So herrscht hier überall das eigensinnigste Sondertum, aber das Volksleben fällt darum doch nicht auseinander, wie im Binnenland... Was dieser bunte unruhige Wechsel von Berg und Tal, Feld und Wald, Heideland, Dünenland, Sumpfland, Felsland, in der Natur der Eingeborenen zersplittern mochte, das hielt das ringsum flutende Meer wieder mit starkem Arm zusammen. Das Meer ist die oberste sozial erhaltende Macht für Rügen. Im Großen wiederholt sich die gleiche Erscheinung bei den britischen Inseln. Das Meer hält Norddeutschland zusammen, wie die Hochgebirge den deutschen Süden. Auf dem festen Boden sind die Interessen der Küstenbewohner mannigfach gestuft und gekreuzt, auf der

See sind sie gleichartig. Die See erzeugt hier jene Einseitigkeit, die eine wesentliche Vorbedingung alles Genies ist, beim Einzelnen, wie bei einer Volkspersönlichkeit. *Wilhelm Heinrich Riehl (1853)*

»Wir schreiten langsam, aber schreiten stät!«

Hans Hoffmann

»De pommersch Bur, de is to kenn,
wenn hei't Gewehr fött bi dal En,
wenn hei de Kolben fluschen lett
un — wenn hei dicke Arwten frett...«

Fritz Reuter
in »Läuschen un Rimels« (1853)

»Die Pommern sind ein stolzes, trotziges, an den althergebrachten Sitten und Bräuchen hängendes Geschlecht. Der Küstenpommer, der von frühester Jugend an gewohnt ist, den Gefahren, welche das Leben auf dem Meer mit sich bringt, ins Auge zu schauen, ist eine harte, verschlossene, wortkarge, ernste Natur, was sich auch in seinen herben Gesichtszügen ausprägt. Der Binnenbewohner dagegen, der Bauer, der freie Herr seiner Scholle, zeigt sich zugänglicher, gemütlicher und gesprächiger, zumal, wenn man sich sein Vertrauen erworben hat; er ist geselliger, besitzt auch einen gewissen Humor. Dabei aber ist er von einem hohen Selbstgefühl beseelt, starrköpfig und von streng konservativer Gesinnung.«

Georg Buschan
in »Illustrierte Völkerkunde« (1922)

»Er grunzte und brach wie ein röhrender Hirsch durch das Gestrüpp des Waldes. Unerschöpflich schien Georges Kraft und Geduld auf der Probe. Sein Gang war schwer, sein Wort karg und rauh, aber in seinem Mantel steckte alle Zauberei, und sein Theaterspiel legte Zeugnis ab von einem Ausmaß an Phantasie, das Gott in hundert Jahren nur einmal an Schauspieler verschenkt.«

Regisseur Jürgen Fehling
über Heinrich George

Und Gerhart Hauptmann urteilte über die darstellerische Vitalität des Schauspielers: »Die Urkraft Heinrich Georges ist einmalig auf der deutschen Bühne. Ich möchte sagen: er ist ein menschliches und künstlerisches Urphänomen. Georges Kunst ist mitgeboren und ganz seine Natur.«

Bredows Leistung ist eine technische und organisatorische. Die Welt ist häufig geneigt, die Leistung des Organisators unter die des Gelehrten zu stellen. Und doch ist zielbewußte Organisation für die Praxis das Entscheidende, denn wohl liefern Techniker und Gelehrte die Unterlagen für den technischen Fortschritt, aber den Technisierungsprozeß leitet der Organisator. Er ist ein Mann der fachliches Können mit der Erkenntnis der politischen und wirtschaftlichen Gegebenheiten verbinden muß. Er muß seine Gegenspieler richtig einschätzen und braucht dazu ein hohes Maß an Menschenkenntnis. Er muß über Entschlußfreudigkeit verfügen und Wagemut entwickeln. Aus der richtigen Beurteilung zahlreicher einzelner Gegebenheiten erwächst der Organisationsplan, der einfach und konstruktiv sein muß. Des Organisators größter Stolz ist, wenn nach vollbrachter Leistung die Mitwelt sagt: Das ist doch ganz einfach, nur so konnte es gemacht werden.

Ministerialdirektor Kurt Magnus über Hans Bredow, den »Vater des deutschen Rundfunks« (1954)

»Lieber wollen wir das Leben verlieren, als die Freiheit zum Kaufschlagen und den Handel zur See uns erstrecken lassen, denn frei ist die See, frei wie Atem und Licht, wie Wind und Gewitter.«

Die Bürger von Kolberg, als sie ihre Stadt im Jahre 1807 gegen Napoleon verteidigten

Das Volk hat noch viel Grobheit an sich

Hans Hoffmann

Der grobe Pommer

Einstmals hat der Kaiser einen pommerschen Herzog, Bugslav, der sich bei der kaiserlichen Hofstatt aufgehalten, im Scherz ersucht, er möge ihm doch einmal so einen rechten groben Pommer überschicken, davon in der ganzen Welt zu hören sei, welches der Herzog bereitwillig Kaiserlicher Majestät versprochen.

Trotz solcher Willigkeit und trotz seines kräftigen Lachens empfand dieser Bugslav innerlich ein mäßiges Rumoren und Wurmen, denn als ein guter Landesvater ärgerte er sich doch ein bißchen, daß man in der Welt den Seinigen, wenn es auch nur Untertanen waren, einen so übeln Geruch nachwehen ließ, und er überlegte, heimreisend, wie er etwa Kaiserlicher Majestät unbeschadet schuldiger Ehrfurcht hierin eine Nase drehen und ihm so spöttliche Wünsche vergehen lassen könne. Hierzu sollte Rat werden.

Nach etlichen Zeiten langte aus Pommern ein Abgesandter bei dem kaiserlichen Hofe an, angetan mit einem gar altfränkischen Jägerkleid, ziemlich struppig an Bart und Haar, etwas wild und bissig von Ansehen, sonst aber wohlgewachsen und ein ganz stattlicher junger Kerl; dieser forderte sogleich mit recht ungeschliffenen Worten und Gebärden, man solle ihn samt seinen bei sich habenden Dienern zur Audienz lassen; und als die Schildwache erst Rechenschaft begehrte, wohin und woher er komme, machte er sich alsbald krausunnütz, tat seinen pommerschen Hals dermaßen weit auf und vollbrachte in allem einen so unglaublichen, unerhörten und wahrhaft gewaltsamen Unfug, daß die Hofburg davon widerhallte, als ob der Großtürke hereinstürmte, der Kaiser selbst aus dem Mittagsschlummer gerissen ward und befahl, diesen zierlichen Abgesandten unverzüglich hereinzuführen.

Der Pommer machte nun, wie ihm aufgetragen, seine Komplimente vor Kaiserlicher Majestät, tat's aber mit solchen Redeblumen, wie sie in den pommerschen Wäldern und Feldern und bei den Bauernhüttlein wachsen, dergestalt, daß es allerdings ganz unziemlich erscheinen müßte, selbige hier öffentlich zu wiederholen und damit die kaiserlichen Ohren noch vor der Nachwelt zu entwürdigen. Dem Kaiser selbst ist es freilich jenerzeit ein herzliches Gaudium gewesen, zu hören, wie fein treuherzig, schlicht und ungehobelt dieser pommerische Zeremonienmeister sein Gewerbe vorzutragen wußte, und er hätte, wie ausdrücklich berichtet wird, nicht den allerhöflichsten Franzosen, ja nicht den Cicero selbst dafür anzuhören gewünscht. Ja, so sehr entzückt war er von dieser neuen Komplimentierkunst, daß er den abenteuerlichen Legaten gleich für diesen Mittag zur Tafel lud.

Auch fand er wahrlich seine Hoffnung auf rechtschaffene Kurzweil nicht betrogen, denn er und seine Hofleute hatten unter dieser Mahlzeit mehr noch die Augen und Ohren an solchem groben Rindfleisch, als an dem besten Wildbret und Delikatessen den Magen zu weiden und konnten sich nicht satt sehen an den wunderseltsam tölpischen Mienen und Gebärden des redlichen Gastes.

Dieser aber nahm in allen Dingen seiner Gemächlichkeit wahr; stützte die Ellbogen fein säuberlich auf den Tisch, streckte ein Bein vor sich auf die Bank und griff unbesorgt selbst in alle Schüsseln, ohne des Vorlegers zu warten. Auch ließ er zuweilen, wenn ihm ein unbekanntes Leckerbißlein vorgelegt wurde, dasselbe wieder in die Schüssel fallen, mit solchem Ungestüm, daß die Suppe den Beisitzenden auf die Kleider spritzte, und nahm statt dessen einen guten Teller voll Rindfleisch, davon er so weidlich zehrte, daß alle an der Tafel Gegenwärtige in ihrer feinen Hofzucht insgesamt nicht so viel aßen, wie dieser Pommer allein fraß. Denn er schluckte es nicht anders hinab, als wenn eben dieses sein Henkersmahl sein sollte. Gebrauchte auch wenig das Messer, sondern tranchierte weit mehr mit den Zinken, die ihm sein Vater mit auf die Welt gegeben. Das Trinkgeschirr,

das man unterweilen mit Fleiß etwas langsamer herumreichen ließ, riß er selbst an sich, wann ihn dürstete, mochte es nun vor seinem eignen oder eines andern Platz stehen. Auch etwas anderes wird von seiner Aufführung berichtet. So ließ er auch keinen Rülpsen in der Gurgel ersticken, sondern in die freie Luft zum Maul herausfahren als lauter Spezialchen eines sotanen höflichen Schaugerichts.

Nach gehaltener Tafel bestellte der Kaiser sechs gute Trinker auf ihn, die ihm mit dem Trunk stark zusetzen sollten. Diese reichten ihm zum Willkommen zuerst einen ziemlich großen Hofbecher, den er ohne einige Entschuldigung rein austrank. Darnach wurden vieler Herren Gesundheiten ausgebracht, die den guten Kerl berauschen und schlafen legen sollten. Zu jedermanns Verwunderung aber ward von ihm auf all diese ohne einige Trunkenheit redlich Bescheid getan; ja, das Blättlein wandte sich zuletzt gar um, also daß der Gast anhub, seine Wirte zu bezechen: Denn nachdem sie alle ihre beste Kraft bis zum Erschlaffen daran gestreckt und vermeinten, der Pommer müsse nunmehr auch seinen Teil haben, fing dieser allererst an, über Durst zu klagen, und flehte, man möge ihm die große Schenkkanne reichen: denn in Pommern gebe man aus so kleinem Geschirr, wie sie bisher gebracht, den kleinen Hühnerküchlein zu trinken. Und nachdem sie ihm sein Begehren erfüllet, brachte er diese große Kanne seinen Zechbrüdern auf des Kaisers Gesundheit dar, davon jene gewaltig erschraken und wünschten, sie hätten diesen Kerl zufrieden gelassen. Weil sie dennoch, vermeinter Schande halber, dieses nicht abschlagen durften, führte er sie alle in unglaublich kurzer Frist dergestalt ab, daß sie teils auf allen Vieren davonkrochen, teils durch die Lakaien hinausgetragen wurden, und er, der Pommer, allein wacker und schön sitzen blieb.

Noch mehr aber, nachdem alles dieses am Essen und Trinken ergangen war, sprach er mit gelassener Art solche Worte: »Ja, by enen goden Drunk hüret ok ene gode Mundvull, da man sick an satt eten kann«, schrie nach seinen Dienern, daß sie ihm zu essen brächten, und ließ sich aus der Kiepe, die sie herantrugen, von seinen pommerschen Schinken, Spickgänsen und rohen Knackwürsten herlangen. In all dieses schnitt oder biß er so begierig hinein, als hätte er vorhin noch nichts zu sich genommen. Die anwesenden Hofleute sahen auch das mit großer Verwunderung, und es ging alsbald die Rede herum, der Pommer sei ein Unmensch, als welcher rohes Fleisch fresse, übrigens auch eine Sprache rede, die deutlich sein wolle und doch von ehrlichen deutschen Ohren nur mit Beschwerde verstanden werde.

*

Als aber der Pommer anderntags wiederkam, ganz prachtvoll gekleidet und so anmutig im höfischen Wams und Hosen steckend, als ob er eigens für diese gewachsen sei, da geschah alsbald ein Wunder über das andere. Denn der verzweifelte Bärenmensch präsentierte sich plötzlich in allen Stücken mit solcher Manier, edler Art und vortrefflichen Komplimenten, daß der höflichste Kavalier von der Welt es nicht geschickter hätte machen können. Und als er sie, die Gräfin Luitgart, Tochter des Kaisers, mit solcher rätselhafter und schier gewaltsamen Gelehrigkeit halb zum Erstarren gebracht hatte vor Staunen, umfing er sie ganz zart nach reinlichster Hofsitte und begann mit ihr ein Tänzchen so leichter und schwebender Art, daß sie meinte, von Wolken getragen zu werden und dazu auch ohne Musik die berühmtesten Klänge der Sphären zu vernehmen. Doch sobald er sie mit herrlichem Anstand wieder abgesetzt hatte, fiel es ihr wie Schuppen von den Augen und sie durchschaute, daß sie und der ganze Hof mit ihr samt Kaiserlicher Majestät dem allergefährlichsten Schalk unter die Hände geraten sei, der in deutschen Landen irgend könne zu finden sein.

Auch leugnete er nun selbst nicht mehr, sondern bekannte mit dreistem Frohmut, daß sein Herzog ihn hierher gefertigt habe als ein spöttisches Exempel pommerischer Sittengrobheit, die der Kaiser zu sehen begehret, da er, Kunz von Poggendorf, doch daheim zu Stettin, Wolgast und anderwärts aller Welt bekannt sei als der wohlerzogenste und geschliffenste Edelmann, der außer zierlicher Weltsitte auch genug von des teuren Doktor Pomeranus Gottesgelahrtheit erschnappt habe, um manch armseliges Gottesmännlein auf den Sand setzen zu können, wie er denn glaube, zur vollen Ersichtlichkeit gestern und heute bewiesen zu haben, daß das Klostergelübde kein wahrhaft christliches Gebot sei und ihm also auch keine bindende Kraft innewohne.

Martin Reepel

Pommersche Grobheit, historisch belegt

Wenn Sprichwörter und geflügelte Worte recht haben, muß sie wohl da sein, die pommersche Grobheit. Denn drinnen im Reiche glaubt man jemand besonders zu kennen, wenn man von ihm sagt, er sei »grob wie ein Pommer«. Behauptet man: »Je fester die Faust, je näher nach Pommern.« Und in niederdeutschen Landen gilt: »Hei ist grow as 'n pommersch Oß.« Wie dem nun sei, wir leugnen nicht ab, daß dem Pommern eine rohe Kraft, ein wildes Draufgehen, aber auch ein zähes

Ausharren eigen sind. Erinnert sei an gewisse, sicher nicht grundlose Ortsneckereien, wie: »Wer sinen Puckel will behullen heel, de höd sich vör Laabs und Stramehl«, oder »Wer sinen Puckel will hebben vull, de ga nach Regenwull«, u. a. m. Und dieser Zustand ist offenbar schon uralt und immer ein Gegenstand der Beachtung gewesen; denn der 1542 verstorbene pommersche Chronist Kantzow sagt von seinen Landsleuten: »Das Volk ist itzt gar deutsch und sächsisch… Aber doch hats beid von den Wenden und vom gestrengen Himmel, da sie unter wohnen, noch viel Grobheit an ihm.« Und von den Bewohnern Rügens gilt ihm: »Sonderlich geraten sie in den Krogen und Wirtshäusern leicht an einander, und wenn einer sagt: Das walt Gott und ein kalt Eisen, so mag man ime wol auf die Faust sehen…«
Als hitzig und schlagfertig galten im 15. und 16. Jahrhundert insonderheit die Bewohner von *Köslin*. Im Jahre 1480 nahmen sie im ersten Aerger über eine Beraubung von Kaufleuten durch herzogliche Mannen einfach ihren auf Schloß Zanaw residierenden Landesvater, Bogislav den Zehnten, gefangen und mußten dafür arg Buße zahlen. — Als ein Jahr später die Städte Kolberg und Köslin von ihrem nächsten Oberhaupt, dem Bischof von Cammin, den Befehl erhielten, zwei Schlösser des Grafen Eberstein möglichst kampflos zu besetzen, ward doch ein

Edelmann erschlagen. Gleich hieß es, das hätten die Kösliner getan, und Köslin mußte zahlen. Endlich, 1530 — es war die Zeit der Reformation, — als ein betrunkener Barbier den evangelischen Gottesdienst eines Sonntags störte, griffen sie ihn, steckten ihn in einen Sack und ertränkten ihn im Mühlenbach. Das Ergebnis: zahlen! Damals hieß es in ähnlichen Fällen einfach: »Muß ma Köslin«, d. h. jemand muß mal für angerichteten Schaden wieder einstehen wie Köslin...

Denselben Geist handfester Umgangsformen atmet die bekannte Inschrift am Kramergestühl in der Stralsunder Nikolaikirche: »Dat keen kramer is, De blief da buten, Oder ick schlak em up de schnuten.« Und nicht minder grobknochig war das Verhältnis zwischen dem Pommernherzog Joh. Friedrich (1572—1600) und seinem Hofnarren Klaus Hintze. Der Herzog litt am Fieber, und eine kluge Frau hatte gekündet, nur ein Schreck könne ihn heilen. Da beschloß Klaus, das Schicksal zu spielen, und stieß den Herzog von einer Brücke ins Wasser, daß er fast ertrunken wäre. Man machte ihm den Prozeß und verurteilte ihn zum Tode. Zum Schein nur; denn der Henker schlug mit einer Wurst zu. Doch der Narr — vor Schreck — war tot.

Hans Hoffmanns Novelle, »Der grobe Pommer«, geht auf einen Schwank zurück, der sich in der Sammlung »Erasmi Francisci, Lustige Schaubühne vieler Curiositäten. Nürnberg 1670«, befand und sich wahrscheinlich auf den pommerschen Hofrat und Gesandten Daniel von Kleist bezog.

Und als in einer Schlacht des Freiheitskrieges die Pommern wieder einmal brav zugeschlagen hatten, da waren sie auch um eine grobe Antwort nicht verlegen. »Ich bin auch ein Pommer«, rief der General York marschierenden Truppen zu. Die aber murrten: »Je, nu möcht jedweden Hundsfott en Pommer sin!«

Pommersche Grobheit, bei Licht besehen

Der Pommer ist im allgemeinen schweigsam, schweigsam wie der Niederdeutsche überhaupt. Westlich wie östlich der Elbe kann man daher die gleiche Anekdote hören, die, auf Pommern bezüglich, etwa lauten würde: Zwei pommersche Landsleute fahren von Stolp nach Berlin. Schweigend stehen sie am Fenster des D-Zuges und überprüfen die vorbeifliegenden Felder. Plötzlich sagt der eine: »Dat Korn steit gaud.« Nach drei Stunden, als sie sich schon hinter Stettin befinden, antwortet der andere: »De Weiten awer ok!« — Bedenken wir außerdem, daß eben auch das Klima bei zäher Arbeit und gutem Appetit ein *Kraftgefühl* ohne gleichen zu wecken vermag — gute Nahrung vorausgesetzt —, dann ergibt sich, daß eben dieses Kraftgefühl bei der Anlage des Pommern zur *Schweigsamkeit* das pommersche Gemüt von Zeit zu Zeit zu einer Explosion drängt. Zu einer Explosion, die bei anderen deutschen Volksstämmen durch das Sicherheitsventil plätschernder Beredsamkeit leichter hintenangehalten wird. Und dann wird der Pommer grob, grob in Wort und Tat, saugrob...

Übrigens und ganz natürlich sind die Pommern auch unter sich »grob wie Bohnenstroh«. »Dae rük dran, sär Michel, dunn schlaug hei sinen Fründ mit de Fust up de Näs«, heißt es in der hinterpommerschen Küstenmundart. Und warum auch nicht! Kleine Mißhelligkeiten werden so am gründlichsten ausgetragen. Man nennt das heute »Bereinigung der Atmosphäre«. Wir verstanden uns aber als Jungen schon vortrefflich darauf. Gott, was haben wir uns in meiner Jugend geprügelt! Und es mag gut so gewesen sein. Man wird dann im Alter ruhiger.

Aber lassen wir nun die Handgreiflichkeiten auf sich beruhen. Man kann auch noch auf andere Weise grob sein. Und man ist es in Pommern, muß sich dann allerdings auch sagen lassen, man sei ungeschliffen, ungehobelt, unfein und natürlich ungebildet. »Sei gegen den Pommern höflich, und er wird dich für falsch halten. Bist du aber grob, so wird er noch gröber«, so etwa ist die Meinung. Und wir sind gefaßt darauf, daß man nun fragt: Wie soll man denn da überhaupt mit dem Pommern fertig werden?

Höflichkeit = Falschheit? Dem geraden Sinn des Pommern ist Höflichkeit die Klugheit der Lügner und der Schnurrer. Wer im Recht ist und wer zu fordern hat, braucht der höflich zu bitten oder zu danken? Wer den Pommern mit viel Reden und mit allerlei höflichen Mätzchen für etwas zu gewinnen sucht, kann gewärtig sein, daß er nicht minder auf Granit beißt. Man sage dem Pommern klar und bestimmt: »Es muß sein!«, dann wird er antworten: »Wenn wi dat süll'n un dat nich anners geiht, denn will'n wi dat ja ok girn daun!« — Und dann tat der Pommer im Dienste seiner Könige als Preuße seine Pflicht bis in den Tod, in jenem Preußengeist, der auf umkämpftem kolonialem Boden über die alte deutsche Eigenwilligkeit und Eigenbrötelei sieghaft hinauswuchs zu des preußischen Staates stärkster Stütze.

Vielleicht ist es Ehrlichkeit, wenn der Pommer im Anschluß an ein Verbot sogleich auch auf die Folgen einer Übertretung aufmerksam macht. Vielleicht auch ein etwas rauher Humor, wie man ängstlichen Leuten wohl noch heute »aus Spaß« gern einen Schreck einjagt. Z. B.: Ein Badegast in einem bekannten Badeorte benutzt für den Weg von seinem Quartier zum nächsten Hotel nun schon tagelang einen Steig über eine Wiese, der in keiner Weise als »verboten« gekennzeichnet ist. Heute schreitet er ihn wieder in aller Seelenruhe, als ihn ein drohender Ruf zusammenschrecken läßt: »Ick schlag Sei gliek mit'n Knüppel vor'n Kopp«, fühlt er sich angeredet. »Meinen Sie mich?« fragt er zweifelnd und erhält zur Antwort: »Wat hebb'n Sei da herümmertopedden! De Weg is verboden!« »Aber das kann ich doch nicht wissen«, begehrt der Badegast auf. »Dorum segg ick Sei dat jo ock in'n Gauden!« —

Die kleine Erzählung ist nicht nur in Pommern zu Hause; sie ist allgemein-niedersächsisch, und man mag die darin verherrlichte Grobheit wiederum deuten als eine grausame Scherzhaftigkeit oder... Ja, es gibt noch eine Möglichkeit der Deutung. Wenn man nämlich annimmt, daß der Besitzer der Wiese eine gewisse Befangenheit dem Städter gegenüber durch — Grobheit zu »tarnen« sucht.

Ins Herz läßt sich der Pommer nicht gern schauen. Sein Inneres verbirgt er vor jedermann. Will man dem Bauern, der nacheinander Frau und Kinder verloren hat, ein Wort des Beileids sagen, so kann die Antwort lauten: »Ick dank ok schön! Abgang is äwerall!« Nur nicht sagen, wie einem wirklich ums Herz ist! Und wie oft habe ich Landsleute — nicht bloß Landleute — gefunden, die im Augenblick tiefster Sorge oder Rührung dankbar waren, wenn sie recht — grob schimpfen konnten... Und das Ganze: kein Mangel an Gemüt, kein Mangel an Frömmigkeit. Denn wie rührend klingt die kleine Geschichte von dem pommerschen Landsturmmann, dem in einer Schlacht des Siebenjährigen Krieges beide Beine fortgerissen worden sind. Da liegt er auf seinem Elendslager und erzählt dem Feldscher: »Wohl tausendmal hab' ich dem lieben Herrgott Leib und Seele befohlen; aber an die Beine habe ich nicht gedacht.« Kein Mangel an Gemüt, auch wenn ein in segensreicher Tätigkeit ergrauter Landpastor seine Abschiedspredigt an seine Schäflein mit den Worten schließt: »Vierzig Jahre lang habe ich Euch das Evangelium lauter und rein gepredigt; wenn Ihr nun nicht in den Himmel kommt, dann soll Euch der Deubel holen!« (Aus einem pommerschen Kirchenbuch.)

Anekdoten um den »groben Pommern«

Im Restaurant des Hotels »Preußen« in Stettin sitzt ein sogenannter »feiner Pinkel«. Er möchte in Ruhe sein Frühstück verzehren, aber von draußen dringt andauerndes Pferdegewieher in die gemütliche Gaststube, das ihn jedesmal zusammenfahren läßt. Als das Wiehern immer lauter wird, schickt er schließlich den Kellner:

»Sehen Sie doch einmal nach, woher diese Störungen kommen und sorgen Sie für Ruhe und Ordnung.«

Der Kellner macht sich auf den Weg, kommt aber gleich wieder zurück.

»Nun?« fragt der feine Pinkel, »was war denn da draußen los? Was hatte das laute Gewieher zu bedeuten?«

»Draußen waren nur zwei hinterpommersche Gutsbesitzer«, beruhigte ihn der Kellner, »die haben gelächelt!«

*

In der Zeit des Soldatenkönigs wurden große, starke Bauernsöhne von den Werbeoffizieren sehr gesucht. In Mützerlin lebte ein junger Bauer, der allgemein der »starke Johann« genannt wurde. Hinter diesem waren die Soldatenfänger des Königs besonders her. Aber Johann guckte den Werbeoffizier bei dem Versuch, ihn anzuwerben, so ablehnend an, daß dieser nicht wagte, wiederzukommen und lieber seinen Wachtmeister schickte, der ebenfalls ein bärenstarker Mann war.

Der Wachtmeister kam auch mit einem schweren Fuchswallach direkt auf den Hof geritten, wo Johann gerade beim Mistaufladen war. Johann hörte sich die Sprüche des Wachtmeisters eine Zeitlang geduldig an, dann aber wird es ihm zuviel und er fühlt sich in seiner Arbeit gestört. Er packt den Wachtmeister beim Kragen, wirft ihn über die Hofmauer vors Tor und geht wieder ans Mistaufladen.

Nach einiger Zeit sieht er den Wachtmeister, der sich aufgerappelt hat, mit dem Kopf über die Hofmauer schielen. Johann fragt ihn barsch: »Wist noch wat?«

»Jo«, jammerte der Wachtmeister, »schmiet mi dat Peerd doch ok röwer!«

*

Ein Unteroffizier bei den Stolper Husaren versucht, seinen Rekruten beizubringen, sie müßten das Pferd anreden, wenn sie von hinten herantreten, damit es nicht erschrickt. Er räsonniert:

»Wenn ihr Dammels das nicht tut, dann haut das Pferd euch vor den Brägen. Und was haben wir dann? — Zerbrochene Pferdebeine!«

*

Ein hinterpommerscher Bauer will seinen fetten Ochsen schlachten und hat sich dazu den Fleischer bestellt. In dem halbdunklen Stall hält der Bauer den Ochsen an der Kette, als der Fleischer ihm einen wuchtigen Betäubungshieb mit der Axt versetzt. Der Ochse aber rührt sich nicht. Ein zweiter Axthieb hat ebensowenig Wir-

50

kung. Als der Fleischer zum dritten Mal ausholt, protestiert der Bauer: »Wenn du mi noch eis vör de Kopp haust, laot ick de Osse los!«

*

Die Treibjagd ist abgeblasen. Ein gutes Dutzend Schwarzkittel und vier Stück Kahlwild müssen auf der Strecke geblieben sein. Als die Schützen sich sammeln, bricht plötzlich ein ganzes Hirschrudel in eine breite Schneise ein.
»Scheeten Se doch! Scheeten Se doch!« ruft der Obertreiber einem Schützen zu. Das Rudel aber zieht unbeschossen davon.
»Ich konnte doch nicht schießen«, entschuldigt sich der Jagdgast, »es standen doch überall Leute herum!«
»Achwat, hüt is Driewjagd, wat füllt, dat füllt!«

*

Eine Bäuerin in der Gollnower Gegend, die einen kleinen Jungen von vier Jahren hatte, bekam eines Tages noch Drillinge dazu. Hocherfreut waren der Bauer und seine Frau, die noch etwas geschwächt neben den drei rosigen kleinen Kerlen im blütenweißen Bett lag. Die Hebamme war nach getanem Werk nach Hause gegangen. Da holte der Bauer den kleinen Fritz, um ihm seine drei neuen Geschwisterchen zum ersten Mal zu zeigen.

Fritzchen besah sich die drei rosaroten Menschlein und entsann sich dann, daß der Vater ihn sicherlich geholt hatte, um einen Rat von ihm zu bekommen, so wie es vor zwei Wochen gewesen war, als die Katze Junge bekam. Und so sagte Fritzchen treuherzig zu seinem Vater:
»Ick glöw, de in de Mitt lote wie am Lewen, de twei annere schlog wi dot.«

*

Ein hochnäsiger »Kavalier« kommt in einen Dorfkrug und fragt: »Kann man bei Ihnen auch etwas zu essen kriegen?«
»Jo, bi mi giwt dat allens!« beteuert der Gastwirt.
»Dann bitte Ochsenzunge in Madeira!«
»Jawoll, können Sei kriegen.«
Nach angemessener Zeit kommt der Wirt zurück und stellt ein Glas Madeira vor den Gast.
»Erlauben Sie mal, ich habe Ochsenzunge in Madeira bestellt!«
»Den Madeira hebben Sei doch vör sik. Nu hängen Sei man noch Ehr Tung recht lang in dat Glas, denn hebben sei, wat Sei wünscht hebben: Ochsenzunge in Madeira!«

*

Der Kutscher des Gutsbesitzers Pogge in Roggow kam zu seinem Herrn und teilte ihm mit, er wolle zum nächsten Termin

51

kündigen. Auf die erstaunte Frage Pogges nach den Gründen erwiderte Paul:

»Wägen de Ungewißheit«

»Wat för'ne Ungewißheit?«

»Ja, weiten's, Herr, wenn ik mit Sei utführ'n dauh, denn seggen all Lüd' ümmer: Kiek, dor föhrt de oll Swienhund, und denn weit ik ümmer nich, wecken se meinen.«

*

Der Bauernsohn Georg Grabow fährt zur Musterung in die Kaserne der nahen Kreisstadt Stolp. Der untersuchende Arzt fordert ihn auf, ihm den Rücken zuzudrehen, sich breitbeinig hinzustellen und zu bücken. Noch ehe sich Georg Grabow wieder aufrichten kann, ruft der Arzt: »Tauglich!«

Da dreht Grabow sich um, richtet sich empört auf und fährt den Arzt an:

»Das hätten Sie mir auch ins Gesicht sagen können, Herr Doktor!«

Hans Fallada

Gänseeier im Gehirn

Auf dem Lande hatte ich einmal einen Chef, dem saßen im Kopf mehr Grappen als einem durchschnittlichen Hofhund im Fell Flöhe. Zu diesen seinen Grappen gehörte es auch, daß er auf seinem Hof keine Polizei sehen konnte. Da fehlt aber mal ein Sack Hafer, oder das Schrot schmilzt dahin wie Schnee im April, aber Hannes Tiedemann sagte: »Das erledige ich schon selbst. Dazu braucht mir kein Grüner auf den Hof zu kommen.«

Und er erledigte es selbst, der wackere Tiedemann, und wie er seine kleinen Hof-, Feld-, Wald- und Wiesendiebe erledigte! Das beste dabei war, daß auch die Herren von der langen Hand nach dem anfänglichen Ärger selbst grinsten. »Und sie gingen dahin und sündigten dergleichen nicht mehr.«

Da wuchs uns auf unserem Hof ein junger sächsischer Knabe heran, Albin Fleischer hieß er, in den Zwanzigern, und er melkte die Küh. Das heißt genau, er melkte sie nur, wenn ihm der Staat gerade Zeit dazu ließ, der schon früh durch eine ausgedehnte Fürsorgeerziehung in Albin Fleischer den Grund zu mancherlei Kenntnissen und Fertigkeiten gelegt hatte. Und als die Bestätigung dieser Fertigkeiten Albin wieder einmal eine längere staatliche Pension eingetragen hatte und als dann seine Zeit um war und er wieder hinausgelassen werden sollte, da sagten sie im Zentralgefängnis Altholm: »Ja, wohin mit ihm? Lassen wir ihn so laufen, dann klaut er doch gleich wieder.« Und da Hannes Tiedemann großen Ruf im Lande Pommern genoß, so schrieben sie einfach auf den Entlassungsschein: »Arbeit als Stallschweizer bei Herrn Gutsbesitzer Johannes Tiedemann in Fern-Varnkewitz.«

Da stand er nun an einem gänzlich verregneten Tag triefend naß bei uns im Büro und erklärte uns im schönsten Sächsisch: »Heern Se, ich soll hier de Giehe mälken.«

Tiedemann besah sich dieses Bündel Menschenwerk und sprach: »Da stripp du man de Käuh!«

Und von Stund an war Albin Fleischer bei uns Stallschweizer. Eine Weile ging es mit ihm gut, aber dann trat die Liebe dazu, zu einer Kätnerstochter Mathilde im Dorf, und nun wurde es schlimm. Da sagte Hannes Tiedemann... Aber ich merke leider, mit Albin Fleischer habe ich das falsche Ende meiner Geschichte zu fassen bekommen, und ich muß noch einmal von vorne anfangen.

Frau Tiedemann war eine kleine, fixe Frau. Sie flitzte in der Meierei und im Geflügelstall herum wie ein Wiesel, kannte jedes Huhn und wußte, wann es dran war mit Eierlegen. Aber ihr Stolz waren ihre Gänse. Und über diese Gänse wurde sie eines Tages schwermütig, denn es war Frühjahr und sie mußten eigentlich Eier legen. Und sie taten es nicht. Frau Tiedemann grübelte sich in einen tiefen Kummer hinein: was war los mit ihren Gänsen? Sie legten und sie legten nicht. Wieso

kamen keine Eier? Lag es am Futter? Hatten sie zu wenig Kalk? Frau Tiedemann blieb in einem Grübeln.

Und eines Tages sagte sie aufgeregt zu ihrem Hannes: »Du, Hannes, die Weiße mit dem grauen Stutz hat heute bestimmt gelegt. Und wie ich in den Stall komme, ist kein Ei da.« Sie schimpft, einer hat es ihr geklaut. »Daß so ein armes Biest keine Sprache hat! Diese Räuber...« Und sie sah drohend über den Hof.

Tiedemann bemerkte: »Da bist du selbst dran schuld, mein Mäten. Hundertmal habe ich dir gesagt, mach deinen Hühnerstall dicht. Aber da steht ja alles offen.«

»Alles ist dicht«, protestierte sie.

»Alles ist offen«, sagte Hannes Tiedemann. »Vergangenen Donnerstag, als die Klütensuppe angebrannt war, bin ich selber drin gewesen und hab vier Hühnereier ausgetrunken.«

»Du bist das gewesen!« schreit sie. Aber er ist schon weg.

Nun bekommt der Stellmacher zu tun. Drahtgeflecht wird gekauft, enges, engeres, ganz enges. »Die Hühner gehen in den Safe«, sagte Tiedemann.

Aber es hilft alles nichts, es bleibt Baisse in Gänseeiern. Frau Tiedemann lebt unter immer stärkerem Druck. Sie schläft nicht mehr, sie fängt an, vom Fleisch zu fallen. Eines Tages explodiert sie, sie bestellt den Landjäger. Sie bestellt ganz einfach den Landjäger und sie sagt es Tiedemann.

Tiedemann ist baff. Aber er sammelt sich: »So ein Grüner kommt mir nicht auf meinen Hof. Den bestell man wieder ab.« Sie protestiert: »Was nimmst du ewig solch Gesindel auf den Hof.«

»Aber...«

Tiedemann zieht es in den Kuhstall, Tiedemann geht in den Kuhstall. Dort ist es vormittäglich still und friedlich. Die Schweizer sind nicht da, sind beim Futterholen, die Kühe stehen und liegen, wie es ihnen Spaß macht. Sie sehen dabei einander an, immer zehn Stück reihauf, reihab, schauen einander an, zwischen ihnen läuft der Futtergang. Der hinterste Futtergang an der Mauer ist nicht benutzt. Dort haben die Schweizer ein paar Ballen Streustroh liegen, alte Futterkiepen, der Rübenschneider steht dort, lauter Schurr-Murr.

Tiedemann ist tiefsinnig. Er geht gangauf, gangab, manche Kühe sagen Muh, manche kauen nur. Tiedemann kommt auf den leeren Futtergang. Er raschelt durch das Stroh, nun ist der Futtergang beinahe zu Ende. Tiedemanns Fuß stößt im Stroh an was. Er bückt sich, er wühlt das Stroh ein bißchen auseinander: ein etwas starker Osterhase, was? Elf Gänseeier. Da soll der Donner...! Tiedemann steht und denkt. Das Garn ist leicht abzuheddern: da ist einerseits Albin mit Vorkenntnissen, andererseits Mathilde, die Kätnerstochter aus dem Dorf. Einfache Vorgeschichte, man könnte die Eier nehmen und zur Frau bringen. Aber wie Tiedemann so dasteht und auf die Eier glotzt, da ist es, daß sich die Grappen in seinem Kopf rühren, die dicken Brummer brummen durch sein Gehirn. Sachte wühlt er das Stroh wieder zu. Alles hat seine Zeit, auch Gänseeier. Tiedemann geht über den Hof zurück zum Gutshaus. Auf dem Hof trifft er mich an. Ich so eine Art Mädchen für alles auf diesem Hofe. Ich führe die Bücher und schreibe die Briefe, ich löhne die Leute und gebe das Futter aus. Tiedemann bleibt vor mir stehen und sieht mich glupsch an. »Sie können ja wohl englisch lesen?« fragt er mich. »So getragen und weihevoll wie ein Pastor?«

»Das kann angehen, Herr Tiedemann«, sage ich.

»Und Sie haben was Englisches zum Vorlesen?« fragte er mich.

»Ja«, meine ich zögernd. »Eigentlich nicht. Nur so englische Verse von einem Omar Khayyam.«

»Omar? Ist das Englisch?«

»Das ist ein Perser«, sage ich. »Aber ein Engländer Fitzgerald...«

»Hören Sie lieber auf«, winkt er ab. »Ich habe heute Morgen noch keinen Cognac getrunken. Das Leben ist schon kompliziert genug. Fünf Minuten vor sechs gehen Sie mit Ihrem englischen Perser in den Kuhstall und langen sich den Albin.

Mit dem kommen Sie dann zu mir auf meine Stube.«

»Wird gemacht, Herr Tiedemann«, sage ich, und er geht weiter, ins Gutshaus, zu seinem vormittäglichen Rührei mit Speck und einem Cognac.

Fünf Minuten vor sechs bin ich im Kuhstall. »Albin, sollst zu Herrn Tiedemann kommen.«

Um sechs Uhr abends im zeitigen Frühjahr muß man schon Licht brennen, auch Hannes Tiedemann brannte in seinem Zimmer Licht, aber wie sah es aus! Rot sah es aus, geheimnisvoll sah es aus, mystisch war das. Über alle Glühbirnen hatte Tiedemann rotes Papier gemacht, das Licht war trübe und schwer, es wehte einen an: sprich leise hier. Auf dem runden Eichentisch stand eine Extralampe mit roter Glühbirne aus der Dunkelkammer, daneben stand der große Lehnstuhl. »Setz dich hierhin, Albin«, sagte Tiedemann sachte und betrübt. »Setz dich hierhin, mein Jung.«

»Herr Tiedemann«, fängt Albin an.

Aber Tiedemann drückt ihn auf seinen Platz. »Nicht ganz hoch genug. Dein Kopf muß gerade in der Höhe der roten Birne sein. Warte mal...« Und er schleppte ein dickes Buch an. »So, jetzt langt es.«

»Herr Tiedemann«, fängt der Junge wieder an.

»Psst«, macht Tiedemannn. »Kein Wort. Sonst geht es nicht.«

Der Junge ist still. Ich bekomme einen Platz ihm gerade gegenüber am Tisch, und Tiedemann stellt sich neben ihn, so daß der Kopf von Albin zwischen Lampe und Tiedemann ist. Stille. Tiefe Stille. Die große Uhr macht unendlich langsam Ticke-Tacke. Das Licht ist geheimnisvoll rot. Tiedemann räuspert sich: »fangen Sie an, Fallada.«

Ich fange an. Meine Aussprache des Englischen ist nicht schön, ich habe Englisch in Leipzig von einem sächsischen Lehrer gelernt, so was verwäscht sich nie. Aber an diesem Abend war ich weit über meinem sonstigen Standard. Es war vielleicht kein korrektes Englisch, es war eine mystische Sprache, aus Urmenschentagen. Ich fing an mit dem Vierzeiler: »Oh, Thou who Man of baser Earth didst make...«

Tiedemann schüttelte ernst den Kopf: »Noch nicht ganz das Richtige. Bitte weiter. Etwas Stärkeres.«

Ich fuhr fort: »There was a Door to which I found no Key...«

»Gut. Das ist das«, sagte Tiedemann und bauz, nahm er von seinem Schreibtisch ein Riesenteleskop, so einen Fernkieker, ganz aus Messing, wie ihn die Seeleute früher hatten. Setzte das Ding dem Jungen an die Schläfe, der zuckt. Sitzt totenstill. Hannes Tiedemann kiekt durch.

55

Ich lese: »Ah, my beloved, fill the cup that clears today of past Regrets and future Fears...«

»Albin«, fragt Tiedemann mit Grabesstimme. »Albin, an was denkst du?« Albin ist blaß und still.

»Du denkst an den Kuhstall, Albin, du denkst an den Futtergang. Du denkst an den letzten Futtergang an der Wand...«

»Indeed, indeed, Repentance of before I swore...«

»An das Stroh denkst du, Albin, was dort liegt. Du denkst... warte, warte... Herr Fallada, fest! Lauter, Herr Fallada! Du denkst...« Ganz schrill: »Albin, Albin, wie kommen die Gänseeier in dein Gehirn...?« Totenstille. »Albin!!!« Und da kommt er leise und zermalmt: »Herr Tiedemann, Herr Tiedemann, ich will's Sie sagen: ich hab sie gestohlen. Herr Tiedemann, ich hab sie gestohlen.«

»Fallada! Laufen Sie. Du lügst ja, Junge. Sehen Sie im Kuhstall nach. Im letzten Futtergang. Im Stroh.« Ich laufe schon. Da sind sie. Die Jacke aus. Die Jacke voll Gänseeier. Zurück.

Albin starrt blöde auf die Eier. »Ich habe sie gestohlen... ich stehl hier nie wieder...«

»Geh, mein Sohn Albin«, sagt Tiedemann. »Es ist in Ordnung. Es ist alles glatt.«

An der Tür macht Albin halt, er steckt den Kopf von außen wieder herein: »Ich zeig Sie an, Herr Tiedemann, bei der Polizei. So was ist Vergewaltigung, von so was kann man verrückt werden.«

»Raus!« sagte Tiedemann nur.

Albin ist nicht zur Polizei gegangen. Albin ist nicht einmal vom Hof gegangen. Albin melkt weiter die Küh. Ich glaube, Albin hat nie wieder bei uns geklaut. Im Dorf so ein bißchen, dafür will ich keine Hand ins Feuer legen, aber die konnten ihn ja auch nicht durchleuchten. Das konnte nur Tiedemann.

Pommernspruch

Hull din Mun un do din Wark!
Steik di nich in jeden Quark!
Nix as dusent flitig Hänn
maken unsrer Not en Enn.

J. von Widecke

Goethe und der pommersche Leutnant

»Ich hatte während des Feldzuges in Frankreich schon vorher gehört, daß dieser Goethe ein sehr berühmter Schriftsteller sein sollte. Als man mir zuerst sagte, daß ich jetzt häufig mit diesem Herrn zusammen sein und ein gleiches Quartier teilen müsse, da ich ja auch zur Suite des Herzogs von Sachsen-Weimar befohlen war, so empfand ich anfänglich einige Abneigung. Ich hatte mir diese Herren Poeten bisher immer nur als eine Art äußerlich und sittlich verkommener Menschen gedacht. Wie überrascht war ich nun aber, als ich diesen Herrn Goethe persönlich zuerst kennenlernte: er war ein ungemein stattlicher, ansehnlicher, auf das Eleganteste angekleideter Mann in den besten Jahren, der mit einem so vornehmen Wesen auftrat, daß man ihn wirklich eher für einen Prinzen, als für einen bürgerlichen Secretarius hätte halten können. Er hatte etwas sehr Selbstbewußtes in seinem ganzen Benehmen, und die Worte flossen dabei so schön und gewandt von seinem Munde, daß es immer auf den Zuhörer den Eindruck machte, als höre er aus einem gedruckten Buche vorlesen. So hörte er sich auch zu gern selbst sprechen und hielt wohl mitunter auch Reden, die zwar sehr schön klangen, aber ihrem eigentlichen Inhalte nach doch nur leer waren, über Dinge, die er unmöglich verstehen konnte. Ich entsinne mich noch, daß er einst an der Tafel des Herzogs von Weimar einen langen Vortrag über die Artilleriewissenschaft und besonders auch über die zweckmäßigste Anlage von Batterien hielt und selbst uns Artillerieoffiziere darüber belehren wollte. So

etwas konnte mich denn doch wohl mit Recht verdrießen, und ich sagte: ›Nehmen Sie es, verehrtester Herr Legationsrat‹, — denn diesen Titel führte er dazumal — ›nicht übel, wenn ich Ihnen mit pommerscher Gradheit zu antworten mir erlaube, daß bei uns ein altes Sprichwort heißt: Schuster bleib bei deinem Leisten. Wenn Sie über das Theater und die Dichtung und noch über viele andere gelehrte oder Kunstsachen reden, so hören wir alle Ihnen mit dem größten Vergnügen zu; denn dies verstehen Sie aus dem Grunde, und man kann viel von Ihnen dabei lernen. Etwas anderes aber ist es, wenn Sie über das Artilleriewesen sprechen und nun gar uns Offiziere darüber belehren wollen; denn, nehmen Sie es nicht übel! — davon verstehen Sie auch nicht das Mindeste. Ihre Ansichten über die Verwendung der Geschütze waren vollständig falsch, und wenn ein Offizier nach Ihrer Anleitung eine Batterie errichten wollte, so wäre solche gar nicht zu gebrauchen und er würde entschieden damit ausgelacht werden.‹

So sprach ich freimütig und ohne Scheu, und es herrschte anfänglich bei meiner Rede ein gewisses beängstigendes Schweigen unter den meisten Anwesenden, und mehrere sahen mich sogar ganz entsetzt an, daß ich einem so berühmten Manne, wie Goethe es damals schon war, so rücksichtslos meine Meinung gesagt hatte.

Goethe selbst ward bei meinen Worten anfänglich ganz rot im Gesicht, ich weiß nicht, ob aus Zorn oder aus Verlegenheit, und seine schönen funkelnden Augen blickten mich starr an; bald aber gewann er seine volle Geistesgegenwart wieder und sagte lachend:

›Ja, Ihr Herren Pommern, seid doch recht freimütige oder wohl gar grobe Männer, das habe ich soeben an mir selbst nur zu sehr erfahren. Aber darum keine Feindschaft, Herr Leutnant! Sie haben mir soeben eine derbe Lektion gegeben, und ich werde mich hüten, in Ihrer Gegenwart wieder für das Artilleriewesen zu sprechen und den Herren Offizieren in ihr Fach zu pfuschen.‹

Dabei schüttelte er mir recht herzlich die Hand, und wir blieben nach wie vor die besten Freunde, ja, es wollte mir sogar scheinen, als ob Goethe meinen Umgang jetzt noch mehr aufsuchte, als dies früher der Fall gewesen war.«

Angewandte biblische Geschichte

Unter Leitung des Superintendenten Karl Meinhold (geb. 1813, gest. 1888) fanden früher alljährlich in Cammin Septemberkonferenzen der Lutheraner statt, an denen Träger hochklingender Namen teilnahmen, und die Stadt ließ sich's an solchen Tagen etwas kosten, um die erlauchten Gäste in ihren Mauern in pommerscher Reichlichkeit zu bewirten. Die Mittagsmahlzeit ward von den Konferenzbesuchern im größten Saale der Stadt eingenommen. Mutter F. ließ sich's nicht nehmen, die hochwürdigen Herren selbst mit zu bedienen, und so erschien sie einst persönlich mit einem großen Gefäß voll Fruchttunke für eine soeben herumgereichte Mehlspeise. Der magenkranke Pastor M. hatte nun bisher fasten müssen und gesucht, sich durch eine besonders große Portion dieser vom Arzte erlaubten Speise zu entschädigen. Mutter F.'s Auge war dies nicht entgangen, indes ihr Gefühl der Freude über den Appetit des Gastes ward bald verdrängt durch die hausfrauliche Besorgnis für die Teller der übrigen. So steuerte sie denn direkt auf den nichtsahnenden Pastor los, pflanzte die Sauciere etwas energisch vor dessen Teller auf und ermunterte ihn: »So, Herr Pastor, da machen Sie sich nur en rotet Meer um Ihren Berg Sinai!«

Die pommerschen Wasallen seindt getreue wie goldt

(Der treue Pommer)

... getreue wie goldt

»Die pommerschen Wasallen seindt getreue wie goldt, sie Resonnieren wohl bißweilen, aber wen mein Successor saget, es soll sein und daß Ihr Sie mit guhten zurehdet, so wierdt Keiner sich da wieder Mowiren gegen Eure Befehle.«

Friedrich Wilhelm I:
Politisches Testament (1722)

Bogislaus X. zu Rügenwalde und Hans Lange

Bogislaus X. hatte schlechte Erziehung von seiner Mutter Sophia empfangen, die ihn mit nach Rügenwalde, das eine durch ihren Lachsfang berühmte Stadt in Hinterpommern ist, nahm und ihn dort mit den Gassenjungen in einer elenden Jacke herumlaufen und ihm nicht einmal ordentliche Schuhe machen ließ, so daß oft die bloßen Zehen aus denselben herausguckten. Sie selbst aber hielt einen prächtigen Hof und ließ es sich mit ihrem Buhlen, dem Hofmeister Hans Massow herrlich wohl sein. Nun wohnte aber damals nicht weit von Rügenwalde im Dorfe Lantzke ein Bauer, Hans Lange, ein vermögender Mann. Wenn dieser nun in die Stadt kam und Bogislav und seinen Bruder Casimir so zerlumpt und liederlich herumlaufen sah, da empfand er inniges Mitleid mit dem Prinzen und redete ihn eines schönen Tages an und fragte ihn, warum er sich das gefallen lasse und ob er nicht daran denke, daß er aus fürstlichem Geblüte sei? Dies verdroß aber den jungen Bogislav und derselbe fragte ihn, was ihm dies angehe, er werde ihm doch nichts geben. Da sagte aber der Bauer: »Oh ja, es sei ihm nicht gleichgültig, wenn sein künftiger Gebieter nicht einmal ordentliche Kleider und Schuhwerk anzuziehen habe. Er wolle ihm auch gleich dazu verhelfen. Er solle hingehen zu seiner Mutter und diese bitten, sie solle ihm Hans Lange zu Lantzke zu seinem Bauer geben, dann werde er seine Pacht und Zinsen an ihn bezahlen und er könne sich nun alles davon kaufen, was er brauche.« Das tat der kleine Prinz auch und nachdem seine Mutter ihn wirklich Hans Lange geschenkt hatte, da ging dieser mit ihm zu einem Gewandschneider und nahm ihm Lundisch Tuch zu Rock und Hosen, kaufte ihm auch Barchend zu einem Wams und ein Paar neue Schuhe und staffierte ihn so anständig heraus, daß er nun eher wie ein Herzogssohn aussah.

Mittlerweile starb aber sein Vater Herzog Erich zu Wolgast (1474) vor Gram über seine ungetreue Frau und nicht lange darauf starben ihm seine beiden ältesten Söhne, Wratislav und Casimir, wahrscheinlich von ihrer eigenen Mutter vergiftet, nach und nun war auch wahrscheinlich Bogislav das Brod gebacken, wenigstens wollte die verwitwete Herzogin als seine angebliche Vormünderin das Regiment an sich reißen. Da kam Hans Lange abermals zur Stadt und rieth dem Prinzen zu entfliehen und sich zu seinem Oheim Wratislav zu begeben, der ihm rathen werde, was er thun solle, er verschaffte ihm auch ein Pferd mit Zubehör, ein Schwert und was er sonst noch brauchte. Damit ritt dieser denn nach Vorpommern zu seinem Onkel Herzog Wratislav, nachdem sich unterwegs an die dreihundert von Adel zu ihm gefunden hatten. Sein Oheim aber rieth ihm nach Rügenwalde aufzubrechen und seine Mutter gefangen zu nehmen und selbst das Regiment in die Hand zu nehmen. Dies that er auch, unterwegs fanden sich aber noch sehr viele von seinen Lehnsleuten und Dienstmannen zu ihm, so daß seine Mutter Angst bekam und seine Ankunft nicht abwartete, sondern noch eher nach Danzig mit ihrem Buhlen und Schätzen floh. Der junge Herzog übernahm nun die Regierung und berief Hans Lange zu sich und hieß ihm sich von ihm ausbitten, was er wolle, er solle Alles bekommen. Derselbe aber verlangte nichts und bat nur, daß er Zeit seines Lebens frei sein möchte von aller Unpflicht. Als ihm aber der Herzog dies auch für seine Kinder anbot, wies er es von sich und sagte, seine Kinder möchten nur Bauern bleiben, wenn sie sich wohl schickten, könnten sie keinen besseren Stand haben. Er behielt aber stets bei Hofe freien Zutritt und durfte den Herzog nach wie vor Du nennen. Wenn aber dieser Jemand absetzen wollte, so widerrieth es Hans Lange und sagte: »Du wirst ja einen nicht abschaffen, den wir Bauern bis hierher gefüttert haben, und wirst uns dafür eine hungrige Laus in den Pelz setzen, die uns aufs Neue das Blut aus dem Leibe saugt.« *Nach Thomas Kantzow*

»Hans Lang auf diesem Hoff
Hat einstmals aufgenommen
Den Herzog Bogislav,
Der sonst wär' umgekommen,
Und ihn mit Speis' und Trank
Versorget bis zur Zeit,
Da er gelanget ist
zu Kron' und Herrlichkeit.«
(Inschrift auf einer Tafel an der alten Linde vor dem Hof von Hans Lange in Lanzig bei Rügenwalde)

Die treue Zofe

Bei der alten Gräfin lebte schon jahrzehntelang ein ältliches Mädchen, das man freundlich »die Zofe« nannte. Eines Tages ist die Gräfin beim Pastor des Dorfes gewesen und erzählt ihrer Zofe:

61

»Marie, ich habe mir heute meine Grab-
stelle besehen und eingerichtet und daneben noch eine zweite für dich ausge-
sucht!«
»Das ist ja fein, Frau Gräfin«, antwortete
die treue Seele, »dann kann ich ja auch
Frau Gräfin nachher gleich bei der Auferstehung behilflich sein!«

Mönchguter Heiratsbrauch

Die Mädchen auf Rügen waren schon immer sehr selbstbewußt. Besonders auf der
Halbinsel Mönchgut, wo sich bis heute eine der vier pommerschen Trachten erhalten hat, war es noch im vorigen Jahrhundert üblich, daß sich die Mädchen ihren
Ehemann aussuchten und auch offen um
ihn warben. Man pflegte in diesem Fall zu
sagen: »Se stellt ut nah em!«
Dürten Looks, die einzige, sehr ansehnliche Tochter einer achtbaren Familie,
wählte sich zur Verwunderung aller Nachbarn statt eines wohlhabenden Hoferben,
einen stattlichen, klugen, aber doch völlig
mittellosen Knecht.
Als man sie fragte, weshalb sie das tue, er-
läuterte sie es in einem schlichten, aber
einleuchtenden Satz:
»Ik nähm leiwer 'n Mann ohne Geld, als
Geld ohne 'n Mann!«

Elisabeth von Oertzen
Entenrike

Nun ist sie tot, unsere Entenrike! Niemals
mehr werden wir sie über den Hof hum-
peln sehen, die große Mulde voll ge-
stampfter Kartoffeln im Arm, gefolgt von
einer langen, langen Reihe wackelnder,
schnatternder Enten, nie mehr wird ihr
Gesang unser Ohr entzücken, nie mehr
die in der feuchten Schürze rasch abge-
wischte Hand mit ihren Kleiespuren den
Gästen des Hauses zum freundlichen
Willkommen entgegengestreckt werden.
Sie fühlte sich ganz als Kind des Hauses,
um so mehr, als sie keinen Lohn erhielt,
sondern alles, was sie zur Leibes Nahrung
und Notdurft brauchte.
»Jnä Frau is mein Mudder, ick bün man
'n a'm Waisenkind«, sagte sie oft mit
zärtlichem Aufblick. (Meine Mutter war
übrigens mehrere Jahre jünger als sie.)
»Sie jiewt mich allens, wat ick brauchen
tu, und wenn ick mal dod bün, denn erwt
jnä Frau ok all mein Tüch!«
Verwandte hatte sie nicht, so gehörte
denn Rikes liebendes Herz ganz dem lieben Gott, der Herrschaft und dem kleinen
Vieh an. Wem am meisten, das läßt sich
schwer sagen. Im Winter sorgte sie für ihre Seele, ging allsonntäglich zur Kirche,
war die Erste auf dem ersten Platz in der
ersten Bank in sauberem Kleide und dem
weißen, gehäckelten Kopftuch — einen

Hut aufzusetzen, fand sie ein leichtfertiges, gottloses Benehmen — und stieß, sobald der Küster auf dem Chor den Mund auftat, einen weithin hörbaren, von unten heraufgezogenen Ton aus, dem sie eine entsprechende Reihenfolge anderer bis zur Atemlosigkeit folgen ließ.

Als später die Anschaffung einer Orgel in Anregung kam, ließ sich Rike zwar auch fünfzig Pfennig geben, um sie dafür zu opfern, war aber doch empfindlich berührt.

Na, etwas alt bün ich ja all, so recht vernehmlich kann ich nu nicht mehr singen. Sonst — da wo ich früher war, am annern Ort, da sagtens auch eins vom Oerjel, wo schön, daß das jüng, da sagt der Küster, was der Lährer war vom anderen Ort, der sagt: »Ach Rik', wir brauchen hier kein Oerjel nich, du büst doch all allein Oerjel genug!«

Gern und ausführlich unterhielt sie sich über die Predigt, von welcher ihr besonders die Stellen gefielen, an welchen der junge, eifrige Pastor einen übermäßigen Stimmaufwand entfaltete.

»Heut war er mal wieder so voll Jeisteskraft«, lobte sie, »das kommt ihm denn so über, denn muß er immer so recht laut ausrufen; wo hört sich das doch immer so andächtig an, wenn er so recht voll Jeisteskraft wird!« —

In der wärmeren Jahreszeit aber, sobald das erste Küken seinen ersten Pieps getan,

kam es jedes Jahr über sie wie eine wilde, zügellose Leidenschaft. Zum Kirchengehen kam's nur selten, und dann erschien sie hastig und verspätet und ließ jedesmal die Kirchentür hinter sich offen.

Sie schien keine Tages- und Nachtzeiten mehr unterscheiden zu können, keine Mahlzeiten und Erholungsstunden, keinen Sonnenbrand und Regen, keine Rücksicht und Ordnung mehr zu kennen. Die ganze Welt war ihr nur noch ein stellenweise mehr oder minder geeigneter Futter- und Weideplatz für ihr kleines Vieh. Ihr kurzes, struppiges Haar hing ungekämmt in die Stirn, hochgeschürzt, trotz der schiefen, bloßen Beine, zog Rike rastlos einher, immer eine Futtermulde im Arm, überall ertönte ihr lockendes »Peite, peite, peitekens! ihr »Tüt, tüt, tüt, tüt!« Überallhin folgten ihr die langen, gierigen, lärmenden Horden ihrer Pflegebefohlenen, um sich, wenn das Ausstreuen begann, dicht um Rike zu scharen, flatternd, gackernd, schnatternd, schluckend und pickend, und sie stand unter ihnen, hier half sie einem Schwächling zu seinem Recht, ermutigte und redete ihm zu, dort schalt sie und wies zurecht, dabei durchmengte sie genußsüchtig das Futter mit der Hand, wie der Geizige das Gold — ein Bild äußerster Befriedigung.

Auf dem Hofe machte sich das ja — wenn aber die Szene in den Garten verlegt wurde, das »Peite, peite, peitekens!« in allernächster Nähe des Sitzplatzes ertönte, den die Gäste einnahmen, dann erhob meine Mutter energischen Einspruch und versuchte, die zahlreichen Eindringlinge zu entfernen.

Aber dafür hatte Rike kein Verständnis. »Wejen wat soll ich denn da nich mit rin kommen? Dat is ja jrade so hübsch hier und dat sünd auch so 'ne hübsche Enten un denn sünd dat doch jnä Fru ehr Enten auch.« Ein Zugeständnis, das sonst nie gemacht wurde; es hieß immer: »Mein' Puten, mein' Enten und mein' Küken.« Übrigens stand Rike mit den Gästen des Hauses in der Regel auf vertrautem Fuß. So bescheiden sie sonst war, hier verlangte sie Beachtung. Wo sie ihr nicht von selbst zuteil wurde, rief sie sie hervor durch auffälliges Stehenbleiben und ein langgedehntes, von freundlichem Grinsen begleitetes: »Na -a? Mir kennen Sie woll nich mehr?« — worauf natürlich eine beschämt lebhafte Begrüßung folgte: »Ach, Rike, freilich — da sind Sie ja.«

Zu hohe Ehre aber wies sie mit eigenartiger Begründung zurück: »Ach, man nich Sie! Sagens man dreist du zu mich! Der liebe Jott heißt ja auch du.«

So vergrößerte sich denn Rikes Freundeskreis von Jahr zu Jahr, und sie konnte nicht ohne stille Eitelkeit sagen: »Mir kennt ok jedwerein — kann sind, Bismarch hett ok all von mi hürt.«

Die häufig zu Besuch kommenden Offiziere der nächsten Garnison hatte sie natürlich längst in ihre Fessel geschlagen und wußte ihre Ruderpartien auf dem See praktisch zu verwerten.

Aber auch an die fremdeste Einquartierung machte sie sich im vollen Zauber ihres oben beschriebenen Kostüms heran: »Ach, jned'je Herrn Offiziere, jundelns doch auch mal zu Verjnüjen aufs Wasser rüm und kehren's mich vor Dunkelwerden mein' Enten rin. Die Soldaten oder sonst so'n Undiert könnt mich die am End' nachtens wegnehmen.«

Selbst vor dem Gefürchtetsten im Dorf kannte Rike keine Bange, wenn es ihr geliebtes kleines Vieh galt. Dieser Gefürchtete war der Oberinspektor, eine gewaltige, imponierende Erscheinung, vor dessen weithin hörbaren Donnerwettern jung und alt gesträubten Haares und bebend floh. Rike jedoch kämpfte lange Jahre hindurch mit ihm einen tapferen Kampf ums Futter, das der große Machthaber ihr nie in gewünschter Menge und Güte verabfolgte.

So ward Rike allmählich Herrin des ganzen Hauses. Nur die eigenen Zöglinge, die unregierbaren Enten, entzogen sich ihrer Botmäßigkeit und wurden dadurch schließlich der Nagel zu ihrem Sarge.

Trotz alles Rufens und Lockens konnten sie sich nie entschließen, wie anderes gesittetes Geflügel abends rechtzeitig den sicheren Stall aufzusuchen, und Rike fand keine Ruhe, bis sie die Leichtfertigen drin hatte. Nie hörte man sie dickfellig und mit dreistem Geschnatter den Weg vom See heraufkommen, ohne auch zugleich Rikes schlürfenden Schritt zu vernehmen und ihr gellendes, erbittertes Schimpfen, das die träumende Stille durchschnitt.

»Kiek eis! Kiek eis! Ne, nu kiek eis blotig. Nu komme's! Je ja! nu komme's! Nu komme's antaukrupen! Ji ull verrückt Tüch! Ji ull Rrrimroders! Sallt ji ju so so rümme driewe? Paßt sick dat woll? Hürt sick dat woll? Is dat woll wat för'n anstännig Veih? Na wart, ich war ju!« (Man hörte sie wild auf die Büsche schlagen.) »Ull Kropptüch ji! d'Voß sall j frete! 'n Hals war' 'k ji umdreihn, dat ji dat lihrn, tidig nah Hus to kamen!«

Die jetzt vor der verschlossenen Stalltür angelangten Enten baten dringlich um Einlaß. Rike ging zu beißendem Sarkasmus über.

»Häh! Nu kiek eis blot, wo sick dit nu ok noch hett! Wo sick dat rejeirt! Wo dit'n Hals upritt! Ji hewwt ok woll noch dat jröttste Recht, wat? Nu paßt ji datt woll so im wa'men Stall? Nu wart dat woll up't Water'n Wenigkeit tau kult? Na — denkt ji — nu ka' s' us ok upschlute un rinne late! Jä, täuwt man, ji Rackertüch, da ward hüt nißt von! Ick heww lang naug lurt un säukt un raupt un schimpt un freirt, nu freirt un lurt un hungert ji

man ok'n beten rümme! Ich schlut nich up, un ich schlut nich up!«

Und wirklich! Schlürfende Schritte entfernten sich, die grollende Stimme verhallte.

Plötzlich aber machte die Zürnende kehrt und erschien schleunig unter den demutsvoll Harrenden.

Schlüssel rasselten, und die Tür ging knarrend auf. »Rrrinne mit si!« Wie eine gräßliche Verwünschung klang's durch die Nacht. Dann ein rasches Huschen, Zappeln und Schnattern, die Tür fällt krachend ins Schloß, wieder entfernen sich Schritte...

Diese Auftritte spielten sich monatelang regelmäßig ab, auch wenn Regengeprassel und Gewitterstürme die Stimme der Schimpfenden verschlangen. Und so kam's denn, was meine warnende Mutter schon oft prophezeit: Rike erkältete sich und schwere Krankheit fesselte sie ans Bett.

Ja, das war hart zu tragen, während der Hof wimmelte von piepsendem, kleinen und kleinstem Vieh!

Zwar wurde eine gutwillige, rotbäckige Milie als Stellvertreterin besorgt, aber das tiefe innere Verständnis, das feine Anempfinden für die Bedürfnisse der Pflegebefohlenen fehlte, und so traten denn in schneller Reihenfolge verhängnisschwere Katastrophen ein, die manch hoffungsvolles Leben dahinrafften.

Und oben lag Rike machtlos, fiebernd und hustend, aber klaglos ihren eigenen Leiden gegenüber.

Viel Aufmerksamkeit und Teilnahme ward ihr von allen Seiten.

»Nun, Rike, wie geht's?« So trat häufig jemand an ihr Lager.

»Schlecht, sehr schlecht«, sagte sie niedergeschlagen, „neun kleine Putkens sünd heut totjeblieben, jestern fünf!« Oder: »Die Kräh' hat drei Küken jeholt un auf'm Misthof hat sich die wittbunte Henn' versupt, was ümmer so flietig legen tat.«

Vergebens versuchte man, ihr solche Unglücksbotschaften fernzuhalten, sie bohrte sie förmlich aus ihren Besuchern heraus.

Meine Mutter gab sich Mühe, die Gedanken der Leidenden abzuziehen und höher zu richten. Sie ließ mich ihr oft Kreuz- und Trost-, Krankheits- und Sterbelieder vorlesen, was Rike sehr liebte. Aber ich hatte immer das Gefühl, als bezöge sie sie nur auf ihr »lütt Veih« und gar nicht auf ihren eigenen, sich rasch verschlimmernden Zustand.

Dann nahm meine Mutter selbst Platz an ihrem Bett. »Ja, meine gute Rike, nun halt' nur recht Einkehr. Du hast doch Frieden in deiner Seele? Dich drückt und beschwert nichts?«

»Ach ne, jnä Frau, ich find' mir da nu rein. Jung is se ja man, aber se wird sich dat ja ümmer mehr annehmen, denk' ich. Frölen Liesken hat mich auch zujesagt,

daß sie da mehr nach kieken will — wenn nu bloßig jnä Frau wollt' sorgen, daß't reichlich Futter jibt un nich ümmer das schlecht ull Hinnerkorn —«

»Ach, meine alte Rike, so laß doch die irdischen Sorgen fahren! Denk an deine Seele? Ist nichts, wovon du dich erleichtern, was du vielleicht noch aussprechen möchtest?«

Rike besann sich.

»Ja«, sagte sie dann in mattem, aber entschiedenem Ton, »ich wollt' jern beichten.«

»Das ist recht«, sagte meine Mutter und stand erfreut auf, »soll ich den Herrn Pastor holen lassen?«

»Ach ne, ich wer' liewerst jnä Frau das beichten. Ich hab' mir an Sie versündigt.«

»Nun?« fragte meine Mutter mild.

»Ja, jnä Frau, jern bekenn' ich das nich, aber das muß woll: ich hab jnä Frau ümmer bestohlen.«

Meine Mutter wurde leichenblaß. Sie fühlte sich ins Herz getroffen.

»Rike, auf deine Treue hätte ich Berge gebaut!« — brachte sie mit zitternden Lippen hervor. »Was hast du mir denn gestohlen?«

»Ejer« (Eier), gestand Rike mit niedergeschlagenen Augen. »Wann denn und wieviel denn?«

»'t Sommers — mehrst jeden Tag vier, auch fiew, wenn da so veel Eier wären und da keine nich nach keek.«

»Und was hast du denn damit gemacht?«
Rike sah von unten auf.

»Meine kleinen Putkens hab ich sie jewt«,
sagte sie in erbittertem und so scharfem
Ton, als ihr noch möglich. »Jnä Frau
wollt' ja ümmer nich jlauben, dat dat so
veele müßten, drei un vier, dat sollt naug
sind auf sechzig kleine Putkens — na —«,
sie wurde erregt — »nu süht jnä' Frau ja
sülwst, wat davon wird, von de drei Ejer!
Nu sünd's ja ball alle dot!«
Meine Mutter atmete erleichtert auf.

»Hast du sonst nichts mit den Eiern ange-
fangen?« fragte sie aber doch streng, »haben die Puten sie alle bekommen?«

»Nee, ümmer nich.«

»Nun, wer bekam die andern?«

»De Küken«, erwiderte Rike trotzig und
ging in respektloses Platt über, »wenn da
öfter weck mang wiern, wat so schwack
wir, dat dat nich stahn und gahn künn,
denn schüll'k se noch kein Ejer nich jewen?«

»Sonst bekam niemand welche?« — mit
Inquisitorton.

»Nee — d'Enten, de jew ick kein nich, dat
ull verrückt Rackertüch, dei ull infamtig
hallunkig Rrrümroders — dat leip ja so, all
ümmer dreller as ick?«

Eine Pause; — die Uhr tickte die schnell
dahinschwindenden Minuten, die Kranke
keuchte schwer und erschöpft.

»So, jnä' Frau«, sagte sie dann mühsam,
»nu hab' ich ehrlich meine Sünden beicht';

nu schicken's mir Milie rup, nu will ich ihr
noch vermahnen zu die rechte Treu.«
Die darauffolgende Nacht verlief sehr ruhig.
Aber als ich früh das Zimmer wieder betrat, da war kein Atem mehr hörbar — Rike war tot.
Wie schlummernd lag sie da mit gefalteten
Händen — aber ihre arbeitsharten, mage-
ren Züge zeigten mehr etwas von weltlicher
Genugtuung wie von himmlischem Frieden.
Milie, die ihr den Kaffee hatte bringen wollen, stand weinend vor ihr.
»Ach nee, ach nee«, schluchzte sie, »wat
war se jaut, wat war se tru! Wo hett se mir
noch jistern vermahnt! In d'Hand heww
ick ehr verspraekn möten, ick schüll d' lütt
Veih d'annert Johr veel kakt Eier jewen,
un wenn jnä' Fru mi kein jaw, denn schüll
ick se man driest entwenn'n.«
Auf Rikes Grabkreuz leuchtet der Spruch:
Du bist über wenigem getreu gewesen,
Ich will dich über vieles setzen.

Carl Ludwig Schleich

Konrektor Freese

Die bei weitem hervorragendste, wirkungs-
vollste und uns alle begeisternde Lehrkraft
des herrlichen Stralsunder Klostergymnasi-

ums war der damals etwa sechzigjährige Konrektor »Leupold« Freese, genannt Poseidon. Ein schöner, feingeschnittener Gemmenkopf vom Habitus eines römischen Senators; glattrasiertes, etwas welkes Gesicht mit schlaffen, leicht beim Sprechen sich blähenden, bläulichen Wangen — daher und von seinem imponierenden Griechentum überhaupt der Name Poseidon — mit schmalen Lippen, aristokratisch glattgescheiteltem, noch dunklem Haar und überaus innigen, blauen, lustigen Schalksaugen. Dieser unvergeßliche Mann war von einer in unserer Erinnerung und wachsenden Reife von Jahr zu Jahr immer höher bewerteten Gediegenheit und Universalität des Denkens und hat alle seine Schüler auf das lebendigste und nachhaltigste beeinflußt. Das klassische Altertum spann er uns so tief in die jungen Herzen, daß keiner von uns ehemaligen Stralsunder Gymnasiasten jemals begreifen wird, wie man von Bildung ohne intensive Kenntnis des Griechentums überhaupt sprechen kann. Freilich lebte dieser unser allgeliebter Lehrer, von dem nicht Schnurren zu erzählen oder nicht gemeinsam zu schwärmen von zweien sich zufällig nach Dezennien treffenden Stralsundern einfach eine Unmöglichkeit war — dieser Herrliche, Gute lebte freilich so absolut im Banne jener klassischen Zeiten, daß er sicherlich in Athen oder in Rom besser Bescheid wußte als in Stralsund, was er einmal mit äußerster Naivität bekundete. In einer sogenannten Arbeitsfreistunde, in welcher »Allgemeines« besprochen werden sollte, baten wir ihn, er möchte uns doch etwas von der Belagerung Stralsunds durch Wallenstein erzählen. Darauf sagte er mit tiefbekümmertem Gesicht in seinem singenden vorpommerschen Halbplatt: »Oach — meine Lieben — je! — Das weiß ich nich, das is nach meiner Zeit!« Ach, diese gemütliche, etwas maulfaule, behäbige drollige Mundart, deren er sich ganz leger bediente, noch dazu meist ohne jede korrekte grammatikalische Satzbildung; eine ganz schnelle, abrupte Gedankenhackerei, fast ein Versuch zu einer Stenographie der Sprache mit meist fortgelassenem Prädikat; Subjekt und Objekt blitzartig nebeneinander gepackt mußten genügen. Meist sprach er mit uns plattdeutsch, und ich kann noch ganze Homerszenen in seiner Art vorpommersch rezitieren: »Je, de oll'n Griechen de seggten nich, Ajax dat wir'n grotmächtigen Held, de stünn in de Schlacht as wi'n Boom, nee, de Homer de mokt anner Vergleiche, de wi as Beleidigung upfaten würr'n. Ajax stünn, seggt Homer, as en Esel, de den Barg vollbepackt rupkrupen sall. Em kümmern de Schläg' nich, de rechts un links up em runnerprasseln.« Und so zahllose Szenen. Plattdeutsch war in Stralsund um jene Zeit noch die allgemein gesellschaftliche Umgangssprache, auch in den besten Kreisen.

Wir untereinander sprachen fast nur platt. Einmal aber mußte Freese schon zu einem festlichen Hochdeutsch greifen, das dann amüsant genug ausfiel. Es ist schwierig, diese Sprache schriftlich zu fixieren in ihrer Absonderlichkeit, in dem Ziehen der Worte in singendem Ton. Es ist kaum möglich, die vielen »Je!« und »Ooch!« anders als mündlich, gleichsam schauspielerisch zu imitieren. Ich bin mir deshalb nicht sicher, ob es mir gelingen kann, die volle Komik dieses Idioms Nichtvorpommern oder Nichtmecklenburgern schwarz auf weiß anschaulich zu machen. Ich bitte also, bei den folgenden Erzählungen mir die Schwierigkeit, ein echtes Original redend hier einzuführen, zugute halten zu wollen. Sollten diese Anekdoten auch nur für Freese-Schwärmer und Vorpommern einigen Reiz haben, so wollte ich doch einmal im Leben diese nie vergessenen Folgen lieb gewordener Szenen, wenn auch schließlich nur für ihre wenigen noch lebenden Zeugen, dokumentarisch retten. Dieses Original hatte sich eine ihm ganz allein gehörige »Freese-Sprache« geschaffen, die schwer erlernbar war und studiert sein wollte. So kam er einst in die Klasse und sagte: »Je — mein lieber Teichen! Schwings Eltern haben mich — und da wollt' ich!« Als wir alle mit Teichen anfingen, über diese Satzbrocken zu lachen, sagte Freese ärgerlich: »Na denn nich. Denn nachher lassen Sie!« Ohne förmlichen Kommentar würden Un-eingeweihte den Sinn dieser Sätze nie erfassen. Aber wir »jahrelang geschult«, wußten genau, was er meinte. Das sollte heißen: »Teichens, Schwings Eltern haben mir mitgeteilt, daß ihr Sohn Nachhilfestunden im Griechischen haben solle, und da möchte ich Sie, Teichen, fragen, ob Sie bereit sind, gegen Bezahlung dieses Amt eines Nachhilfelehrers zu übernehmen!« Gewiß eine anständige Leistung einer mündlichen Kurzschrift »Oll' Frees« hat unsere moderne Sprachstenographie — wie A. E. G., K. d. W., M. d. R. ganz richtig vorausgeahnt. Das klassische Beispiel seiner anakoluthen, prädikatlosen Sprechweise war seine wirklich und wahrhaftig in Stralsund gehaltene Abiturientenentlassungsrede, welche ich fast wörtlich wiedergeben kann — einen so tiefen Eindruck hat sie auf mich gemacht. Er ist nur ein einzigmal zu diesem gleichsam öffentlichen Auftreten gekommen, aber die Stralsunder sprachen noch jahrelang von diesem großen Ereignis! Nämlich der Direktor der Anstalt, dem die Pflicht obgelegen hätte, uns in einer besonderen Aulafeier, die öffentlich war, zu entlassen, war erkrankt und Freese von ihm beauftragt worden, statt seiner die Ansprache an die »Muli und das Volk« zu halten. Wie ein Lauffeuer ging diese Nachricht durch die Stadt. Alle Honoratioren und Bürger derselben hatten ja unzählige Schnurren von dem lieben alten Sonderling gehört. Ihn amtieren zu sehen, das konnte

69

sich niemand entgehen lassen, und so war denn am Morgen des Festtages die Aula gefüllt mit den bekanntesten Persönlichkeiten, den Offizieren, Ratsherren, Kaufherren und Reedern der Stadt mit ihren festlich geschmückten Damen.

Da ließ sich »Oll-Frees« also vernehmen: »Je! Meine Lieben! De Härr Direktor is krank. Nich slimm, äwerst ornd'lich. Na, und so sall ik nu. Je. Das is ja woll so. Denn nachher muß ich ja woll. Die Entlassungsrede. Die jungen Leute! Och! frei!« Und mit gehobener, komisch, skandierter Deklamation: »Dahin des Schulstaubs schlimme Pein! Hinaus! Je, das Studium. Der Beruf. Die Wahl. Vater, Mutter, Freunde raten. Klugsnakers gibt's immer. Meinen häzlichen Glückwunsch! — Je, da seh' ich welche, die wollen Philologie. Wie sagte Goethe? ›Neue Sprache, neues Leben!‹ Auch Englisch und Französisch. Och, vergessen Sie nich das Klassische, das Fundament. Es kommt die Sehnsucht. Vergessen Sie nich Ihren alten Freese! Lernen Sie, später lehren Sie! Meinen häzlichen Glückwunsch!

Je, da seh ich welche, die wollen Jurisprudenz. Je. Das ist der Staat. Der grüne Tisch. Der Herr Landrat. Die Waage der Gerechtigkeit. Sie wissen: blinde Justitia. Halbblind: Mitleid, Strenge! Je, der Paragraph, Pflicht und Gewissen. Die Menschenseele. Wie sagt Goethe? ›Es gibt kein Verbrechen, als dessen Urheber ich mich

nicht denken könnte!‹ Denken Sie auch daran bisweilen, wenn schwere Strafen! Referendar, Assessor, Präsident. Meinen häzlichen Glückwunsch!

Ach! Da seh' ich welche, die wollen Medizin. Je, die Naturwissenschaft. Die Welt vom Kleinsten. Das Mikroskop. Wie sieht die Welt lütt aus! Ganz lütting — lütt. Je, das is das Geheimnis des Kleinen. Große Bedeutung. Volkswohl. Heilung, Mitgefühl. Wie sagt Virchow? ›Die Medizin insolviert den Begriff des Heilens!‹ Je, das is schön. Ich habe keine Sorge. Meinen häzlichen Glückwunsch!

Je. Zwei wollen Mathematiker. Na nu? Je. Absonderlich. Das Skelett der Dinge! Wo ist das Individuum? Alles Typizität. Abstrakt. Aber geistreich. Meinen häzlichen Glückwünsch.

Je, da seh ich welche, die wollen — Theologie — — ach? Du lieber Gott!«

Alles platzte heraus!

»Je, lachen Sie nicht, die Stunde, sie kommt, der Zweifel, der Rabe hackt ins Genick, bohrt, beißt, man weiß nicht aus noch ein; die Welt, das Schlechte scheinbar belohnt, das Gute an die Wand gedrückt, der Brave übersehen! Spott! Kein Glaube. Kanzel. Vergebliche Sonntagspredigt: einer schläft; je, es ist schmäzlich! Oh, lachen Sie nicht, die Stunde kommt, es ist furchtbar, die Qual, das liebe Brot; weiß nich aus noch ein. Martyrium! Mein häzliches Beileid!«

Der alte Fritz und Pommern

Friedrich der Große liebte seine treuen pommerschen Untertanen ganz besonders, denn seine pommerschen Regimenter verhalfen ihm zu manchem ruhmvollen Sieg. Allein die Familie Kleist opferte in drei schlesischen Kriegen 49 ihrer Söhne.

Bei der Besichtigung eines Kavallerie-Regiments erkundigte sich der König bei dem Obersten nach den Offizieren. Der Oberst äußerte sich über alle sehr lobend, nur einen pommerschen Rittmeister tadelte er und bat um dessen Versetzung.

»Warum?« fragte der Alte Fritz.

»Majestät, er säuft!«

Der Oberst wußte, daß der König das Trinken haßte und hoffte, auf diese Art den Rittmeister loszuwerden.

Bei der nun folgenden »Revue« beobachtete der König den bewußten pommerschen Rittmeister sehr genau und stellte zu seiner Überraschung fest, daß der Angeschwärzte seine Mannschaft ausgezeichnet führte, während die Leistungen der anderen Offiziere nur sehr mittelmäßig waren. Nach Beendigung der Besichtigung nahm deshalb der Alte Fritz den ränkesüchtigen Oberst beiseite und fuhr ihn an:

»Weiß Er was? Sauf Er auch!«

*

Unter allen Generälen stand dem Alten Fritz der pommersche General von Winterfeld am nächsten. Doch einmal hatte es eine böse Auseinandersetzung zwischen beiden gegeben, und als der König den General sah, drehte er sich um und kehrte ihm brüsk den Rücken zu. Da rief Winterfeld erfreut:

»Nun sehe ich endlich zu meiner Freude, daß Majestät mir nicht mehr zürnen!«

Wütend drehte sich der König wieder um und fragte barsch:

»Wie meint Er das?«

»Majestät haben noch nie einem Feinde den Rücken gekehrt!«

Das gefiel dem König, und das gute Einvernehmen zwischen dem Alten Fritz und seinem General war wieder hergestellt.

*

Im Volke wurde immer wieder die Geschichte erzählt, daß der Alte Fritz auf einer Fahrt durch Vorpommern so großartig aufgenommen wurde, daß die Hinterpommern nicht nachstehen und ihre Landsleute von der anderen Seite der Oder gern übertreffen wollten. Als der König in Stettin die Oder überschritt, hatte man über die Brücke ein großes Tuch gespannt, auf dem zu lesen stand:

»Heil, König, heil! So schallt's aus
   Vorderpommern!
Doch aus dem Hintern soll's noch
   kräftiger donnern!«

In Wirklichkeit aber war es König Friedrich Wilhelm IV., der auf Huldigungsfahrt durch Vor- und Hinterpommern fuhr. Ihm errichtete das dankbare Volk überall in den vorpommerschen Städten Ehrenpforten. Das ließ den Ehrgeiz der Hinterpommern nicht ruhen und sie sannen darauf, wie sie ihre vorpommerschen Landsleute noch übertreffen konnten. So errichteten sie dem König auf der Oderbrücke ein großes Transparent, und als Friedrich Wilhelm IV. die Oder nach Osten überschritt, leuchtete ihm auf dem Spruchband der Gruß entgegen:

»In Vorderpommern freudig
   aufgenommen,
tönt aus dem Hintern Dir ein donnerndes
   Willkommen!«

Der Hexenschuß

Einer der bekanntesten Ärzte in Greifswald war Dr. Paul N., von seinen unzähligen Patienten anerkennend und fast zärtlich »Professor Paule« genannt.

Als Mediziner war er natürlich gewöhnt, alle Teile und Funktionen des menschlichen Körpers beim richtigen Namen zu nennen. So hatte er sich mit seinen ländlichen Patienten einen herzhaften Umgangston angewöhnt, wobei die drastischen Ausdrücke durch das Plattdeutsche gemildert wurden.

So kam einst eine biedere Frau aus Panzin zu ihm und klagte über Kreuzschmerzen. Sie brachte auch gleich die Diagnose mit: »Dat möt Hexenschuß sin, Herr Doktor!«

»Dat will wi mol seihn«, antwortete Professor Paule leutselig, »dreihn Se sik mol üm!«

Weisungsgemäß legte sie sich bäuchlings auf die Pritsche, damit Professor Paule auf ihrem Kreuz herumkneten konnte. Infolge des ungewohnten Druckes auf ihre Innereien entwich der Patientin dabei ein hörbarer Laut, dessen Folgen man nicht gern riecht. Die Frau genierte sich sehr, aber Professor Paule rief erfreut:

»Na, sühst wol, den Schuß hemm wi ja nu rut, nu möt 'n wi bloß noch de Hex' tau faten kriegen!«

Freund, versäume nicht zu leben

Ewald von Kleist

Der fröhliche Pommer

»Freund, versäume nicht zu leben,
denn die Jahre fliehn,
und es wird der Saft der Reben
uns nicht lange glühn!
Moslerwein, der Sorgenbrecher,
schafft gesundes Blut.
Trink aus dem bekränzten Becher
Glück und frohen Mut!«

»Tut drauf einen Trunk, einen guten
  Trunk,
einen Martenstrunk, einen pommerschen
  Trunk,
neun Züge und beide Backen voll,
in unico hypocaustu, ja, haustu...«
  Trinkspruch in Coburg, 1621 gedruckt

Wärmflaschen

Die Gutsherrin ist sehr besorgt um die Gesundheit ihres Gatten. Deshalb sagt sie zu
dem neuen Stubenmädchen:
»Minna, mein Mann ist stark erkältet, legen Sie ihm heute abend doch eine Flasche zum Wärmen ins Bett.«

»Gern, gnädige Frau«, gehorcht das
Mädchen und fragt: »Soll ich Rotwein
oder Weißwein nehmen?«

*

Jochen fährt zur Stadt, und damit er sich
nicht bei Bier und Schnaps in der Aus-
spannung festlegt und sein gutes Geld ver-
tut, hat Mutter ihm zum Frühstücksbrot
auch eine nicht zu kleine Flasche mit
Kümmel, wohl verpackt, mitgegeben.
»Dat ist före Döst! Dat du mi nich eje do-
bi gest, eje du up'n Markt bist un dei Far-
ke (Ferkel) verköfft hest!« Und Jochen
fährt los.
Unterwegs wird ihm bald der Hals
trocken, und die Flasche will ihm nicht
aus dem Sinn. Er holt sie aus der Tasche,
schüttelt und horcht... Da ist es um ihn
geschehen, wiewohl er erst eine knappe
halbe Stunde unterwegs ist. Er wickelt die
Flasche aus, entkorkt sie und will sie eben
zum Munde führen, da stutzt er, und sein
Blick wird starr. Eilig wickelt er sie wieder
ein... Und warum das alles?
Nun, auf der Flasche klebte ein Zettel,
und auf dem Zettel stand mit der Bäuerin
ungelenken Schriftzügen: »Du Lump! Is
hier all 't Kösline Farkemarkt?«

Martin Reepel

Vom Wesen des pommerschen Humors

Des Pommern »freundliche Gespaßigkeit«, wie Ernst Moritz Arndt den Humor seiner Landsleute nannte, ist ein Beweis für seine niederdeutsche Abstammung. Niederdeutsche waren Till Eulenspiegel, Wilhelm Raabe, Wilhelm Busch und Fritz Reuter, Deutschlands größte Humoristen. Beachten wir, wie der Pommer beim Betreten einer Gaststätte eifrig danach sucht, einen Tisch für sich allein zu haben! Nicht, weil er Menschenfeind wäre, sondern weil er Abstand gewinnen, beobachten und hier wie überall Eindrücke sammeln will. Und so *wird ihm das Leben zu einer Bildersammlung, unter deren Einzelstücke er seine von Humor, nämlich von vergebendem Verstehen, diktierte Kritik als Unterschrift setzt.* Das stimmt wortwörtlich, wenn wir an Wilhelm Busch denken.

Der Wortwitz des Berliners, der mit einem Worte gewissermaßen jongliert, liegt dem Pommern nicht. Er sieht überall die *humorvolle Situation* und bedient sich ihrer, wenn es gilt, zu den Dingen der Welt in Gestalt *einer Redensart* oder eines *Sprichwortes* (das »Beispielssprichwort«) Stellung zu nehmen.

Soll völlige Ratlosigkeit gekennzeichnet werden, meint der Pommer etwas drastisch: »Dei steiht als Kind bim (beim) Dreck!« — Wie kahl klingt die oft gebrauchte hochdeutsche Redensart: »Ja, das ist etwas anderes!«, während der Pommer die prächtige Situation als Beispiel ausmalt und sprechen läßt: »Dat is e ganz annert Korn, säd (sagte) de Möller, un dorbi bet (biß) hei in' Muskötel.« — Manch ein Mädel kann nicht schnell genug unter die Haube kommen, und man tuschelt vielsagend: »Laßt sie nur erst verheiratet sein!« Indessen das Volk in Wortspiel und Bild warnt: »Lot's ma eiste im eigne Groube schroupe«, d. h. laß sie mal erst im eigenen Grapen (Kessel zum Kochen der Schweinekartoffeln) schrapen, scheuern oder im eigentlichen Sinne: laß nur erst die Mühen des Haushalts und die Erbärmlichkeit des Lebens über sie kommen!

Und auch zu den Beispielssprichwörtern ließe sich in jedem Falle das ergötzliche Bild eines Wilhelm Busch zeichnen: »Dat Glück kummt äver Nacht, sä de Buerfro, dar funn (findet) se een Nest mit fuhle (faule) Eier.« Oder: »Reinlichkeit is dat halwe Leben, säd de oll Fru, don fegt se den Disch mit den Bessen af.« Auch: »Oll Lüd gahn vör, säd de Jung, don störr (stieß) he sinen ollen Vadder ut de Luuk (von'n Bähn)«, also aus der Bodenluke. Dann: »Spaß möt sin, seggt Jehann un

75

kettelt (kitzelt) Marieken mit de Meßfork« (Mistgabel). Und der Jugend voller Heimlichkeiten gilt das schöne Wort: »Stroh in'n Stäwel (Stiefel) und Leiw (Liebe) in'n Harten, dei kieken immer rut«.

Die verquere Antwort

Wer den Ausdruck »verquere Antwort« nicht anerkennen will, mag es bleiben lassen. Für mich hat er folgenden Sinn: Du glaubst mit einer *Frage* gerade auf dein Ziel zuzusteuern, du bekommst aber eine *Antwort,* die das Gefährt deiner Gedanken vor der engen Toröffnung deiner Wünsche geradezu quer stellt, und du kommst infolgedessen nicht weiter, sondern bist im höchsten Falle so weit wie vorher. Das nenne ich eine »verquere« Antwort.

Der Pommer mag es nicht gern, wenn zu viel gefragt wird. Was Wunder, wenn er den Frager durch eine Neckerei zu strafen sucht, und das geschieht eben durch die »verquere« Antwort. Und er gibt eine solche Antwort sicher, wenn die Frage *doppelsinnig* und nicht zwingend war. Ein paar Beispiele:

Geht da eines Sonnabends ein Badegast über den Kolberger Markt und beguckt sich Haus um Haus. Der gute Mann hat einmal etwas von Kolbergs großem Bürger Nettelbeck gehört und sucht nun das mit Inschrifttafel versehene Nettelbeckhaus. Schließlich wendet er sich vertrauensvoll an Fritz Knoll, der gerade einen Sack mit Kartoffeln auf dem Rücken hat: »Sagen Sie mal, hier soll doch irgendwo am Markt ein großer Mann geboren sein!« — Fritz Knoll kneift ein Auge zu, schiebt den Priem aus einem Mundwinkel in den anderen und meint dann bedächtig: »Nee, Herr, dorvon hew ick mein Tag nie nix hürt. So as ick dat weit, sind hier in Kolberg alle Tid ümmer man *kleen Kinner* up't Wilt kaome!« —

Aber die verquere Antwort erfolgt auch, wenn eine Frage überhaupt als überflüssig empfunden wird. Ich bringe ein Beispiel aus dem Kreise Rummelsburg im Originaldialekt:

De ull Vandersee, was Hofmeister up dem Vollwerk (Vorwerk) Friedrichswerder... All Sinndag des Morgens ging hei num Derp (zum Dorf) tum Inspekter, um de Arbeidsdag vunne Lide antogäwen o tau beräden, wat inne nächste Wäk sull makt ware. As hei bim Kraug verbikimmt, kefft hei sich für ne Grosche ne Hiering o nimmt em inne Hand mit. Dunn sieht em de ull Köhlersch o reppt: »Meines Lewens, Vandersee, wat wist du hiet mit den Hiering?« »Jo«, seggt hei, »kiek ma, wenn ick de ganze Wäk (Woche) mutt Fleisch gnage, will ick am Sinndag uck mal geern wat Gouds geneite.« —

Endlich sei noch der verqueren Redensart gedacht, die nicht selten die wahre Meinung in humorvoller Weise verschleiern soll. Ein Beispiel aus dem Weizacker möge Beleg dafür sein: Man ist zu Besuch und glaubt, sich nach einiger Zeit empfehlen zu dürfen. Als Antwort bekommt man zu hören: »Kast jao noch hie bliewe, gehst nohär een beike (ein bißchen) eher!« Und hat nun das Vergnügen, die Frage zu lösen, was denn so viel Tiefsinn eigentlich zu bedeuten habe... Vielleicht wird man aber doch gut tun, seinen Besuch abzubrechen.

Zanower Schwänke

Die Welt ist seltsam, und die Gerechtigkeit gehörte eigentlich in eine Blindenanstalt. Man bedenke: von den beiden durch den Gollen getrennten Städten Köslin und Zanow hat zweifellos Köslin den Ruhm, in geschichtlicher Zeit die meisten Torheiten begangen zu haben, und doch schießt der pommersche Volkshumor in der Verherrlichung Zanows und seiner Schildbürgerstreiche den Vogel ab.

Schon die stichelnde Redensart hat sich der Stadt angenommen; denn wer schwer von Begriffen ist, dem muß man »ein Licht aus Zanow anstecken«, und wenn er endlich begriffen hat, dann »wird's Tag in Zanow!« Aber das köstlichste sind und bleiben doch die Schwänke. Wie die Zanower in alter Zeit eine östliche Fürstlichkeit bei der Durchreise wunschgemäß mit einer kleinen Erfrischung begrüßen, indem sie ihre Feuerspritze auf den offenen Wagen des Fürsten richten... Wie sie ein Füllen ausbrüten lassen, indem sie einem alten Gaul einen Kürbis unterlegen... Wie sie einen Bürgermeister wählen, indem sie... Aber das läßt sich nicht in einem Satze sagen.

Man türmte auf dem Markt einen riesigen Strohhaufen auf, ließ alle Ehefrauen gleiche Kleider anziehen und bis über die Hüften hineinkriechen. Dann sollten die Ehemänner raten, und wer seine Frau an dem wenigen Sichtbaren erkennen würde, der sollte Bürgermeister werden. Und siehe, die klügsten Leute rieten vorbei, und die Weiber im Stroh ballten heimlich die Fäuste. Zuletzt holte man den Nachtwächter, damit er's sich versuchte. Es hatte aber des Nachtwächters Weib rote Haare, und im Sonnenlicht aufglühend, stahl sich ein Löckchen durch das Stroh. Da rief der Mann erfreut: »Da is jao min olle Voß!« und klappste seiner Ehegeliebten herzhaft mit der Hand auf den — Rücken. Und er ward Bürgermeister und sie die Frau Bürgermeisterin.

Übrigens — so erzählt ein anderer Schwank — waren die Zanower in alter Zeit arg klug. Als eine Zeitlang der Her-

zog in der Nähe von Zanow residierte, ließ er sie als Ratgeber oft an seinen Hof holen, und für Tage, ja, Wochen, mochten die Weiber ganz gut die Stadt allein regieren. Als aber der Herzog nach Stettin zog und nun die Männer gar dorthin mitnahm, für Monate aus Heim und Rathaus entführte, da wurden die Frauen rebellisch. Man erwirkte den Männern zunächst einmal einen Urlaub und schmiedete, als man sie daheim hatte, ein Komplott mit ihnen. Sie sollten fortan bei Hofe immer das Gegenteil von dem sagen, was richtig und vernünftig gewesen wäre. Und wie beschlossen, so geschah es, und bald hatten die Frauen ihre Männer wieder. Damit aber niemand die List durchschaute, mußten sie auch daheim noch geraume Zeit den Dummen spielen, und das ward ihr Verhängnis. Denn nur zu oft geübte Absonderlichkeit ward zur Gewohnheit und die vorgetäuschte Dummheit zur wahren Natur...
Behauptet die Sage, und das ist eine Gemeinheit!

*

Im Winter säuft der Pommer
genau so tüchtig wie im Sommer.
Altes Sprichwort

Hermann Kasten

Der Zanower Grenzritt
Ein Schildbürgerstreich

Die Zanower hatten in alter Zeit
Mit den Köslinern heftigen Streit.
Sie zankten sich schon viele Lenze
Um ihrer Stadtgemarkung Grenze
Und wurden einig doch mitnichten;
Bis endlich man Vernunft annahm
Und auf den trefflichen Einfall kam,
Man wolle den Handel gütlich schlichten.
Es sollten die Bürgermeister beide
Zu ewig gültigem Rechtsentscheide,
Beginnend an der Marktplatzmitte,
Am nächsten Morgen in scharfem Ritte
Bei Sonnenaufgang ohne Weilen
Nach Kräften einander entgegeneilen.
Und wo sie sich träfen auf halbem Wege
Im Felde oder im Waldgehege,
Da sollte fortan der Grenzstein stehen:
So ward es verbrieft und vorgesehen.

Nun waren die Zanower weit und breit
Berühmt durch ihre Pfiffigkeit.
Auch hier erprobten sie ihren Witz
In manchem scharfen Gedankenblitz.
Mit roten Köpfen, erregt und heiß
Ratschlagten sie mit vielem Fleiß,
Wie es sich klüglich möchte fügen,
Daß sie den Köslinern ein Schnippchen
schlügen.

78

Sie rieten dies und rieten das
Und leerten dabei manch schäumendes
 Glas,
Bis schließlich der Klügste mit lautem Ruf
In dem Getümmel Gehör sich schuf:
»Was wollen um Kaisers Bart wir
 streiten!
Der Bürgermeister — bedenkt es recht —
Ist schweren Leibes — drum wär's nicht
 schlecht,
Ihr laßt auf dem kräftigsten Stier ihn
 reiten.

Ein Stier ist stärker als ein Gaul.
Wir legen ihm ein Gebiß ins Maul,
So trägt er den Reiter hurtig von hinnen
Und läßt einen Vorsprung ihn gewinnen.«
Das dünkte verständig den Bürgern allen,
Sie ließen dröhnenden Beifall schallen,
Worauf sie vergnüglich weiter tranken,
Bis spät sie in friedlichen Schlummer
 sanken.

Die Sonne behaglich ins Fenster lachte,
Als man nach tiefem Schlaf erwachte
Und, mühsam ermuntert aus wirren
 Träumen,
Den Kopf sich kratzte. — Nun gab's kein
 Säumen.
Sie gingen ans Werk als beherzte Männer,
Getrost vertrauend dem bessern Renner.
Doch da der Stier sich des Zaumzeugs
 wehrte,
Alsbald sie neuer Verdruß beschwerte:

Das störrige Vieh vom Fleck zu bringen,
Wollt' weder mit List noch Gewalt
 gelingen.
Nach vielem vergeblichen Schreien und
 Fluchen
Ließ man den Reiter es rittlings
 versuchen;
Er faßte den Schwanz als Steuer und
 Zügel,
Worauf der Stier zufrieden aufs letzte,
Nachdem er empfangen reichliche Prügel,
In einen beträchtlichen Trab sich setzte.

Doch kaum, daß beide glücklich passiert
Die Brücke, die über den Jordan führt
Kommt ihnen zu früh und ungelegen
Der Bürgermeister Köslins entgegen
Auf dampfendem Pferde dicht vor Kluß.
»Schon ausgeschlafen, Herr Kollege?
Ei, Euer Gaul scheint etwas träge!« —
Und lüftet den Hut zu spöttischem Gruß.

So der verbürgte Sachverhalt,
Warum seit alters Feld und Wald
Bis nah an Zanow ungestört
Köslins Gemarkung zugehört.

Die Zanower mußten sich bequemen,
Zum Schaden noch den Spott zu nehmen,
Wie oft es trifft zu kluge Leute. —
So war's vordem, so ist es heute.

Humor in plattdeutschen Sprichwörtern

Wo man singt, da laß dich ruhig nieder, säd de Düwel un sett 't sick mit 'n Nors in 'n Immenschwarm.

*

Des Not heww 'k mit sülwst andahn, säd de Oß, dor müßt hei sinen eigen Meß up 't Feld führen.

*

Mi kannst woll weglopen, äwer unsen Herrgott nich, säd de Bur, as de Voß mit 'ne Gans weglöp.

*

Mit di wi 'ck woll farig warden, säd de Bur un kek taum Häwen rup, lettst du rägen, führ ick Meß.

*

Unsen Herrgott is nich tau trugen, säd de Bur, dor makt hei sin Heu up 'n Sünndag.

*

Wat sünd ji för Minschen, säd de Bur tau sin Schwin, as sei den Kaben umstött haren.

Wat wi nüdlich sind, wenn wi jung sind, sed de Jung, un doar bekek hei sich de Farken.

*

Wat is' de Welt so grot, säd de Jung un doar kek hei ewern Tun.

*

Wi künne joa als Bräuder lewen, säd de Jung tum Voader, oaber du wult joa nich, un doar legt de Ulle em ewer de Knei (Knie).

*

»Kopparbeit is de schworst«, säd de Buer, »dat seih ik an mienen Ossen.«

*

Krank as'n Haun, mag äten und nix daun.

*

Die ierst Not möt kiehrt ward'n, säd de Fru, don makt sei dat Füer mit'n Backeltrog an.

*

»Wat rührst mank de Stint«, seggt de Fischfru, »meinst, dat's Aal warden?«

80

Wat de Jung seggt: »Des Saak is nich tau trugen, Vadder, legg ierst den Stock dal!«

*

»Man kümmt ut de Angst nich rut«, säd de Jung, »soamers gewittert dat un winters mutt ma na't Schaul.«

*

Jung, hest keen Uträd, kriggst Schacht.

*

Dat treckt sich all nah'n Liew, säd de Snieder, don hett he den Ärmel in't Taschenloch sett.

*

Dei Äppel föllt nich wiet von' Stamm, so as dat Schap is uk dat Lamm.

August Brunk

Tierstimmen im pommerschen Volkshumor

Wenn der Frühling kommt und die liebe Sonne mit ihren warmen Strahlen die Erde zu neuem Leben erweckt, da wird's draußen in Wald und Feld lebendig. Fliegen und Mücken erfüllen mit leisem Summen die linden Lüfte, in schwerfälligem Fluge zieht der »Busbunk«, der Mistkäfer, brummend seine Bahn, und da steckt gar schon ein Frosch seinen dicken Kopf mit den verwunderten Augen aus der kalten Flut hervor und stimmt mit gurgelndem Ton sein Frühlingslied an. Und einer nach dem andern arbeitet sich aus dem tiefen Schlamm hervor und fällt mit ein. Allmählich werden ihre Stimmen heller und heller; wie hundert Orgeln braust hinan zum Himmel der Choral. Plötzlich verstummt der Gesang und macht einer allgemeinen Unterhaltung Platz. Zwei Froschweibchen haben ein eifriges Wirtschaftsgespräch:
»Varrersch, Varrersch, wenne backst, wenne backst?«
»Moargen, moargen.«
»Back ick uck, back ich uck.«
Eine andere richtet den Blick besorgt zum Himmel empor:
»Vaddersch, morgen wi' wi waschen, waschen!«
und erhält die verständnisinnige Antwort:
»Ick ick ick uck!«
Die Männer dagegen können auch im Froschvolke die politischen und religiösen Streitigkeiten nicht lassen. Die einen loben den »Lutherr, Lutherr«, die andern den »Paapst, Paapst«, die dritten ihren »Rrabbi, Rrabbi!«

81

Einige ahnungsvolle Gemüter quaken:
»*Nawersch, Nawersch, hefft ji den Mann
mit de roden Beinen nich seihn?*«
Andere erwidern sorglos:
»*Wat weit ick, ick, ick!*«

Aber wenn man den Teufel an die Wand malt, dann kommt er, wenn auch nicht immer in derselben Gestalt. Würdevoll spaziert am Rande des Teiches ein Schwarzrock einher und lockt so schmeichelnd:
»*Kumm rut, kumm rut!*«
Doch der Frosch traut ihm nicht:
»*Du krallst mi, du krallst mi!*«
Als aber der Schwarze wiederholt versichert:
»*Fürwohr nich, fürwohr nich!*«
da kriecht er heraus. Doch sofort hat ihn der Rabe gepackt und verschlungen und frohlockt der zarten Speise:
»*Rindfleisch is täg, Rindfleisch is täg!*«

Die andern fliehn eilends und verbergen ihr Haupt trauernd unten im Schlamm. Um den Verunglückten weinen eine liebende Braut und eine alte Mutter. Während aber jene auf ihre Klage:
»*Nu krieg ick keinen Mann!*«
nur die höhnische Antwort erhält:
»*Dat is di gaud, dat is di gaud!*«
findet diese wenigstens eine mitfühlende Seele:
»*Min Kind is dot!*« — »*Min ock, min
ock!*«

Am anderen Morgen ist aller Harm vergessen, und wieder klingt's:
»*Nawer, Nawer! Ick back, ick back!*«
»*Ick ick ick uck! Ick ick ick uck!*«

Und da keine Gefahr droht, so wagt sich einer nach dem andern ans Ufer, um sich im Sonnenschein zu wärmen. Plötzlich erhebt einer ein Freudengeschrei:
»*En Pogg, de fünn einen Helle, an'n Dik,
Set drup un quakte: Respekt, ick bün
rik!*«
Die andern aber lachen ihn aus:
»*Koax! Quark, Quark, Quark!
Gelgakgek!*«
Gerade in diesem Augenblick kommt der alte Amtsfischer Mürcke vorüber, der im vergangenen Jahre so manchen Frosch für seine Krebshauben meuchlings erschlagen und schmählich geschunden hat. Darum begrüßt man ihn jetzt mit einem feindseligen
»*Mürck, Mürck!*«

»Nä, äwer de schwerangst Padden!« brummt er. »Wo weten de, dat ick Mürck heet.« Und er schlägt mit dem Ruder nach ihnen: »Ick war juch bimürcken!« —
Warnend ruft dem ausgelassenen Froschvolk die Goldammer zu:
»*'t is, 't is noch väl to früh!*«

und die Haubenlerche bestätigt es:
»*Dit's so noch nich vöbi!*«

Und sie sollen recht behalten. Denn unverhofft kehrt der Winter mit Schnee und

Hagelschauern zurück, und der schon so muntere Kibitz schreit trübselig sein:

»Kiwit, wo bliw ick?«

Die Kinder aber rufen ihm vom Wagen hartherzig zu: »Bliw du recht, wo du wist! Ick fäue naure Stadt!«

Oder er wendet sich an die Krähe mit der Klage:

»Dat is doch vatwiwelten kolt!«

und erhält die klagende Antwort:

»Dat is all Joahr so! Dat is all Joahr so!«

Die Bachstelze aber tröstet den armen Kibitz:

»'t ward Rat warden! Trili, trili, trili!«

Und endlich schlägt der Sommer den Winter siegreich für immer aus dem Felde, und nun erscheint auch die liebliche Frühlingsbotin, die Schwalbe, und läßt ihr feines Gezwitscher ertönen:

»As ick hie we—tooch, as ick hie
we—tooch,
Leet ick hie Hus un Hof, Hus un Hof;
As ick wedde keem, as ick wedde keem,
Hadd'ck nischt, hadd'ck nischt!«

Um so eifriger macht sich das Schwalbenpärchen daran, ein neues Nest zu bauen. Drunten stehen zwei dralle Bauernkinder und schauen ihm zu und horchen auf ihr munteres Geschwätz:

»Klicke, as ick klicke, dat höllt! Klicke,
as ick klicke, dat höllt!«

Da fliegt ein Rabe über den Hof und höhnt das kleinste der Kinder:

»Schwart! Schwart!«

Die Mutter, die das gehört hat, ruft es herein, und nach einigen Augenblicken erscheint es wieder reingewaschen mit zwei Butterbroten in den dicken Händchen. Die Schwalbe freut sich des sauberen Kindes und lobt es:

»Witt! Witt!«

Das größere Mädchen aber ist kiesätsch und weist die Stulle, die ihm angeboten wird, zurück. Da ruft die Schwalbe entrüstet:

»Lütt Mäten dat grot Mäten 'n Bodding
gewen will;
Wenn Lewerenz dat nich will, den schlaug
em vör de Blerrrr!«

Bald stimmt auch, wenn der Weißdorn zu grünen beginnt, Frau Nachtigall ihr süßes Klagelied an. Die Nachtigall ist eine verwünschte Schäferin. Sie hat sich ihr Unheil selbst zuzuschreiben; denn alle Morgen weckte sie die Knechte zu früh. Endlich riß einem von ihnen die Geduld, in seinem Ärger verwünschte er die Schäferin, sie ward zur Nachtigall und singt noch heute:

»David, David!
Is Tied, is Tied.«

Unter Nachtigallengesang kommt das Pfingstfest herbei, das Fest der Freude und Wonne. Wer's noch nicht im eignen Herzen fühlte, das »Freut euch«, dem ruft es unermüdlich der Pirol, Vogel Bülow, General Bülow, oder wie er sonst noch nach seinem Rufe heißen mag, aus dem Eichengehölz zu:

»*Pingsten! Bier hal'n!*
 Utsup'n! Mihr hal'n!
 Hest sapen, bitahl uck!«

Und gibt's einmal ein kaltes Regenschauer, so ändert er sein Thema ein wenig ab:

»*Hol Füer, ick war Bier holn!*« — —

Aber, was ist das? Das klingt ja fast wie Spott, was dort ein anderer Pirol schreit:

»*Mal'n Lechel Bier halen, Bier halen!*«

Der Spott muß gerochen werden!

»*Bil halen, Knei haugen!*«

schreit der Erboste; aber schon hat der Feind das Weite gesucht, und siegesfroh schallt es wieder:

»*Bring mir Bier, Bier her!*«

Jetzt fällt auch die Singdrossel ein:

»*David, David,*
 Prosit, prosit!
 Kuhdieb, Kuhdieb!«

Vergebens warnt Frau Buchfink:

»*Mein Mann ist Gerichtsvollzieher! Mein Mann ist Gerichtsvollzieher!*«

Vergißt doch der Herr Gemahl selbst sein würdevolles Amt und lärmt in Erinnerung an seine lustige Soldatenzeit:

»*Ick, ick, ick bin der Unteroff'zier!*«

oder, da er sie in der Kürassierstadt Pasewalk verbracht hat:

»*Ich bin der bunte Karazie!*«

Jedem stellt er sich als Allerweltsvetter vor:

»*Ick ick ick bin Vedder Rintsche*
 (= Reinhard)!«

und fordert zum Trinken auf:

»*Fritz, Fritz, wist du mit to Win gahn?*«

Der würdige Herr Dompfaff knarrt dazwischen:

»*De Win is ut, wi tappen Bier Bier Bier!*«

Zwar bezweifelt das der Distelfink:

»*Leig nich!*«

Aber der Fink begnügt sich auch mit dem derberen Stoffe:

»*Schütt schütt schütt de Krantchesbier*
 (= Wacholderbier), de dickst!«

Aber das leidige Zahlen! Doch er weiß Rat:

»*Pink, pink! Drink, drink! Aewe betahl*
 doch de Wirtsgebühr!«

Je länger es dauert, desto ausgelassener wird er:

»*Schinkenfleisch, Schinkenfleisch!*« —
  »*Schüttenbier!*« — »*Rid hertau,*
draff!«

»*Fink, Fink, wist du uck den Brudman*
 zieren?«

schallt es durcheinander. Als er einmal Atem schöpft, hört er gerade, wie der Star mit seinem Weibchen schwatzt:

»*Wif, wif,*
 Ick bi di blif!
 Bräu noch 'n bitschen, bitschen!«

und wird plötzlich gewahr, daß seine bessere Hälfte verschwunden ist:

»*Segg segg segg, heste min Greite nich*
 sehn?

Süh süh süh, dor sitt se in 'n Wichel-
  busch!
Leiw Wif, Wif, Wif, Wif,
Hüt, hüt, hüt, hüt, hüt, hüt,
't is schmuck schmuck schmuck
  schmuck!«
Schon will er auf sie zufliegen, aber er ist
zu berauscht von all dem Jubilieren:
»Ick ick ick will hen to di!
Du du du kumm her to mi!
Flink, flink, flink!«
Der Amselhahn aber lockt sein Weib-
chen:
»Lisebett, Lisebett.
Wist nich balle kamen?
Süß, süß, süß sü —!«
und schäkert mit ihr, wenn sie kommt:
»Lisebettken, Lisebettken!«

Lügenlied

Ich will euch erzählen und will auch nicht
  lügen:
Ich sah 'n paar gebratene Ochsen fliegen,
sie flogen von ferne,
sie hatten den Rücken zur Erde gekehrt,
den Bauch wohl gegen die Sterne.

Ein Amboß und ein Mühlenstein,
die schwammen bei Köln wohl über den
  Rhein,
sie schwammen gar leise.

Ein Frosch verschlang sie alle beid'
zu Pfingsten wohl auf dem Eise.

In Stralsund stand ein hoher Turm,
der trotzte jedem Wetter und Sturm,
stand fest über alle Maßen.
Den hat der Kuhhirt mit seinem Horn
auf einmal umgeblasen.

In Greifswald stand ein hohes Haus,
daran flog eine Fledermaus,
da borst es in tausend Stücken.
Da kamen elftausend Schock Schneider-
  gesell'n,
die wollten das Haus wieder flicken.

So will ich denn hiermit mein Lied
  beschließen,
und sollt's auch die ganze Gesellschaft
  verdrießen,
will trinken und nicht mehr lügen — — —
in meinem Land sind die Mücken so groß
als hier die größten Ziegen.

Tanzlied

Mudder Witsch, Mudder Witsch, kiek mi
  mal an,
wur ick den Bummel-Schott'schen danzen
  kann!
Bald uppe Hacken, bald uppe Tehn!
O Mudder Witsch, wur geiht dat schön!

Mudder Witsch, Mudder Witsch, wat's
  dat för'n Ding,
wat gistern Abend in 'n Gasten ging?
Half witt, half schwart, het rode Been':
so'n Ding heww'k noch min Leven nich
  sehn.

Hiddenseer Trinklied

Hans Naber, ick hew et ju togebröcht,
Sett ji man den Duhmen un Finger
  torecht!
Hei kuke mal in, hei kuke mal in;
Noch Öle, noch Öle, noch Öle darin.

Bist 'n Super; sup ut, du Lumpenhund!
Bist 'n Super; sup ut bet up den Grund!
Hei kuke mal in, hei kuke mal in;
Nicks Öle, nicks Öle, nicks Öle darin.

Kumm taum Danz

»Mäke, kumm, willn danze!«
»Jung, ik heff keen Schauh.«
»Dat geiht jo ok up Socken!«
»Na, denn man lustig tau!«
                Pommerscher Tanzreim

Siegmund Schlichting

Stettiner Kreuzpolka

Siehste woll, da kimmt er,
lange Schritte nimmt er,
siehste woll, da kimmt er schon,
der versoff'ne Schwiegersohn.

In der Ecke steht er,
seinen Schnurrbart dreht er,
seinen Schnurrbart muß er drehn,
wenn er will zum Tanzen gehn.

Danz mit mi

Ach, kumm, min Deern, un danz mit mi!
Ick heff di leew, ick bün di good!
Und denn noch wat, dat segg ick di
hüüt oawnd bi den Sood.
                Pommerscher Tanzreim

Klaus Granzow

Tanz im Krug

Der Knecht:
Schnell das Heu herunterwerfen
und den Häckselschneider schärfen,
dann das Futter in den Krumm,
und schon ist die Zeit herum.

Alles flink in einem Zug!
Fertig! — Heut ist Tanz im Krug!

Die Magd:
Rasch den großen Hausflur scheuern
und den Teig zum Backen säuern,
Kühe melken, eins, zwei, drei,
und dann ist die Zeit vorbei.
Alles flink in einem Zug!
Fertig! — Heut ist Tanz im Krug!

Der Sohn:
Pferden schnell die Mähne stutzen,
Hafer sieben, Fesseln putzen,
Radausbessern nach dem Sturz!
Ach, die Zeit ist viel zu kurz.
Alles flink in einem Zug!
Fertig! — Heut ist Tanz im Krug!

Die Tochter:
Zubereiten schnell das Essen,
Hühner füttern unterdessen
— Bänder müssen noch an's Kleid —,
wie geschwind läuft doch die Zeit!
Alles flink in einem Zug!
Fertig! — Heut ist Tanz im Krug!

Der Bauer:
Seht nur, wie sich meine Leute
regen und bewegen heute,
's ist zwar manches noch zu tun,
doch nun soll die Arbeit ruh'n,
Morgen gibt es noch genug.
Laßt sie! — Heut ist Tanz im Krug!

Der kategorische Imperativ

Der Schulrat visitiert die Dorfschule in Karnitz, Kreis Greifenberg. Lehrer Berndt übt gerade Sätze mit Gegenwart, Vergangenheit und Zukunft. Der Schulrat greift sich den untersten Schüler heraus: »Wie heißt du?« — »Kardel Radünz.« — »Nu, Karl, bilde mir mal einen Satz in der Gegenwart, z. B. aus eurem ländlichen Leben — mit Ochsen.« — Sagt Karl Radünz: »Dei Osse trecke den Plaug.« — »Du kannst aber doch auch hochdeutsch sprechen, Karl«, meint freundlich der Schulrat, »bring den Satz mal auch hochdeutsch in der Befehlsform!« Karl denkt angestrengt nach. Dann platzt er kategorisch heraus: »Hüh!«

Das schwarze Herz

In einem pommerschen Dorf war eine Beerdigung. Der Küster holte den neuen Pastor aus der Stadt ab. Als sie vom Wagen steigen, schaut der Pastor den Küster von oben bis unten an und sagt:
»Sie haben zwar einen schwarzen Anzug, aber rote Strümpfe zur Beerdigung an!«
Beruhigend anwortete der Küster:
»Ach, Herr Pastor, das macht doch nichts. Wenn das Herz man schwarz ist!«

87

Unnütze Worte

Ein hinterpommerscher Bauer stellt einen neuen Knecht ein und unterweist ihn in seinen Obliegenheiten. Zum Schluß sagt er zu ihm: »Un dat will ick di man so säjn. Väl Räen (Reden) is nich min Oart, wenn ick so moak (dabei nickköppt er nach der Seite), denn kimmst do, häst do mi verstanne?«

»Joa«, sagte der Knecht, »dat is janz min Oart, ick rä ok nich jeern väl, wenn ick so moak (dabei schüttelt er den Kopf), denn so koam ick nich.«

Flüsse heißen Oder

Ein Stettiner Bürstenfabrikant, der nichts so sehr haßte, wie das Reisen, kam das erste Mal in seinem Leben aus dem Dunstkreis seiner Heimat, als er in Wittenberge eine Erbschaft machte. Hingerissen stand er dort an der großen Brücke und fragte endlich einen Vorübergehenden, wie der Fluß hieße. »Der heißt Elbe«, sagte der Wittenberger mit erstauntem Blick. »Merkwürdig«, grübelte der Pommer, »bei uns heißt er Oder.«

Klaus Granzow

Klaus Granzow

Pommerscher Humor auf Grabsprüchen

Auf meiner Fahrt zu den Nachfahren der pommerschen Auswanderer in Brasilien habe ich viele Friedhöfe besucht, denn hier konnte man am besten die Namen und die Herkunft der »Pommeranos« studieren. Zwischen Blumenau und der Stadt Pommerode, die 1863 von Pommern gegründet wurde, las ich auf einem Grabstein eine kuriose Inschrift:
»Anna Stach heiß ich,
zum Himmel reis' ich,
will sehn, was Jesus Christus macht.
Nun, liebe Kinder, gute Nacht.«

Als ich wieder in Deutschland war und diesen Reim zum besten gab, mußte ich zu meiner Überraschung hören, daß sich die Pommern schon immer durch originelle Grabinschriften ausgezeichnet hätten.
So soll es bei der Anlegung des Friedhofes an der Grabower Straße in Stettin zu Streitigkeiten in der städtischen Verwaltung gekommen sein. Darauf bezieht sich jedenfalls die Inschrift auf der Ruhestätte eines eifrigen Vorkämpfers, des Bürgers Böttcher:
»Die Schaffung dieses Friedhofes war mit sein Werk, sein Lohn dafür, als erster darauf begraben zu sein.«

Auf dem Zobelsberge in der Buchheide war früher auf einer Tafel, die man zum Andenken an den Tod eines von einer Kiefer abgestürzten Waldarbeiters errichtet hatte, diese Inschrift zu lesen: »Ich, Gerichtsmann Schmidt aus Retzowsfelde, stieg auf einen Baum und fiel mich ganz zu Tode. Darum, lieber Leser, steig' nicht auf die Bäume, sonst
kann es dir
gehen schier
so wie mir
(1834).«

Auf dem Fiddichower Friedhof ruht der Ackerbürger Heinrich Badike, ein Kämpfer aus den Freiheitskriegen, unter dieser Grabschrift:
»Der Mann, den hier die Erde deckt,
Ward oft zum Kampf und Streit der
    Waffen
Durch Kriegstrompeten aufgeweckt;
Jetzt läßt der Tod ihn ruhig schlafen,
Bis zum Appell aus dieser Gruft
Ihn wieder die Posaune ruft.
O himmlischer Feldherr, reihe dann
Ihn deinem rechten Flügel an!«

In Sorenbohm (Kr. Köslin) stand auf dem Kirchhof ein Kreuz für die Zwillinge eines Bauern. Der eine Sohn war eine Stunde alt geworden, und der andere hatte seinen kleinen Bruder bloß um einen Tag überlebt. Die Eltern hatten den beiden folgende spaßige Grabschrift gesetzt:

»Hier ruhen die Söhne des Bauern P. nach ihrem ruhmvoll vollbrachten Tagewerke.«
Auf dem Zwilipper Kirchhofe (Kr. Kolberg-Körlin) findet sich folgende eigentümliche Grabinschrift auf einem Kindergrab:
»Kaum blüht ich auf, da fiel ich ab,
Von der Wiege bis ins Grab.«
Eine Gedenktafel auf dem alten Friedhofe der Gemeinde Baumgarten (Kr. Dramburg) hat diese Verse:
Der Lübbsee war mein Sterbebett,
Am Abend war mein Ende da.
Vergebens rief ich rette, rette.
Weil keine Hilfe nahe war,
So schlummert ich vor Angst und Pein
So nach und nach im Wasser ein.«
(Ähnliche Inschriften sind auch aus Stettin und Kolberg bekannt.)
Auf dem Kirchhofe zu Alt Krakow (Kr. Schlawe) steht ein Kreuz, welches auf der einen Seite die Worte trägt:
»Er trank so früh den Bittern«,
auf der andern:
»Kelch des Lebens«.
In Zipkow (Kr. Stolp) wohnte ein Mann namens Bock. Als sein Söhnlein starb, ließ er auf das Kreuz folgenden Vers setzen:
»Hier ruht das kleine Böckelein,
Dem alten Bock sein Söhnelein.
Gott aber hat es nicht gewollt,
Daß es ein alter Bock werden sollt.«

89

Aus Putbus a. R. wird die Inschrift angegeben:
»Wanderer, stehe still und weine!
Hier liegen meine Gebeine.
Ich wollt', es wären Deine!«

Dazu noch einige »Letzte Worte« von sterbenden Pommern:

Als Herzog Bogislaw XIV., der letzte Herzog aus dem pommerschen Greifengeschlecht, auf dem Sterbebett lag, gab ihm sein Hofprediger geistlichen Zuspruch. Nachdem er ihm die Absolution erteilt hatte, sprach er ihm noch weiteren Trost zu und stellte ihm vor Augen, daß er, wenn er nun bald im Himmel angekommen sein werde, auch alle seine Ahnen, vor allem den »Großen Bogislaw«, den X., den er so sehr verehre, wiedersehen werde.

Diese Worte ermunterten den Herzog, der schon völlig teilnahmslos auf dem Bett gelegen hatte, sehr und er rief erfreut:
»Bogislaw, Bogislaw, wat warden wi dor suupen!«

Als ihm der geistliche Herr streng erwiderte, im Himmel werde nicht gezecht, lachte der Herzog und sagte:
»Ach, min leiw Pastor, denn kennen Sei Bugslaffen nich!«

*

Der arme Michel liegt im Sterben. Er stöhnt und stöhnt und sagt zu dem Pastor, der bei ihm ist:
»Ach, wie hab ich das doch schwer gehabt im Leben, ich hab bloß immer arbeiten müssen.«

Der Pastor spricht ihm Mut zu und sagt:
»Nun trösten Sie sich man, Michel, dort droben im Himmel werden Sie sich ausruhen können!«

»Herr Pastor, Sie sagen das so«, antwortet ihm der Sterbende, »aber dort oben wird es auch wohl heißen: Michel, helf die Sonne putzen; Michel, helf den Mond raushängen; Michel, helf die Wolken schieben; Michel, helf beim Donnern, du hast ja auf der Erde arbeiten gelernt. Denn meine Mutter sagte all immer: Wen der liebe Herrgott beim Arbeiten gefunden hat, den läßt er auch dabei!«

Die richtige Antwort

Johann Bugenhagen (1485—1558), als Reformator Dr. Pommeranus genannt, schuf nicht nur für Pommern, sondern auch für Hamburg und Lübeck sowie für Dänemark eine neue Kirchenordnung. Er war der Beichtvater Luthers und ein Mann von heiterem und fröhlichem Gemüt. Als die Lübecker Ratsherren ihn zu einer Kirchenvisitation ehrenvoll in einer prächtigen Kutsche mit sechs Pferden ab-

90

holen ließen, wollte ihn ein begleitender Reitersmann in Verlegenheit bringen. Er ritt an den Wagen heran und fragte Bugenhagen:

»Ei, Herr Doktor, pflegte auch wohl der heilige Apostel Petrus in einer so vornehmen Kutsche mit sechs Pferden und etlichen Vorreitern einherzufahren?«

Doktor Pommeranus ließ sich nicht verblüffen. Er erwiderte leutselig: »Mein Sohn laß dir sagen: Wenn der Apostel Petrus zu solchen frommen und gütigen Leuten kam, wie deine Herren von Lübeck sind, so ließen sie ihn auch so anständig abholen und nach Hause fahren. Wenn er aber zu bösen Buben kam, wie du bist, so mußte er freilich wohl zu Fuß nach Hause gehen!«

Der »hölzerne« Fürst

Johann Seckerwitz, Professor für Dichtkunst in Greifswald (gest. 1583), überreichte einst dem Herzog Ernst Ludwig von Pommern-Wolgast eine Bittschrift, in der er um Baumaterial für seine baufällige Wohnung anhielt. Der fürsorgliche Fürst erklärte sich auch bereit, das verlangte Holz, außerdem Steine und Kalk zur Ausbesserung des Gebäudes zu schenken, jedoch unter der Bedingung, daß der Bittsteller sogleich ex tempore sich für diese landesherrliche Freigebigkeit in dichterischer Form bedanke. Ohne sich weiter zu besinnen, gab Seckerwitz seine Gedanken in folgenden Versen wieder:

»Du bist ein hölzern Fürst, du willst nur
    Holz vergönnen,
wär dein Geschenk von Gold, könnt' man
    dich gülden nennen!«

Diese »poetische Freiheit« nahm der Herzog so beifällig auf, daß er zu den versprochenen Baustoffen auch noch eine ansehnliche Geldsumme bewilligte.

Das zweite und dritte Pommern

Johann August Sack, von 1816 bis 1831 Oberpräsident von Pommern, war mit unermüdlichem Eifer für die wirtschaftliche und geistige Entwicklung der ihm anvertrauten Provinz und ihrer Bewohner tätig und hat das von ihm oft gebrauchte Wort »in Pommern noch ein zweites und drittes Pommern in Kultur und Bevölkerung zu erschaffen« zu einem großen Teil verwirklicht. An seinen Ausspruch knüpft sich aber auch eine Anekdote:

Sack wohnte einst einer großen Parade in Stargard bei. Er trug an diesem Tag auffallend weite Hosen, richtige Beinkleider. Da fragte jemand den General Rudolph, warum Sacks Hosen denn so weit wären. Der General gab die spöttische Antwort: »Darin trägt der Oberpräsident Sack das zweite und dritte Pommern!«

Die pommersche Hose und die Welt

Konsul Fritsche hatte beim Schneidermeister Zeeck eine Hose bestellt. Als Zeeck sie ablieferte, wurde er sehr ungnädig empfangen:
»Na, sagen Sie mal, Zeeck, wie lange dauert denn das bei Ihnen? Vor sechs Wochen habe ich die Hose bestellt! Eine einfache pommersche Hose! Sechs Wochen! Der liebe Gott hat für die Erschaffung der ganzen Welt nur sieben Tage gebraucht, und Sie bloß für 'ne Hose sechs Wochen!«
Da richtete der ehrenwerte Schneidermeister Zeeck sich stolz auf und sagte, indem er mit einem Arm zum Fenster hinauszeigte:
»Tja, Herr Konsul, denn gucken Sie sich man die Welt da mal an und denn begucken Sie sich dagegen meine Hose!«

Der Sohn der Firma

Vor dem Ersten Weltkrieg stellte sich dem leitenden Chirurgen Dr. Berndt des Stralsunder Krankenhauses in der Marienstraße ein neuer Medizinalpraktikant vor. Er klappte die Hacken zusammen, machte eine schneidige Verbeugung und sprach:
»Gestatten — Kindt.«
Dr. Berndt stand bei diesem Namen gleich die gut gehende, mit Holz und anderen Baustoffen Großhandel treibende Firma am Hafen vor Augen. Deshalb fragte er freundlich:
»Ach, ein Sohn von Seitz und Kindt?«
»Nein«, entgegnete der junge Mann errötend, doch mit fester Stimme, »nur von Kindt«.

Die stumpfen Messer

Einer der größten Chirurgen seines Jahrhunderts war Theodor Billroth, der 1829 in Bergen auf Rügen geboren wurde. Er hat es als erster gewagt, den Kehlkopf und den Magen wegen Krebserkrankungen herauszunehmen. Der Professor war ein liebenswürdiger, humorvoller Mann, konnte mitunter aber auch sarkastisch sein. So mußte er einmal bei einer älteren Frau eine schwierige Operation vornehmen. Dem Ehemann schien das vorher dafür geforderte Honorar von 600 Mark aber zu hoch zu sein. Da meinte Billroth:
»Ich kann Ihre Frau auch für 300 Mark operieren, aber dann nehme ich die stumpfen Messer!« —
Von Billroth soll auch einer der berühmtesten Aussprüche aus der ärztlichen Praxis stammen:
»Bereiten Sie Ihre Familie auf das Schlimmste vor: Ihre Erbtante wird — wieder gesund!«

Es ist doch ein schnurrig Ding, wenn man eine Frau hat...

(Die ländliche und die großstädtische Liebe)

Dresden, den 28. Januar 1818

Meinen Brüdern, Verwandten und Bekannten sei hiermit kund und zu wissen getan, daß ich den 21. Januar früh um die sechste Stunde in der hiesigen Kreuzkirche mit Caroline Bommer bin getraut worden; also acht Tage schon Ehemann. Einige Stunden nach der Trauung ging ich nach Hause in der Absicht, an Euch zu schreiben, wurde aber daran gehindert. Und so sind ganze acht Tage vergangen, und es ist immer nicht geschehen. Wenn ich gleich seit dem Tage meiner Trauung mich schuldig fühle, an Euch schreiben zu müssen und Euch davon zu benachrichtigen, so haben wir doch schon längst auf Briefe von Euch gewartet, und meine Frau fängt bereits an, unruhig zu werden, und hat mich zu wiederholten Malen erinnert zu schreiben; denn auch sie will schreiben, um mit ihren neuen Brüdern bekannter zu werden.

Es ist doch ein schnurrig Ding, wenn man eine Frau hat; schnurrig ist es, wenn man eine Wirtschaft hat, sei sie noch so klein; schnurrig ist mir's, wenn meine Frau mich mittags zu Tisch zu kommen einladet. Und endlich ist es schnurrig, wenn ich jetzt des Abends fein zu Hause bleibe und nicht wie sonst im Freien umherlaufe. Auch ist es mir gar schnurrig, daß alles, was ich jetzt unternehme, immer mit Rücksicht auf meine Frau geschieht und geschehen muß. Schlage ich nur einen Nagel in die Wand, so darf er nicht so hoch sein, als ich langen kann, sondern nur so hoch, als meine Frau mit Bequemlichkeit langen kann. Kurz, seit sich das Ich in Wir verwandelt, ist gar manches anders geworden. Es wird mehr gegessen, mehr getrunken, mehr geschlafen, mehr gelacht, mehr geschäkert, mehr gelepscht. Auch mehr Geld ausgegeben, und vielleicht werden wir auch künftig an Sorgen keinen Mangel haben; doch wie es Gott gefällt, der Wille des Herrn geschehe. Vieles und mancherlei hat sich geändert, seit ich eine Frau habe. Meine alte einfache häusliche Einrichtung ist in manchem nicht mehr zu erkennen, und es ist mir lieb, daß es jetzt sauberer und netter bei mir aussieht. Nur in dem Raum, so ich zu meiner Beschäftigung gebrauche, bleibt alles beim alten. Übrigens sind Vorhänge vor den Fenstern nötig geworden. Nötig geworden sind: Kaffeetrommel, Kaffeemühle, Kaffeetrichter, Kaffeesack, Kaffeekanne, Kaffeetasse; alles, alles ist nötig geworden. Töpfe und Töpfchen, Schüssel und Schüsselchen, Tiegel und Tiegelchen; alles und alles ist nötig geworden.

Alles hat sich geändert; sonst war mein Spucknapf überall in meinem Zimmer, jetzt bin ich angewiesen, in kleine, dazu eingerichtete Geschirre zu spucken; meine Liebe zur Reinlichkeit und Nettigkeit fügt sich gern mit Freuden darein. Der längst bestellte Schreibpult ist fertig und mit möglichster Sauberkeit gearbeitet, er kostet 56 Taler, und an demselben Tag und Stunde, als ich ihn erhielt, verkaufte ich zwei Bilder, wovon ich das eine Bild dem Käufer als ein verfehltes, mithin verdorbenes Bild zeigte, für 19 Louisdor. Eine Einnahme, die mich um so mehr freute, da die Ausgabe von 56 mir jetzt etwas unnötig schien; denn früher, als ich an meine jetzige Frau dachte, hatte ich den Schreibpult bestellt.

Gott mit Euch, liebe Brüder, und Eure Weiber und Kinder und die gesamte Familie und alle Bekannte.

Euer Bruder C. D. Friedrich

Klaus Granzow

Sein schwarzes Mädchen

»Ich beginne dieses Schreiben damit, daß ich Ihnen von vornherein seinen Inhalt bezeichne; es ist eine Bitte um das Höchste, was Sie auf dieser Welt zu vergeben haben, um die Hand Ihres Fräulein Tochter.«

Diesen Werbebrief schrieb am 18. Dezember 1846 in einem Zimmer des Gasthauses »Hotel de Prusse« ein 31jähriger Mann, dem die Feder sonst leicht und glatt »von der Hand« ging. Doch die Zeilen, die er nun an den »verehrtesten Herrn von Puttkamer zu Reinfeld, Kreis Rummelsburg in Hinterpommern« richtete, fielen ihm sehr schwer.

»Ich verhehle mir nicht«, fuhr der Mann schließlich fort, »daß ich dreist erscheine, wenn ich, der ich erst neuerlich, und durch sparsame Begegnungen Ihnen bekannt geworden bin, den stärksten Beweis von Vertrauen beanspruche, den Sie einem Manne geben können.«

Wieder unterbrach der junge Herr sein Schreiben. Er tat es noch viele Male. So hat er es später, als er das Mädchen, um das er warb, schon lange seine Frau nennen durfte, selbst erzählt:

»Ich habe bei meinem Schreiben Gott angerufen, daß er mir zur Klarheit helfen möge in der Prüfung meines Innern, auf daß kein unwahres Wort aus meiner Feder fließe.«

Deshalb begann er nun, seinem zukünftigen Schwiegervater eine Darstellung seines inneren Lebens und vor allem eine Erklärung seines Standpunktes zum Christentum abzugeben, denn er nahm an, daß über sein äußeres Auftreten genügend bekannt geworden sei. Mit dieser Vermutung hatte er nicht unrecht. Er war als »der tolle Bismarck« auch in Hinterpommern berühmt und berüchtigt. Man munkelte von wilden Hetzjagden, verwegenen Ritten bei Tag und bei Nacht und von

Trinkgelagen bis in die Frühe, so daß sein Gut Kniephof schon in der Umgebung »Kniephof« genannt wurde. Daß der schneidige junge Mann bei einem dieser abenteuerlichen Wildwestritte unter größter Gefahr einem Reitknecht das Leben gerettet hatte, wollte niemand wahrhaben. Um so ausführlicher erzählte man sich davon, daß er es im Sommer gewagt habe, splitternackt auf einem Pferd in den Kursaal von Bad Polzin zu reiten (dabei hatte er nur einen freien Oberkörper gehabt).

Als deshalb der Werbebrief am Heiligen Abend in Reinfeld eintraf, Johanna von Puttkamer ihn aus der alten schwarzen Posttasche mit den schweren Messingschlössern nahm und ihrem Vater mit klopfendem Herzen überreichte, glaubte der alte Gutsherr nicht recht zu lesen, so verwegen und unerhört erschien ihm die Bitte Otto von Bismarcks um die Hand seiner einzigen Tochter.

»Mir ist«, soll er ausgerufen haben, »wie einem Ochsen, dem der Fleischer mit dem Beil vor den Kopf schlägt!«

Er konnte nicht ahnen, daß Otto von Bismarck und seine Tochter Johanna sich schon einig waren. Von einer mit ihren gemeinsamen Freunden Marie und Moritz von Blanckenburg unternommenen Harzreise waren beide »ganz sonderbar gestimmt« zurückgekehrt, und Bismarck hatte seinem Freunde gesagt: »Der Harz,

Moritz, ja der Harz!« und hinzugefügt, daß er nicht nur als Herzkranker, sondern auch als »Harzkranker« nach Hause führe.

An seine Schwester Malle (Malwine) von Arnim schrieb er: »Ich muß mich übrigens — hol mich der Deiwel! — verheiraten. Das wird mir recht klar, da ich mich nach Vaters Abreise einsam und verloren fühle, und milde, feuchte Witterung mich übrigens melancholisch, sehnsüchtig und verliebt stimmt. — Ja, hol mich der Deiwel!«

Der alte Herr von Puttkamer hatte bei einem Zusammentreffen im Hause Blanckenburgs in Zimmerhausen wohl gemerkt, daß Bismarck eine Aussprache mit ihm unter vier Augen suchte. Aber er war ihr stets geschickt ausgewichen. Das veranlaßte, den schneidigen jungen Mann, seine Taktik zu ändern.

Er nutzte einen stillen Augenblick, um Johanna seine Liebe zu erklären. Als er erfuhr, daß er wiedergeliebt wurde, trat er dem zukünftigen Schwiegervater sehr selbstsicher entgegen. Aber dieser vermied wiederum jegliche Aussprache und verabschiedete sich rasch.

Doch Bismarck sah der Puttkamerschen Kalesche lächelnd und zufrieden nach und gestand seinem Freund Moritz: »Eine solche Glückseligkeit, glaube ich, werde ich nie wieder empfinden. Ich hatte sie schon einmal als Junge, als ich meinen ersten

Hasen schoß, und nun ist sie wieder da, aber doch ganz anders, da ich mir das liebste Mädchen auf der Welt erjagt habe.«

Nach dem Empfang des Werbebriefes konnte der alte Herr von Puttkamer einer Aussprache nicht mehr länger ausweichen. Er bezwang seine Erregung und lud den Bewerber zu einem Besuch nach Reinfeld ein.

Otto von Bismarck wollte nicht länger warten. Schon am 12. Januar 1847 traf er im Hause seiner zukünftigen Schwiegereltern ein. Der Empfang war nicht gerade liebenswürdig. Der Vater begann mit allerlei Zweifeln und mißtrauischen Fragen. Die Mutter versuchte sogar ihre Tochter herabzusetzen und sie als »zu ländlich erzogen« und »für ein aufreibendes Leben an der Seite eines Bismarcks nicht geschaffen« zu bezeichnen.

Dem Freier waren die Fragen unangenehm, und die Ausflüchte schienen ihm überflüssig zu sein. Deshalb machte er kurzen Prozeß: als seine Johanna, sein »schwarzes Mädchen«, ins Zimmer trat, nahm er die Festung im Sturm! Er schritt auf seine Braut zu, umarmte und küßte sie, und das Mädchen küßte ihn wieder! Die Eltern waren sprachlos vor Überraschung. Doch war diese Überrumpelung so gut gelungen, daß sich die Eltern einer Verbindung der beiden Liebenden nicht mehr widersetzten.

In den folgenden Tagen und Wochen lernten die Puttkamers Otto von Bismarck genauer kennen. Der tatkräftige junge Mann eroberte die Herzen seiner Schwiegereltern leicht. Frohsinn und Heiterkeit zogen in das Gutshaus in Reinfeld ein. Bismarck erzählte später über diese Zeit:

»Zuerst trank mein Schwiegervater Sekt und Hochheimer mit mir und spielte Walzer, zu denen ich mit seiner Tochter tanzte, und die Schwiegermama schloß mich bärtigen Ketzer ganz in ihr vortreffliches Herz.«

Aber auch die ernsteren Probleme wurden zwischen den Eltern und dem jungen Brautpaar besprochen. Vor allem in Glaubensdingen hatten die beiden Liebenden sehr unterschiedliche Auffassungen. Mit vielen Sätzen der christlichen Lehre war Bismarck noch nicht ins reine gekommen. Doch versuchte er nie, seine Braut in seine zweifelnden Gedanken hineinzuziehen. Er sagte ihr vielmehr:

»Es ist mir so lieb, wenn Du bei dem, was Du für wahr erkannt hast, unerschütterlich festhältst, und ich würde es mir zur Sünde rechnen, wenn durch meine Schuld das mindeste in Dir wankend werden könnte.«

Auf eigenem Weg versuchte er zum Glauben zu gelangen, um zu einem rechten Lebensgefährten für Johanna von Puttkamer zu werden.

»Glaubenssachen sind meines Erachtens«, so schrieb er seiner Braut später, »für irdische Verbindungen kein Hindernis, sobald unter den Verbundenen kein Spötter und Verächter sich befindet; eine Stufe weiter geben sie ein Element geistigen Lebens ab, sobald beide verbundenen Teile ›gläubig‹ sind, worunter ich nicht verstehe, daß beide dasselbe gerade glauben und sich genau wörtlich demselben formulierten Bekenntnis anschließen, sondern nur, daß beide in Ernst und Demut forschen und beten, um zum wahren Glauben zu gelangen, den Erfolg aber Gott anheimstellen.«

Nach den heiteren Verlobungstagen in Hinterpommern waren die beiden Liebenden mehrere Monate voneinander getrennt, denn Bismarck mußte als Deichhauptmann zur Beaufsichtigung der Elbe-Dämme nach Schönhausen zurück, obwohl er noch gern länger »auf dem roten Sofa in Reinfeld« sitzen geblieben wäre.

»Ach Du armes, zerrissenes Fähnlein«, schrieb sein schwarzes Mädchen ihm, »mußt Du nun jede Nacht an der Elbe herumflattern — und ich kann immer schlafen, so süß von Dir träumen!« Zärtlich und stolz nannte sie ihn »Otto der Große« oder »mein zukünftiger Langer«!

Bismarck überschüttete seine Braut mit Namen aus allen Sprachen Europas: »Angela mia«, »Sweetest heart«, »einzig geliebte Jeanette«, »Juanita«, »Better half of myself«, »Tigeresse«, »Du armes Kätzchen« und »Du bessere Hälfte meiner oder unser«. Doch seine Briefe begannen nicht nur so, sie endeten auch mit den gleichen zärtlichen Liebkosungsworten. Einmal machte er sich sogar über ihren hinterpommerschen Dialekt und das rollende Zungen-R lustig und schrieb: »Adieu, Jeanne la noire, enfant chéri des déserts de Rrrummelsburg! — Gute Nacht, mein Einziges auf der Welt!«

In seinem schönsten Brautbrief gestand er ihr:

»Muß ich es nochmal sagen, daß ich Dich liebe, sans phrase, daß wir Freud und Leid miteinander teilen sollen, ich Dein Leid, Du das meine. Sei niemals kleinmütig gegen mich! Erscheint Dir etwas in Dir unverständig, sündhaft, niederdrückend, so bedenke, daß all dergleichen in mir tausendmal mehr vorhanden ist. Betrachte uns als gegenseitige Beichtväter, als mehr wie das, die wir nach der Schrift: ein Fleisch sein sollen. Bemühe Dich nicht, eine steife, glatte Hecke zu werden; die kann kräftig und grün nur dann dastehen, wenn sie wild hinauswächst und nicht vom Gärtner mitten durchs Leben beschnitten wird, und das werde ich ja doch nicht über mein Herz gewinnen. Wachse beliebig als Waldrose, das häßliche Moos und die allzu scharfen Dornen wollen wir uns beide bemühen, schmerzlos und vorsichtig zu entfernen.«

Die beiden Brautleute drängten auf eine baldige Hochzeit, denn sie empfanden zu sehr »das Unschöne und Unnatürliche einer langen Bräutigamszeit«, die jeden von ihnen zu einem »halben, ungewissen, traurigen Wesen in dieser grünen Lenzeszeit« machte. Die Eltern versuchten jedoch, die Heirat noch ein wenig herauszuzögern, um ihre einzige Tochter noch länger bei sich behalten zu können. Als Johanna kurz vor dem festgesetzten Termin erkrankte, bat man um Verlegung des Hochzeitstages. Aber Bismarck wollte davon nichts wissen, er schrieb der Geliebten zurück:

»Als meine Frau kannst Du ebensogut krank sein wie als Braut. Wenn ich Dich nur erst in meinen Armen halte, so will ich Dein Arzt sein.«

Kurz entschlossen reiste der Bräutigam nach Hinterpommern, um die Hochzeit »ohne alles Aufsehen, lediglich als Trauung« zu feiern. Aber die pommerschen Gebräuche verlangten ein »ordentliches Fest«. So folgte nach alter Dorfsitte ein langer Hochzeitszug dem Brautpaar in die Kirche. Am 28. Juli wurde Otto von Bismarck mit Johanna von Puttkamer unter dem Holzdach der Kirche in Alt-Kolziglow getraut. Und das junge Paar erfuhr nun die Wahrheit des alten pommerschen Sprichwortes, das besagt, daß das Schönste am Brautstand sei, daß er auch ein Ende habe.

Den Schlußtoast an der Hochzeitstafel brachte Hans von Kleist-Retzow aus und wünschte dem jungen Ehemann, »frohe Fahrt nach kühnem Raubzug mit köstlicher pommerscher Beute«.

Otto von Bismarck

An den Freund und Landrat Hans von Kleist-Retzow

Nicht ganz so schwarz wie Ebenholz,
doch braun wie Mahagonig,
wünsch ich dir, aller Pommern Stolz,
ein Leben süß wie Honig.

Und schein ich dir zu groß und weit
für so ein kleines Landrätlein,
so denk', es ist die höchste Zeit,
dir eine Gattin anzufrein.

Geliebter Onkel Schivelbein,
schaff' bald uns eine Tante,
dann wirst du alles hocherfreun,
was jemals »Hans« dich nannte.

In Gleichem, Belgard und Polzin,
Schivelbein und Tempelburg,
Ratzebuhr und Neustettin,
Kallies nebst Dramburg, Falkenburg.

Sie und die Leute all' nicht minder
aus Kiekow, Tychow und Krössin,
sowie die beiden Typhuskinder
woll'n all' zu Landrats Hochzeit ziehn.

Aber Hochzeit — hohe Zeit!
Hans! Schon ist dein Härchen grau;
wart nicht länger, 's wird dir leid,
du kriegst wahrhaftig keine Frau.

Und uns wär' es ein großer Jammer,
wenn die Art aus- sollte sterben:
wem willst dann in Kreis und Kammer
deine Stelle du vererben?

Theodor Fontane

Im Garten

Die hohen Himbeerwände
Trennten dich und mich,
Doch im Laubwerk unsre Hände
Fanden von selber sich.

Die Hecke konnt' es nicht wehren,
Wie hoch sie immer stund:
Ich reichte dir die Beeren,
Und du reichtest mir deinen Mund.

Ach, schrittest du durch den Garten
Noch einmal im raschen Gang,
Wie gerne wollt' ich warten,
Warten stundenlang.

Uns Noawer

Allens is vergäten,
wat mi dags hätt quält,
wenn uns Noawer owends
sine Treckfidel spält.

Buten still is worden
Dörp un Hoff un Huus.
Hen un her in Schummern
schütt de Fleddermuus.

Ok de Sünn güng schlopen,
ut de Wisch steg Dog,
sachting treckt de Käulung
öwer Feld un Brook.

Un mir is so selig,
as wenn nix mi fehlt,
wenn uns Noawer owends
sine Treckfidel spält.

Volkslied aus Pommern

Willy Kramp

Erste Liebe

Bei den »Liebesgeschichten« zeigten sich
zwischen uns Brüdern deutliche Unterschiede. Erich war auch hier der schlichte

100

Praktiker, während ich romantische Umwege, poetische Verzögerungen liebte.

Bei der adligen alten Jungfer in unserem Stolper Mietshaus war deren sechzehnjährige Nichte in Pension, ein derbes Mädchen mit ineinandergewachsenen Brauen und wild blitzenden Augen. Hildegard war etwas älter als ich; und ich empfand ihre bäuerliche Dreistigkeit, ihre starkknochige Vitalität als abenteuerlichen Reiz. So zeigte ich ihr bei gemeinsamem Getobe auf dem Hof meine Ballkünste, sang, spielte Gitarre, daß sie es im Garten hören mußte; sogar meine Gedichte las ich ihr im dämmerigen Treppenflur vor, kurz: ich gab, was ich zu geben hatte, und ich gab es mit aufrichtigem Kavaliersherzen. Sie nahm dies alles nicht ungnädig auf. Sie lachte mit etwas grober Stimme, puffte und tätschelte an mir herum, erlaubte auch, daß ich sie zum Stadtbummel oder ins Kino geleitete. Aber war's Liebe?... Erich ging den kürzeren und weniger beschwerlichen Weg zu ihrem Herzen. Er ließ sie seinen Maurerbizeps fühlen, wenn er von der Arbeit heimkam. Er blies ihr seinen Zigarettenrauch um die Ohren. Und am Ende all meiner komplizierten Bemühungen war er es, der sie im Flur küßte.

Als Primaner liebte ich ein Mädchen, das — jedenfalls in der ersten Phase unserer Bekanntschaft — nur fern am Straßenrand aufzutauchen brauchte, und schon flüchtete ich mich in den nächsten Hausflur, um mein unaufhaltsames und anhaltendes Erröten zu verbergen. Auf die umständlichste Art warf ich meine Netze aus, um den Fisch zu fangen, den Backfisch. Ich veranlaßte die Erkorene, Schulfeste und Abende unserer Wandervogelgruppe zu besuchen, bei denen ich als Rezitator, Spaßmacher, tragischer Held auftrat; mit Hilfe eines Gönners wußte ich es einzurichten, daß sie und ich gemeinsam beauftragt wurden, bei Aufführungen der »Volksbühne« in unserem Stadttheater (jawohl, es gab ein Theater in Stolp!) den Besuchern ihre Plätze anzuweisen. Natürlich brauchte man keinen Platzanweiser in unserem kleinen »Schützenhaus«; aber wie sonst hätte sich wohl für mich die Möglichkeit ergeben, spät abends das Mädchen heimzubegleiten? Nirgendwo hallen Schritte so beredt wie in den engen nächtlichen Straßen ostdeutscher Kleinstädte. Nirgends klingen verschämte Liebeserklärungen so überzeugend wie vor den Haustüren dunkler Mietshäuser, während die Pensionstante schon hinter der Gardine wartet...

Als mein Mädchen bald darauf die Stadt verließ (in der es nicht wohnte, sondern nur die Schule besuchte), galt es erneut, Begegnungen zu arrangieren, die ergiebiger waren als der kurze Aufenthalt zwischen zwei Zügen auf dem Bahnhof. Ziemlich genau in der Mitte zwischen unseren Städten gab es einen Berg, sanft ansteigend zu geringer Höhe; und wir verabredeten, uns am Karfreitagmorgen auf diesem Berg zu treffen: an der wohlbekannten Stelle, wo unter einer Holzbrücke ein Quell sprang. Gründonnerstag schon machte ich mich auf den Weg, und zwar zu Fuß; denn ich wollte keine Nuance dieser Annäherung versäumen. Die Gitarre trug ich, im wasserdichten Bezug, wie eine Flinte über der Schulter, Proviant und Waschzeug im Rucksack. Während ich durch kühle Regenschleier die holperige Chaussee entlangwanderte, sang und pfiff ich vor mich hin. Mittags wurden die Wolken dünner, ließen etwas Licht durch, Gründonnerstagslicht. Später gab es sogar Blaues am Himmel. Als der Regen ganz aufhörte, nahm ich meine Gitarre aus der Hülle, zupfte mir im Gehen eins vor. Lerchen fuhren flatternd steil in den aufgerissenen Himmel, streuten ihr silbernes Gezwitscher über die Äcker. Ich ging und ging, immer deutlicher sah ich die Gestalt meines Mädchens vor mir, immer näher ihr Lächeln, immer größer ihre Gebärde, als wüchse sie riesig am Horizont auf, jene Bauerngöttin Gefjon, von der ich gelesen hatte, daß sie mit ihren Stieren die Welt pflügt...

Gegen Abend erreichte ich das Gut einer befreundeten Familie. Meine Gastgeber waren kinderlos und lebten ziemlich einsam in ihrem dunklen und altertümlichen Haus. Wir saßen bei Petroleumlicht in einem saalartigen Zimmer; es gab Kalbshirn zu essen. Schwerflüssig tröpfelte das Gespräch. Die Finsternis schien auf das Haus zu drücken; ich meinte ihr Gewicht körperlich zu spüren, als ich später unter dem schweren Zudeck in meinem feuchtkühlen Bett lag, die Kerze neben mir auf dem Nachttisch.

Sehr früh wachte ich auf. Die Sterne waren schon fort; kalte Morgenröte stand im Osten. Von den Ställen her kam Kettenrasseln, Stampfen und Brummen. Eimer klirrten auf dem Hof; verschlafene Stimmen schwammen unter meinem Kammerfenster hin. Ein Hund bellte dumpf, sammelte Wut an, bellte weiter... Ein freudiger Schreck durchfuhr mich bei der Vorstellung, daß jetzt... in diesem Augenblick schon die Lokomotive unter Dampf stand, die einen gewissen Eisenbahnzug in Bewegung setzen würde. Ich sprang aus dem Bett, wusch mich in eiskaltem Wasser, zog mich an, ging hinab. Meine Gastgeber waren natürlich längst auf den Beinen. Ich hatte ihnen erzählt, wohin mein Weg mich führte, und sie hatten sich angeblickt. Wir setzten uns zum Frühstück. Es gab Rührei mit Speck. Ich wurde freundlich getadelt, weil ich zu wenig äße vor meinem Weitermarsch; aber ich sah nur, daß vor der andringenden Morgenhelle das Licht in der Petroleumleuchte verblaßte...

Man begleitete mich ans Tor, lud mich ein, bei gleicher Gelegenheit im nächsten Jahr wieder einzukehren.

Es war hell, aber die Sonne zeigte sich nicht. Der Himmel wanderte langsam über mir hin mit dünnen grauen Wolken. Auch die Lerchen waren wieder da, brachten festliche Unruhe... Viel zu früh stand ich vor dem kleinen Backsteinbahnhof. Im Warteraum roch es nach den schalen, kalten Dünsten von Bier und Tabak. Zwei schwarzgekleidete Frauen saßen, starr gereckt, auf einer braungestrichenen Bank. Ich ging gleich wieder hinaus, starrte auf die Fahrplantafeln, die an der schmutzigen Wand der Schalterhalle hingen... Dann, nach endlosem Warten auf dem leeren offenen Bahnsteig, sah ich das Bähnchen von fern heranschleichen, befremdlich geräuschlos erst und dann viel zu laut mit seinem Rattern, Pfeifen, Zischen. Ein verletzend banales Vehikel meines Glücks!

Sie stieg aus. Lachend. Errötend vor Überraschung. Warum ich denn an die Bahn gekommen sei, da wir uns doch an der Brücke verabredet hätten? Nun, ich war eben da, was gab es viel zu erklären. Ich beantwortete die Frage auch gar nicht, sondern erkundigte mich heuchlerisch, wie es der Frau Mutter gehe. Als wir bei unserer Holzbrücke anlangten, war es hoher warmer Vormittag. Wir blickten zu dem talwärts schießenden

Wasser hinab. Aus entfernten Dörfern kam Glockenklang, dunkel und streng. Wir waren ernst und sprachen über den Karfreitag, während wir den Berg höher hinanstiegen. Auf seiner Kuppe ließen wir uns nieder und aßen: gekochte Eier, Kuchen zum heißen Kaffee aus der Thermosflasche. Aber das geschah aus reiner Verlegenheit; wir waren weder hungrig noch durstig... Als ich danach, hochklopfenden Herzens und ungeschickt genug, meinen Arm um das Mädchen legte, nahm ich zugleich an mein Herz, was da vor uns ausgebreitet lag: die grünen tiefen Hänge, das feierliche Schwarz der Äcker... Später las ich meiner Osterfreundin Gedichte vor; und sie hörte zu, ernst und nicht allzu verständnisvoll. Aber was tat's? Die Worte streuten sich in den Wind, da waren sie gut aufgehoben. So gut wie unser kindlich befreites Geschwätz während des Heimwegs.

In jenen Tagen waren alle Briefträger verkleidete Glücksengel; und zwar sehr geschickt verkleidete, denn sie standen vor der Tür als schmuddelig uniformierte dürftige Herren, die gern Trinkgeld nahmen und nach billigen Zigarren rochen. In meiner Dachstube, mit dem Blick auf die Gefängnismauer, auf die preußische Normalkirche und den blauen Waldsaum, las ich die Briefe der fernen Geliebten. Nicht, daß sie unter die unsterblichen Zeugnisse junger Liebe gehörten. Aber

für mich drückten sie vollendet aus, was
die Frau Welt in ausgebreiteten Armen
für mich bereithalten mochte.

Alwine Wuthenow

Magst mi noch lieden?

Magst mi noch lieden,
hest mi noch leiw?
Ach, leg dien Hart doch
mi in den Breif!

Will mal upsluten,
wat dorin steiht,
ob noch dien Wiewing
wahnen drin deiht.

Ob sei noch hett den
leiwlichsten Platz,
ob sei noch drin dien
allerbest Schatz.

Wenn ick dat seihn hew,
slut ick dat tau,
keiner sall weiten,
wat mit giwt Rauh.

Alfred Döblin

Wenn man in Stettin aus dem Gleichgewicht gerät...

In Stettin an der Oder lebte einmal mein
Vater. Der hieß Max Döblin und war seines Zeichens ein Kaufmann. Da das aber
eigentlich kein Zeichen ist, so war er Inha-
ber eines Konfektionsgeschäftes, welches
nicht ging. Worauf er eine Zuschneidestu-
be eröffnete, die einen guten Verlauf
nahm. Dieser Mann war verheiratet und
hatte es im Laufe der Jahre, wenn auch
nicht zu Geld, so doch zu fünf Kindern
gebracht. Auch ich war darunter. Er war
mit vielen Neigungen und Begabungen ge-
segnet, und man kann wohl sagen: was
ihm seine Begabungen einbrachten, nahmen ihm seine Neigungen wieder weg. So
daß also die Natur in diesem Mann ein
merkwürdiges Gleichgewicht hergestellt
hat. Eines Tages nun wurde dieses Gleichgewicht auf eine besonders heftige Weise
gestört; wie und wodurch, das werde ich
gleich erzählen. Jedenfalls beschloß der
Mann in seiner Unruhe, nach Mainz zu
fahren. Dies wird alle Kenner Stettins in
Erstaunen versetzen. Denn wenn man in
Stettin aus dem Gleichgewicht gerät, fährt
man nicht nach Mainz. Bisweilen nach
Gotzlow oder Podejuch oder, wenn es
schlimm wird, in die nahegelegene Klaps-
mühle. Aber Mainz ist ungewöhnlich.

Und es war in der Tat ein Haken dabei, den niemand merkte, nicht einmal ich, obwohl ich schon über neun Jahre war. Der Haken war: wie mein Vater nach Mainz fuhr, kam er da nicht an. Das lag an der Richtung seines Zuges. Der nämlich nach Hamburg fuhr.

Und als der Zug in Hamburg hielt, ging die Bewegung in meinem Vater noch weiter. Auch Hamburg war nicht das Richtige. Nicht Mainz, nicht Hamburg, es sollte und mußte noch weiter sein. Es war Amerika. Das Wasser liegt zwischen Hamburg und Amerika. Neunundzwanzig Ozeanflieger sind schon in dem Wasser ertrunken. Mein Vater wollte und mußte herüber, der Drang in ihm war so groß. Er nahm sich ein Schiff. Obwohl das Gleichgewicht in meinem Vater gestört war, war er doch so besonnen, kein Flugzeug zu nehmen, — vielleicht darum nicht, weil es damals keine Flugzeuge gab. Jedenfalls: er fuhr zu Schiff, wie schon Kolumbus, und darum kam er an. Ob die Freiheitsstatue schon 1888 im Hafen von New York stand, weiß ich nicht. Bestimmt richtete sie mein Vater damals in Gedanken auf. So weit hatte der Stettiner fahren müssen, um sein Gleichgewicht wieder herzustellen. So sonderbar war das Schicksal. Er hatte gesagt, er wolle nach Mainz fahren, aber schon das Billett stimmte nicht, der Zug fuhr anders, das Wasser kam, und nun saß er in Amerika.

Und er war auch nicht allein gefahren. Er hatte sich einen Mechaniker, einen Doktor, zur Herstellung seines Balancements mitgenommen, einen Leibdoktor, Leibmechaniker. Es tut nichts zur Sache, daß es ein junges Mädchen war. Frauen eignen sich ja für viele Berufe, sie werden Juristen, Abgeordnete, Minister, warum nicht auch Mechaniker. Ja, man erkennt die Besonnenheit unseres Amerikareisenden auch daran, daß er sich ein Mädchen und keinen Mann mitnahm. Denn wer versteht sich besser auf Herstellung des Gleichgewichts, auf alle Schwankungen der horizontalen und vertikalen Lage, als junge, unschuldige Mädchen. Das Mädchen, das mit ihm über den gewaltigen Ozean fuhr und von ihm erkoren war, hieß Henriette, und mit Nachnamen — sagen wir — Hecht. Es war merkwürdigerweise ein Fischname, wie das die Wasserkante mit sich bringt. Aber sie war — ein rätselhaftes Spiel der Natur, eine Paradoxie — vollkommen Fleisch. Offenbar hatten die Hechte im Laufe der Generationen ihre Natur verändert, und so stand sie lieblich vor dem Mann, der mein Vater war, und er fand Wohlgefallen an ihr.

Mein Vater hatte zwei Augen, ein linkes und ein rechtes. Mit dem rechten Auge blickte er immer auf seine Familie. Das linke aber war bei ihm weitgehend selbständig. Während das rechte Auge stets von Sorgen getrübt war, schwer bewölkt und zu Regengüssen geneigt, freute sich und lachte das linke, und das Hochdruckgebiet war weit entfernt. Damit man nicht die sonderbare Verschiedenheit seiner beiden Augen erkannte, trug er eine goldene Brille. Die deckte alles, und dadurch wurde er ein ernster Mann, der er ja auch war, ein vielseitiger Mann.

Meine Mutter war eine einfache Frau. Und da sich ihr Mann zu Hause öfters die Brille abnahm, so wußte sie, daß er schielte. Und sie war, wie das nun einmal Frauen sind, neugierig, wohin er schielte. Für das rätselhafte Naturspiel an sich hatte sie gar kein Interesse. Die reine Wissenschaft war ihr egal. Wie sie auch später gar kein Organ dafür hatte, den wunderbaren, schon erzählten Vorgang zu ergründen, der darin bestand, daß ihr Mann nach Mainz fuhr, aber es kam ein Zug auf dem Bahnhof an, der fuhr nach Hamburg an der Elbe — blinde Gewalt der technischen Kraft —, und kaum war der Zug dort angelangt, wird der Mann von einem Ungestüm erfaßt, muß nach St. Pauli an den Hafen, wird in ein Schiff verstaut und soll und muß über den Ozean, obwohl dieser so tief ist und später viele darin ertranken. Nichts davon interessierte meine Mutter. Sie blieb bis an ihr Ende dabei: der Mann ist mit einem Weib ausgerückt. Eine schrecklich einfache Formulierung. Mein Vater hat später sehr darunter gelitten. Sagen wir: etwas gelitten. Sagen wir: gar

nicht. Er ist vorsichtigerweise nämlich nicht wiedergekommen.

Meine Mutter also interessierte sich heftig in Stettin, wohin mein Vater schielte. Und je mehr sie die Geheimnisse seines linken Auges zu ergründen suchte, um so dunkler wurden die Schatten über seinem rechten. Aber das schreckte sie nicht. Es war nicht Heroismus bei ihr, es war Temperament und Unbesonnenheit, die leicht in Heroismus ausarten, wobei ihnen aber gar nicht wohl ist.

Mein Vater bemerkte mit dem linken beweglichen Auge in Stettin viele Menschen, Einwohner und Einwohnerinnen, Steuerzahler und Steuerzahlerinnen. Aber nicht das interessierte ihn, ob und wieviel sie Steuer zahlten, sondern ob sie männlich oder weiblich waren. Er nahm eine simple naive Trennung vor. Er war eine Art Fleischbeschauer. Die männlichen fielen gleich ab. Blieben die weiblichen. Die waren in großer Zahl in Stettin vorhanden. Ich kann mich nicht genauer auf sie besinnen, denn ich war damals so klein. Aber ich erinnere mich, wie ich öfter als ganz kleiner Junge von einem Dienstmädchen an der Hand ins Freie geführt wurde, Kinderwagen fuhren mit, es ging in ein Tanzlokal draußen. Da saß ich dann auf der Bank, und im Saal tanzten viele erwachsene Menschen, große Männer und große Frauen, die Frauen kenntlich an den Röcken, die Männer meist in Uniform, mit Schnurrbärten, Soldaten, gewaltige Männer, die stark schwitzten. Solche Mädchen muß auch mein Vater in Stettin entdeckt haben, und die Entdeckerfreude ließ ihm keine Ruhe. So gehen berühmte Gelehrte noch nachts in ihre Laboratorien, blicken in ihre Mikroskope oder rechnen oder stellen noch einmal ihre Apparate zusammen, fangen mitten in der Nacht an zu destillieren, den Schmelzpunkt zu bestimmen. Schließlich: ist die Entdeckung eines Menschen, einer Menschensorte nicht ebenso merkwürdig und beunruhigend und aufregend, wenigstens für den, der sie macht? Und andererseits: ist die Entdeckung eines neuen Elements oder einer chemischen Verbindung seelisch anders, beglückt sie anders, erregt, entflammt sie anders als die eines neuen Menschen? So hängt die Liebe mit der Entdeckerfreude zusammen. Mein Vater muß viel gesucht und viel entdeckt haben. Er betrieb die Wissenschaft gründlich und mit Ausdauer, und es hätten sich ihm da große Perspektiven eröffnet, wenn diese Wissenschaft staatlich anerkannt gewesen wäre. Es war offenbar die Disziplin, für die er am begabtesten war.

Aber während meine Mutter sonst keinen Anteil nahm an seinen vielen anderen Neigungen — er komponierte ja, dichtete, zeichnete —, von dieser einen Passion wurde sie mitgerissen. Wenigstens hier knüpfte sich zwischen ihr und dem Mann ein gewisses eheliches Band. Wenn der Mann auf seinen Kriegspfad ging und sein linkes Auge in Aktion trat, dann geriet auch sie in Erregung. Der Geschichtsschreiber muß leider feststellen, daß sie sich auf dem Pfad nicht ebenso bewaffnete wie der Mann. Er trug Rosen, sie aber schwang einen Regenschirm. Er war geladen mit Zärtlichkeit und hohen männlichen Gaben, sie aber mit Zorn. Er ging einsam wie ein Hirsch Wasser suchen, sie aber trug Geschosse, ihn beim Trunk zu stören. Das waren die Unterschiede zwischen den Ehegatten. Sie dachte an ihre Kinder, die Familie und daß dies ihr angetrauter Mann war; er aber: wie schön es sich in der Sonne spazieren ging Arm in Arm, — ach, es war nicht der Arm seiner Frau. Es war überhaupt nicht immer derselbe Arm. Der Mann lebte in starker Unruhe. Er hatte die Weite der Natur entdeckt und die Mannigfaltigkeit der Stettinerinnen. Er wechselte die Quellen seiner Erquickung. Erst spät gewöhnte er sich an eine, und das war das Allerschlimmste, denn diese Quelle war nun zufälligerweise nicht seine Frau. Eigentlich muß man sagen, das Gegenteil wäre ein Zufall gewesen. Denn es gibt notorisch Millionen Frauen auf der Welt; warum soll ein Mann grade seine eigene Frau lieben? Das wäre doch ein höchst merkwürdiges Zusammentreffen! So war es bei meinem Vater. Die Frau, die starke Frau mit dem

Regenschirm, nahte. Gerüstet mit Zorn und mit der entschiedenen Abneigung, hier irgendwie etwas zu »verstehen«. Sie trug mit sich Legitimität, Pathos, Ansprüche. Die Tragödie war eingeleitet. Der donnernde Jupiter zeigte sein Dasein. So wandeln Menschen im Grünen, und eine Wolke zieht sich zusammen, und sie regnen ein. Man glaubt im Grünen zu wandeln, und schon hat man den Regenschirm vergessen.

Als damals in Stettin in unserem Hause das Gewitter in Aktion getreten war und nicht aufhören wollte, dachte der Mann, so scheint es, an die Wilden in Afrika. Sie haben nichts an, aber sie haben ein Strohdach über sich. Wenn ein Mann an einen andern Arm denkt, so ist es schlimm; wenn er aber an ein anderes Dach denkt, dann ist es gefährlich, und das Verhängnis ist kaum aufzuhalten. Mein Vater fing unter den ständigen Gewittern an zu träumen, vorwiegend von Mainz, der Zug fuhr aber nach Hamburg, dann kam das Meer und Amerika. Was weiter kam, träumte er nicht. Es ist das Schlimme an den Träumen, daß sie zu früh aufhören. Er hätte auch träumen sollen, was nach Amerika kam.

Alwine Wuthenow

Dat sünd wi

Achtern Kirchhoff wahnt de Köster,
hinnern Aben sitt sien Fru,
doch an't Finster en schmuck Mäken,
un, mien Leewste, dat büst du!

Achtern Wald, dor wahnt de Jäger,
recht een wohren Galgenstrick,
doch een Prachtstück von en Bengel,
un, mien Leewste, dat bün ik!

Achtern Goren stahn twee Leewsten,
küssen makt nich veel Geschrie. —
Nieglich Mahnd, wat wißt du't weiten:
de twee Leewsten, dat sünd wi!

Mal wull een Mäken danzen gahn

Mal wull een Mäken danzen gahn,
söcht Rosen up de Heide.
Wat funn se dor an'n Weg nu stahn?
Een Hassel, de was gräune.

»Häud di, häud di, Fru Hasselin,
müßt kiekend die umdaun!
Ick heww to Huus twei Bräuder stolz,
de willen di afhaun.«

»Un haun se mi in'n Winter af,
in'n Sommer gräun ick wedder;
verliert een Mäken ehren Kranz,
den findt se nümmer wedder.

Un wenn een Boom dat Loof verliert,
denn truurt em jeder Ast;
i, Jungfruu min, i, Jungfruu min,
holl du din Kränzchen fast!«

»Wie sall ick den fasthollen?
De will jo runne glieden.
I, hädd ick man een Hüweken
von Sammet un von Sieden!«

Volkslied

Trost im Winter

Die Blätter wehen
von den Bäumen in das Tal,
öd ist's in den Zweigen.

Blumen vergehen,
Kränze sind verwelket all,
die geschmückt den Reigen.

Es starrt der Bäume
Wurzel von Reif und eis'gem Frost:
Ernst wird mir der Sinn und betrübet.

Kommt, holde Träume,
bringt dem Winter linden Trost!
Neue Freude werde geübet!

Laßt uns begrüßen
tausend Freuden hier zur Stund,
mehr als Mai kann bringen.

Rosen ersprießen
auf der Frauen rotem Mund,
die laßt uns besingen!

Mag Winter toben —
ist doch um ihr Angesicht
aller Reize Duft gestreuet.

Sie sei erhoben!
Höh're Wonne kenn ich nicht,
wenn die Minnigliche mich erfreuet.

Minnesänger, Witzlaw III.,
Fürst von Rügen (1302)

Dies ist Pommern. Jetzt bist du in Deutschland, Däumling

(Legenden, Sagen und Märchen aus dem Land am Meer)

Götterkult auf Rügen

... insgemein verehren sie eine Nerthus (Hertha), das heißt eine Erdmutter, die sie als Menschendingen Anwohnende, zu Völkern Fahrende denken. Auf einem Meeres-Eilande (Rügen) liegt ein keuscher Hag, darin ein geweihtes Fuhrwerk, mit Geweb überdacht, daran nur einem Priester Hand zu legen Fug ist. Er ahnt, wann die Göttin innewohnt, und geleitet die von Färsen Gezogene des Weges, in tiefer Andacht. Dann sind Festtage, — Freudenorte, die sie Besuchens und Verweilens würdigt. Keine Kriege beginnen, keine Waffen führen sie; versperrt ist alles Eisen. Ruh und Frieden, sonst unheimelich, sind nur dann geliebt, bis der gleiche Priester die Göttin als Menschenzuspruches ersättigt dem Tempel zurückgibt. Dann wird Fuhrwerk und Tücher, und, glaube man's oder nicht, das Götterwesen selbst in einem heimlichen See (Herthasee) geläutert. Knechte helfen, die unverzüglich der gleiche See verschlingt. Daher eine geheimnisvolle Scheu, und heilig Nichtwissen um das, was nur Todgeweihte gewahren.

Tacitus (im Jahre 98)

Der Herthasee und die Herthaburg

Auf der Insel Rügen in dem Theile, der Jasmund genannt wird, nicht weit von Stubbenkammer findet man noch heute mitten in dem Buchenwalde, der sogenannten Stubnitz, einen alten Wall, gewöhnlich der Borgwall, auch zuweilen die Herthaburg genannt. Derselbe liegt an der Nordseite des sogenannten Borg- oder schwarzen Sees. Letzterer hat seinen Namen nicht etwa von der Farbe seines Wassers, das völlig rein und klar ist, sondern von seiner finsteren und zwischen zwei waldigen Anhöhen eingeklemmten Lage und davon, daß die Schlagschatten der Bäume, die ihn an seiner Nordseite, sowie am östlichen Rande einfassen, sich zu gewissen Tageszeiten über ihn hinstrecken und seinen Spiegel verdunkeln. Man findet in ihm große Hechte, deren Rücken mit Moos bewachsen sind, aber früher hat der Teufel sehr oft seine Possen mit den von den Fischern hier gebrauchten Fischgeräthschaften getrieben. Angeblich badete sich ehedem alljährlich die Göttin Hertha, welche auf dieser Burg, d. h. in einem Tempel, der in dem Innern dieses Walles, einem ohngefähr 164 Schritte langen ebenem Raume gestanden haben soll, verehrt ward und gewissermaßen bei ihnen die Mutter Erde vorstellte. Von hier ward der heilige Wagen, der mit einem geheimnisvollen Schleier bedeckt war, und von zwei Kühen gezogen wurde, herabgelassen. Nur ihr geweihter Priester durfte sie begleiten, die Sclaven aber, welche diese Zugthiere den steilen Abhang nach dem See zu hinableiteten, wurden, sobald sie ihre Dienste verrichtet hatten, alsbald in dem See ertränkt, weil jeder Uneingeweihte, der die Göttin gesehen hatte, sterben mußte.

An jener Stelle ist es aber heute noch nicht geheuer, denn man sieht oft bei hellem Mondenscheine aus dem Walde, wo die Herthaburg gestanden hat, eine schöne Frau, die von vielen Dienerinnen begleitet ist, herabkommen und nach dem See hinabgehen, dort verschwindet sie, man hört aber das Plätschern der Badenden im Wasser. Den Wanderer aber, der dies sieht, zieht es mit wunderbarer Gewalt jener Sirene nach, sobald er aber das Wasser berührt hat, sinkt er unter und kommt nie wieder ans Tageslicht. Man darf auch weder einen Kahn noch ein Netz auf den See bringen. Einmal hatten Leute es gewagt, auf diesem Wasser herumzufahren, und dann den Kahn dort gelassen. Am andern Tage war er verschwunden und erst nach langem Suchen fanden sie ihn auf dem Wipfel einer hohen Buche wieder, aus dem See rief aber eine Stimme: »Ich und mein Bruder Nickel haben dies gethan!«

Micraelius (1597—1658)
»Altes Pommerland«

Swantewit und Arkona

Auf der nördlichsten Spitze der Insel Rügen befand sich vor uralten Zeiten die Hauptstadt des Landes, die Stadt Arkona, auf einem steilen Berge, unmittelbar am Meere gelegen. In derselben befand sich auch der Tempel und das Bild des Hauptgötzen der Rügianer, Swantewit. Derselbe stand mitten in der Stadt, war sehr zierlich gebaut, von Außen reich angemalt und mit schönem Schnitzwerk verziert. Er hatte nur einen Eingang, aber eine doppelte Halle, von denen die eine die andere einschloß. In der innern stand hinter einem Vorhange das Bild des Götzen von ungeheurer Größe und übermenschlichen Verhältnissen. Es hatte vier Köpfe, zwei vorn nach der Brust, die andern rückwärts gerichtet, alle mit Bärten, die aber zerzaust aussahen. In der Hand hielt der Gott ein mit verschiedenen Metallen ausgelegtes Horn für den Meth, der linke Arm war bogenförmig in die Seite gestemmt, sein Gewand reichte bis auf die Schienbeine und seine Füße standen auf einem tief in die Erde hineingesunkenen Fußgestell. Neben ihm hingen sein Sattel, Saum und Schwert, letzteres von Silber und wunderschöner Arbeit. Ringsherum an den Teppichen, die zwischen vier Säulen aufgehangen die Wände bildeten, hingen kostbare Trinkhörner, welche ebenso wie andere goldene und silberne Geräthschaften dem Gott als Geschenke gegeben worden waren. Dieser Gott ward als der der Fruchtbarkeit angesehen und jedes Jahr nach der Ernte ward ihm hier eine Art Opfer und damit zusammenhängender Schmaus veranstaltet. Nachdem nämlich der Oberpriester, der gegen die Sitte des Landes, Haare und Bart ungeschoren trug, das innere Heiligthum, welches er allein betreten durfte, mit Besen gereinigt, wobei er sich aber zu hüten hatte Athem zu holen, sondern allemal, wenn dies nöthig war, zur Thüre hinausgehen mußte, so besah er am Tage des Festes zuerst das Horn. War dieses noch mit dem im vorigen Jahre hineingeschütteten Meth gefüllt, so bedeutete es ein fruchtbares Jahr, hatte aber derselbe abgenommen, so drohte dem Lande Theuerung. Nachdem der Priester dies dem Volke kund gethan, goß er den Meth dem Gotte vor die Füße, füllte frischen in das Horn und bot es demselben zum Trinken an. Da derselbe aber natürlich den Mund nicht öffnen konnte, so trank er es mit einem Zuge aus, füllte es aufs Neue und gab es dem Gotte für das künftige Jahr in die Hand. Dann stellte er sich hinter einen ungeheuren Honigkuchen, der so groß war, daß er sich bequem hinter demselben verstecken konnte, verrichtete dann hinter ihm sein Gebet, daß dieser Kuchen das nächste Mal noch größer sein möchte und nahm dann die für den Götzen bestimmten Opfergaben in Empfang. Hierauf entließ er die Versammlung mit einer ermahnenden Rede und dann wurde der Tag mit fröhlichem Gelage beschlossen. Sonst bekam der Götze von einem jeden Haupte der Einwohner jährlich einen silbernen Groschen und den Zehnten von allen Gütern. Von diesem Einkommen wurden ihm 300 Pferde gehalten und Alles, was man damit erwarb, und vom Feinde raubte, ward in seine Schatzkammer niedergelegt. Sonst hielten sie ihm auch ein großes weißes Pferd (gerade wie die Stettiner dem Triglaff ein schwarzes), auf welchem Niemand als der Hohepriester reiten durfte. Er allein mußte es auch warten und füttern. Die Rügianer glaubten nun, weil es oftmals mit Schweiß und Staub bedeckt war, als ob es einen weiten Weg gelaufen sei, daß Swantewit auf demselben ihre Feinde verfolgte. Mit diesem Pferde verrichtete man auch Weissagungen. Wenn sie nämlich in den Krieg ziehen wollten, so ward das Pferd ins Freie geführt, betrat es mit dem rechten Fuße einen gewissen bezeichneten Ort, war es ein gutes Zeichen, es bedeutete aber das Gegentheil, wenn es den linken darauf setzte. Oder man legte Speere in der Quere auf die Erde, darüber ward das Pferd dreimal hinweggeführt, schritt es jedesmal mit dem rechten Fuß zuerst vor und berührte die Stangen nicht, so bedeutete es Sieg, berührte es sie aber oder schritt mit dem linken Fuße vor, Niederlage.

Im Jahre 1168 ist aber der Tempel und das Bild Swantewits zu Arkona zerstört worden, nachdem es gerade 330 Jahre hier gestanden hatte. Es hatten nämlich damals die Rügianer die Dänische Oberherrschaft abzuschütteln versucht und der Dänenkönig Waldemar I. rückte mit großer Heeresmacht vor die Stadt. Dieselbe war jedoch fast uneinnehmbar, denn von drei Seiten ward sie durch das hohe felsige Ufer geschützt und auf der vierten, der Landseite, hatte sie einen sehr hohen und steilen Wall mit einem einzigen hohen und festen Thurme. Da nun die Belagerer schon bei dem hartnäckigen Widerstande der Stadt an der Eroberung derselben zu zweifeln begannen, prophezeite auf einmal ein gemeiner Soldat, die Feste werde am Tage des h. Vitus zur Strafe ihrer Abgötzerei fallen, weil sie vor mehreren hundert Jahren den h. Vitus verstoßen und statt seiner den Götzen Swantewit angenommen hatten. Ob nun wohl Niemand an diese Prophezeiung glaubte, so ging sie doch in Erfüllung. Es hatte nämlich ein vorwitziger Dänischer Soldat bemerkt, daß sich in der Verschanzung des Thores durch Abgleiten von Erdschollen eine Vertiefung gebildet hatte, worin sich ein Mensch verbergen konnte. Er stieg nun vermittelst einiger Speere, die er stufenweise in den Wall einstieß, in die Vertie-

fung hinauf und machte in derselben aus Spielerei Feuer an. Dieses ergriff aber den über das Thor herausgebauten Thurm und nahm bald so überhand, daß es die Einwohner, denen es obenein an Wasser gebrach, da sie nur einen einzigen Brunnen hatten und thörichter Weise das Feuer durch Kuhmilch zu löschen suchten, es aber dadurch nur noch schlimmer machten, nicht löschen konnten, sie waren also genöthigt, die Stadt dem Dänenkönig zu übergeben. Am Tage nach der Einnahme der Stadt gingen aber die mit der Zerstörung des Götzenbildes beauftragten Männer, Esbertus, ein Bruder des Bischofs Absalon, und ein gewisser Sund, nachdem sie die Teppiche von der Halle abgerissen hatten, mit Aexten dem Bilde zu Leibe, hieben erst seine Beine durch und stürzten es rücklings um, bei welcher Gelegenheit der Teufel in Gestalt eines scheußlichen Thieres aus dem Bilde herausfuhr und mit schrecklichem Gestank durch die Fenster des Tempels entschwand, schleppten es dann an Stricken ins Dänische Lager, wo es in kleine Stücke zerhackt ward, damit die Krieger ihre Speisen mit seinem Holze kochen sollten, und verbrannten dann den Tempel. Die Rügianer nahmen aber, da sie sahen, wie sich ihr Gott nicht hatte helfen können, bereitwillig das Christenthum an. Nachher ist aber die ganze Stadt Arkona ins Meer versunken, auf dessen Grunde sie noch ruht, und wenn es nebliches Wetter ist, dann steigt sie zuweilen aus dem Wasser herauf und man kann sie dann mit ihren Häusern, Thürmen und Wällen als eine Art Luftspiegelung wafeln sehen.

Thomas Kantzow »Pomerania« (1542)

Vineta

»Jenseits der Leutitier, die mit anderem Namen Wilzen heißen, begegnet uns die Oder, der reichste Strom des Landes. An seiner Mündung, da wo er die Skytischen Sümpfe berührt, bietet die hochbedeutende Stadt Jumne einen vielbesuchten Mittelpunkt des Verkehrs für die Barbaren und Griechen im Umkreis dar. Da zum Preis dieser Stadt große und kaum glaubliche Dinge erzählt werden, halte ich es für anziehend, einiges Berichtenswerte einzuschalten: In der Tat ist sie die größte aller Städte, die Europa einschließt, und wird von Slawen und andern Völkern, Griechen und Barbaren, bewohnt; denn auch hinzukommende Sachsen erhalten gleichfalls das Recht, dort zu wohnen, freilich nur, wenn sie während ihres dortigen Aufenthaltes ihr Christentum nicht öffentlich bekennen. Jene Stadt ist angefüllt mit den Waren aller nordischen Länder und besitzt alles Angenehme und Seltene. Dort zeigte sich Neptun in dreifacher Artung: von drei Meeren wird die Insel umspült, eines von grünem, ein zweites von weißem Aussehen, das dritte tobt schwärzlich in wütender Erregung bei dauernden Stürmen.

Von dieser Stadt aus rudert man in kurzer Fahrt in der einen Richtung nach der Stadt Demmin, die an der Mündung der Peene liegt, wo auch die Runen (Bewohner der Insel Rügen) wohnen; in der anderen Richtung nach der Provinz Samland, das die Preußen innehaben. Der Weg geht so, daß man von Hamburg und der Elbe aus in sieben Tagen zu Land nach der Stadt Jumne gelangt; denn um zur See nach Jumne zu kommen, muß man in Schleswig oder Aldenburg ein Schiff besteigen.«

Adam von Bremen (1074)

Selma Lagerlöf

Die Stadt auf dem Meeresgrunde

Als Herr Ermenrich sich auf die Erde hinabsinken ließ und anhielt, war es dem Jungen, als sei erst eine unbegreiflich kurze Zeit vergangen; und doch hatte der Storch einen ganz bedeutenden Weg zurückgelegt, denn in demselben Augenblick, wo er den Jungen auf die Erde setzte, sagte er: »Dies ist Pommern. Jetzt bist

115

du in Deutschland, Däumling.« Der Junge war über die Nachricht, daß er sich in einem fremden Lande befinde, ganz verdutzt. Das hätte er nie gedacht. Schnell sah er sich um. Er stand auf einem einsamen, mit weichem, feinem Sand bedeckten Meeresstrand. Auf der Landseite lief eine lange Reihe, oben mit Strandhafer bewachsener Dünenhügel hin, die zwar nicht sehr hoch waren, dem Jungen aber die Aussicht ins Land vollständig versperrten.

Herr Ermenrich stieg auf einen Sandhügel hinauf, zog das eine Bein in die Höhe und legte den Hals zurück, um den Schnabel unter die Flügel zu stecken. »Während ich mich ausruhe, kannst du eine Weile am Strande umherwandern«, sagte er zu Däumling. »Aber verlaufe dich nicht, damit du mich wiederfinden kannst.«

Der Junge wollte zuerst einen der Dünenhügel erklettern, um zu sehen, wie das Land dahinter aussehe. Aber kaum hatte er ein paar Schritte gemacht, als er mit der Spitze seines Holzschuhs an etwas Hartes stieß. Er bückte sich, und da sah er auf dem Sande eine kleine, von Grünspan durch und durch zerfressene, dünne Kupfermünze. Sie war so schlecht, daß sie ihn nicht einmal des Aufhebens wert deuchte, und er schleuderte sie mit dem Fuße weg. Aber als sich der Junge wieder aufrichtete, wie grenzenlos überrascht war er da! Keine zwei Schritte vor ihm erhob sich eine dunkle Mauer mit einem großen turmgekrönten Tor.

Vor einem Augenblick, als er sich nach der Münze bückte, hatte sich das Meer noch glänzend und glitzernd vor ihm ausgebreitet, jetzt aber war es durch eine lange Mauer mit Zinnen und Türmen verdeckt. Und gerade vor dem Jungen, wo vorher nur einige Tangbänke gewesen waren, öffnete sich das große Tor in der Mauer.

Der Junge war sich ganz klar darüber, daß dies eine Art Geisterspuk sein mußte. Aber er dachte, davor brauche er sich wahrlich nicht zu fürchten. Was er sah, war ja gar nicht unheimlich oder grauenhaft. Die Mauern und Türme waren prächtig gebaut, und jetzt regte sich auch gleich der Wunsch in ihm, zu sehen, was dahinter sei. »Ich muß untersuchen, was das ist«, dachte er, und damit ging er durchs Tor.

Unter dem kleinen Torgewölbe saßen in bunten, gepufften Anzügen, langstielige Streitäxte neben sich, die Wächter und spielten Würfel. Sie waren ganz in ihr Spiel vertieft und gaben nicht auf den Jungen acht, der hastig an ihnen vorbeieilte.

Dicht am Tor war ein freier, mit glatten Steinfliesen gepflasterter Platz. Ringsum standen hohe, prachtvolle Häuser, und zwischen diesen öffneten sich lange, schmale Straßen.

Auf dem Platz vor dem Tor wimmelte es von Menschen. Die Männer trugen lange, pelzverbrämte Mäntel über seidenen Unterkleidern, federngeschmückte Barette saßen ihnen schräg auf dem Scheitel, und über die Brust herunter hingen ihnen wunderschöne Ketten. Alle waren herrlich gekleidet, es hätten lauter Fürsten sein können.

Die Frauen trugen spitze Hauben und lange Gewänder mit engen Ärmeln. Sie waren auch prächtig geschmückt, aber ihr Staat konnte sich bei weitem nicht mit dem der Männer messen.

Dies alles glich ja ganz den Bildern, in dem alten Märchenbuch, das Mutter ab und zu einmal aus ihrer Truhe holte und ihm zeigte. Der Junge wollte seinen Augen nicht trauen.

Aber noch viel merkwürdiger als die Männer und die Frauen war die Stadt selbst. Jedes Haus hatte einen Giebel nach der Straße zu, und diese Giebel waren so reich verziert, daß man hätte glauben können, sie wollten miteinander wetteifern, welcher von ihnen am schönsten geschmückt sei.

Wer rasch viel Neues zu sehen bekommt, kann sich nachher nicht mehr an alles erinnern. Aber der Junge erinnerte sich später doch noch, daß er ausgezackte Giebel gesehen hatte, auf deren verschiedenen Absätzen die Figuren von Christus und den Aposteln standen. Giebel, die an bei-den Seiten hinauf mit Figuren geschmückte Nischen hatten, dann wieder solche, die mit buntem Glas oder mit weißem und schwarzem Marmor eingelegt waren und die ihm gewürfelt und gestreift entgegenschimmerten.

Doch während der Junge alles dies bewunderte, wurde er von einer ihm selbst unbegreiflichen Hast überfallen. »So etwas haben meine Augen noch nie gesehen. So etwas werde ich meiner Lebtage nicht wieder sehen«, sagte er sich. Und er begann in die Stadt hineinzulaufen, Straße auf, Straße ab, ohne anzuhalten. Die Straßen waren eng und schmal, aber dadurch nicht leer und düster wie in den Städten, die er bis jetzt gesehen hatte. Überall waren Menschen; alte Weiber saßen vor ihren Türen und spannen ohne Spinnrädchen, nur an der Kunkel. Die Warenlager der Kaufleute waren wie Marktbuden nach der Straße zu offen. An einem Platz wurde Tran gekocht, an einem andern wurden Häute gegerbt, an einem Wege war eine Seilerbahn.

Wenn der Junge nur Zeit gehabt hätte, ja, dann hätte er hier alles mögliche lernen können! Er sah, wie die Waffenschmiede dünne Brustharnische hämmerten, wie die Goldschmiede Edelsteine in Ringe und Armbänder einsetzten, wie die Drechsler ihre Dreheisen handhabten, wie die Schuhmacher weiche rote Schuhe sohlten, wie der Goldspinner Goldfäden drehte und wie die Weber Seide und Gold in ihr Gewebe hineinwoben.

Aber der Junge hatte keine Zeit zum Verweilen. Er stürmte nur immer vorwärts, um soviel wie möglich zu sehen, ehe alles wieder verschwinden würde.

Die Stadtmauer ging rund um die ganze Stadt herum und umschloß sie, gerade wie in Schweden die Steinmäuerchen die Äcker einfrieden. Am Ende jeder Straße sah man die Mauer turm- und zinnengekrönt hervorschauen. Und oben darauf wanderten Kriegsknechte umher in glänzendem Harnisch und blankem Helm.

Als der Junge die ganze Stadt durchquert hatte, kam er wieder an ein Stadttor. Da draußen lag das Meer und der Hafen. Hier sah der Junge altertümliche Schiffe mit Ruderbänken in der Mitte und mit hohen Aufbauten vorn und hinten. Lastträger und Kaufleute liefen eifrig hin und her. Überall war Leben, und alle hatten es eilig.

Aber auch hier erlaubte ihm seine innere Unruhe nicht, sich aufzuhalten. Er eilte wieder in die Stadt hinein und kam jetzt auf den großen Marktplatz. Hier lag die Domkirche mit drei hohen Türmen und tiefen, mit steinernen Figuren geschmückten Toren. Die Wände waren mit Bildhauerarbeit so reich verziert, daß auch nicht ein einziger Stein zu sehen war, der nicht seinen Schmuck gehabt hätte. Und welch eine Pracht schimmerte durch das offene Portal heraus! Goldne Kruzifixe, mit vergoldeter Schmiedearbeit verzierte Altäre und Priester in goldnen Meßgewändern! Der Kirche gerade gegenüber stand ein Haus mit Zinnen auf dem Dach und mit einem einzigen schlanken himmelhohen Turm. Das war wohl das Rathaus. Und von der Kirche bis zum Rathaus, rings um den Markt herum, standen die schönsten Giebelhäuser mit den mannigfaltigsten Verzierungen.

Der Junge hatte sich warm und müde gelaufen; er dachte, er habe nun so ziemlich das Merkwürdigste von der Stadt gesehen, und ging deshalb etwas langsamer weiter. Die Straße, in die er eben eingebogen war, das war gewiß die, wo die Stadtbewohner ihre prächtigen Kleider kauften. Die Leute drängten sich vor den kleinen Läden, wo die Kaufleute auf ihren Tischen starre, geblümte Seidenstoffe, dicken Goldbrokat, schillernden Samt, leichte, flockig gewobene seidene Tücher und spinnwebdünne Spitzen ausbreiteten. Vorher, als der Junge so rasch gelaufen war, hatte niemand auf ihn achtgegeben. Die Leute hatten gewiß geglaubt, es springe nur eine graue Ratte vorbei. Aber jetzt, wo er ganz langsam durch die Straße dahinwandelte, gewahrte ihn einer der Kaufleute, und sogleich begann er ihm zu winken.

Der Junge wurde zuerst ängstlich und wollte davonlaufen; aber der Kaufmann winkte ihm nur, lachte ihm zu und breitete ein herrliches Stück Seidensamt auf seinem Tische aus, als ob er ihn damit herbeilocken wollte.

Der Junge schüttelte den Kopf. »Ich werde in meinem ganzen Leben nicht so reich sein, um auch nur einen Meter von diesem Stoff kaufen zu können«, dachte er.

Aber jetzt hatte man ihn die ganze Straße entlang von jedem Laden aus bemerkt. Wohin er auch sah, überall stand ein Krämer und winkte ihm. Sie ließen ihre reichen Kunden stehen und dachten nur noch an ihn. Er sah, wie sie in den verstecktesten Winkel des Ladens liefen, um das Beste, was sie zu verkaufen hatten, hervorzuholen, und wie ihnen, während sie es auf den Tisch legten, vor Hast und Eifer die Hände zitterten.

Als der Junge nicht anhielt, sondern weiterging, sprang einer der Kaufleute über seinen Tisch weg, hielt ihn fest und breitete Silberbrokat und in allen Farben schillernde gewebte Tapeten vor ihm aus. Der Junge konnte nicht anders, als den guten Mann auslachen. Er hätte ihm doch ansehen müssen, daß ein so armer Schlucker wie er keine solchen Waren kaufen konnte. Er blieb stehen und streckte dem Krämer seine beiden leeren Hände hin, um den Leuten zu zeigen, daß er nichts besaß und daß sie ihn in Ruhe lassen sollten.

Da hob der Kaufmann einen Finger auf, nickte ihm zu und schob ihm den ganzen Haufen von herrlichen Waren hin.

»Kann er meinen, er wolle dies alles für ein einziges Geldstück verkaufen?« fragte sich Däumling.

Der Kaufmann zog ein kleines abgegriffenes Geldstück heraus, das geringste, das es überhaupt gibt, und hielt es dem Däumling hin. Und in seinem Eifer, zu verkaufen, legte er noch zwei große silberne Becher auf den Haufen.

Da begann der Junge in seinen Taschen zu suchen. Er wußte zwar wohl, daß er nicht einen einzigen roten Heller besaß, aber unwillkürlich sah er doch nach.

Alle die anderen Kaufleute sahen eifrig zu, wie der Handel ablaufen würde, und als sie den Jungen in seinen Taschen suchen sahen, sprangen sie über ihre Tische, ergriffen so viel Gold- und Silberschmuck, als ihre Hände zu fassen vermochten, und boten es ihm an. Und alle machten ihm Zeichen, daß sie als Bezahlung nichts weiter verlangten als einen einzigen Heller.

Aber der Junge drehte seine Westen- und Hosentaschen um und um; er besaß nichts, gar nichts. Da traten allen diesen stattlichen Kaufleuten, die doch soviel reicher waren als er, die Tränen in die Augen, und der Junge fühlte sich seltsam bewegt, denn sie sahen gar so ängstlich aus. Er besann sich, ob er ihnen denn nicht auf irgendeine Weise helfen könnte, und da fiel ihm plötzlich die grünspanige Kupfermünze ein, die er vorhin am Strand gesehen hatte.

Sofort lief er in größter Eile die Straße hinunter; und er hatte Glück, denn er kam an dasselbe Tor, durch das er zuerst gegangen war. Er stürzte hinaus und suchte nach der Kupfermünze, die vorhin hier gelegen hatte.

Und richtig, da lag sie; aber als er sie aufgehoben hatte und mit ihr in die Stadt zurückeilen wollte, sah er nur noch das Meer vor sich. Keine Stadtmauer, kein Tor, keine Wächter, keine Straßen, keine Häuser waren mehr zu sehen, nichts, nichts als das Meer!

Unwillkürlich traten dem Jungen die Tränen in die Augen. Von Anfang an hatte er ja alles, was er gesehen hatte, für eine Gesichtstäuschung gehalten, aber nachher hatte er dies ganz vergessen und nur noch daran gedacht, wie schön alles sei; und jetzt, wo die Stadt verschwunden war, fühlte er sich aufs tiefste betrübt.

In demselben Augenblick erwachte Herr Ermenrich und ging zu Däumling hin. Aber der Junge hörte ihn nicht, und der Storch mußte ihn mit dem Schnabel anstoßen, um sich bemerkbar zu machen. »Ich glaube, du hast ebenso fest geschlafen wie ich«, sagte er.

»Ach, Herr Ermenrich«, sagte Däumling. »Was war das für eine Stadt, die eben hier stand?«

»Hast du eine Stadt gesehen?« erwiderte der Storch. »Du hast geschlafen und geträumt, ich hab' es ja gesagt.«

»Nein, ich habe nicht geschlafen«, sagte Däumling. Und erzählte dem Storch alles, was er erlebt hatte.

Da sagte Herr Ermenrich: »Was mich selbst anbetrifft, so glaube ich doch, daß du hier am Strande geschlafen und alles dies geträumt hast. Aber ich will dir nicht verschweigen, daß Bataki, der Rabe, der der gelehrteste von allen Vögeln ist, mir einmal erzählt hat, hier habe einst eine Stadt gestanden namens Vineta. Diese Stadt sei über die Maßen reich und schön gewesen, und keine einzige Stadt auf der Welt habe sich mit ihr vergleichen können. Aber unglückseligerweise seien ihre Einwohner hochmütig und prunksüchtig geworden. Und«, fuhr der Storch fort, »Bataki sagt, zur Strafe dafür sei Vineta von einer Sturmflut überschwemmt und ins Meer hinab versenkt worden. Ihre Einwohner aber dürften nicht sterben und auch ihre Stadt nicht zerstören. Nur alle hundert Jahre einmal dürfe diese in all ihrer Pracht aus dem Meer aufsteigen und liege dann genau eine Stunde lang auf dem Festlande.« — »Ja, das muß wahr sein«, sagte Däumling, »denn ich habe sie gesehen.«

»Aber wenn die Stunde vorübergegangen und es während dieser Zeit niemand in Vineta gelungen sei, irgend etwas an ein le-

bendiges Wesen zu verkaufen, dann versinke die Stadt wieder ins Meer. Wenn du, Däumling, auch nur ein einziges, noch so ärmliches Geldstück gehabt hättest, um den Kaufmann zu bezahlen, dann hätte Vineta am Strande liegenbleiben dürfen, und deren Menschen hätten wie andere Menschen leben und sterben dürfen.«
»Ach, Herr Ermenrich«, sagte der Junge, »jetzt weiß ich, warum Sie mitten in der Nacht gekommen sind und mich geholt haben. Sie glaubten, ich könne die alte Stadt retten. Ach, Herr Ermenrich, ich bin tief betrübt, daß es mir nicht gelungen ist!«
Er verbarg sein Gesicht in den Händen und weinte; und man hätte kaum sagen können, welcher von den beiden betrübter aussah, der Junge oder Herr Ermenrich.

Adalbert von Chamisso

Die Jungfrau von Stubbenkammer

Ich trank in schnellen Zügen
das Leben und den Tod
beim Königsstuhl auf Rügen
am Strand im Morgenrot.

Ich kam am frühen Tage
nachsinnend einsam her
und lauscht' dem Wellenschlage
und schaute übers Meer.

Wie schweifend aus der Weite
mein Blick sich wieder neigt,
da hat sich mir zur Seite
ein Feenweib gezeigt.

An Schönheit sondergleichen,
wie nimmer Augen sahn,
mit goldner Kron' und reichen
Gewändern angetan.

Sie kniet' auf Felsensteinen,
umbrandet von der Flut,
und wusch, mit vielem Weinen,
ein Tuch, befleckt mit Blut.

Umsonst war ihr Beginnen,
sie wusch und wusch mit Fleiß,
der böse Fleck im Linnen
erschien doch nimmer weiß.

Da sah sie unter Tränen
mich an und bittend fast;
da hat ein heißes Sehnen
mich namenlos erfaßt.

»Gegrüßet mir, du blendend,
du wundersames Bild!« —
Sie aber, ab sich wendend,
sprach schluchzend, aber mild:

»Ich weine trüb und trüber
die Augen mir und blind;
gar viele ziehn vorüber,
und nicht *ein* Sonntagskind.

Nach langem, bangem Hoffen
erreichst auch du den Ort —
O hättest du getroffen
zum Gruß das rechte Wort!

Hätt'st du *Gott helf!* gesprochen,
ich wär' erlöst und dein,
die Hoffnung ist gebrochen,
es muß geschieden sein!« —

Da stand sie auf, zu gehen,
das Tuch in ihrer Hand,
und, wo die Pfeiler stehen,
versank sie und verschwand.

Ich trank in schnellen Zügen
das Leben und den Tod
beim Königsstuhl auf Rügen
am Strand im Morgenrot.

Die schwarze Frau auf Stubbenkammer

In der Stubbenkammer auf der Insel Rügen befindet sich eine große tiefe Höhle,
die Höhle der schwarzen Frau genannt,
weil da eine solche schwarze Frau sitzt,
welche für alle Ewigkeit dahin gebannt
ist. Zu dieser Höhle aber führt ein steiler
und schmaler Pfad, der tief in den Felsen
hineingeht.

Früher hatte diese Frau einen goldenen
Becher zu bewachen und eine weiße Taube oben auf dem Felsen hielt Wache. Vor
mehr als hundert Jahren kam aber dorthin ein großes Schiff, daraus stiegen
fremde Männer von großer Statur und
fragten, wo die Höhle der schwarzen Frau
sei. Als man ihnen den Weg dahin gezeigt,
so stiegen sie hinauf, einen Gefangenen in
ihrer Mitte. Dies war ein Mann, der in fernen Landen ein großes Verbrechen begangen hatte, von ihrem König aber begnadigt worden war, unter der Bedingung,
daß er den goldenen Becher holen solle,
den die schwarze Frau bewachte. Als sie
nun bis an die Höhle gekommen waren,
da löste man dem Gefangenen seine Fesseln und hieß ihn allein hineingehen. Dieselbe war offen, aber ganz von hellen
Flammen erleuchtet und vor Hitze kaum
zu betreten. Mitten in diesem Feuer saß
aber unbeweglich die schwarze Frau, ganz
schwarz gekleidet und einen schwarzen
Schleier vor dem Gesichte. Neben ihr aber
lag der goldene Becher, den sie hütete.
Der Missethäter ging nun mitten durch
die Lohe zu ihr hin und griff nach dem
Becher, sie aber sprach: »Wähle das rechte, wenn Du dies wählst, bin ich auf ewig
Dein.« Der Mann sah aber nichts als den
Becher, ergriff denselben und eilte zur
Höhle hinaus; er hätte die Frau selbst
wählen sollen, so hätte er die Schätze
obendrein bekommen. Als er sich umdreh-

te, hörte er sie schwer hinter sich seufzen und ausrufen: »Wehe mir, nun bin ich auf ewig verloren!« Im selben Augenblicke verschwand auch die weiße Taube und ein schwarzer Rabe trat an ihre Stelle. Die Frau aber in der Höhle jammerte so laut, daß die Männer im Schiffe sie hörten, als der Missethäter ihnen den Becher brachte. Aus Furcht behielten sie ihn nicht, sondern schafften ihn in die benachbarte Kirche zu Bobbin, wo er noch ist.

Stinas Utkick

An der Nordküste der Insel Wollin liegt am hohen Ufer eine Stelle, die Stinas Utkick heißt. Diesen Namen hat die Örtlichkeit erhalten, weil ehedem Stina, die kühne Gefährtin des Seeräubers Klaus Störtebecker, von hier aus Ausschau zu halten pflegte. Wenn Störtebecker von seinen Raubzügen ausruhen und besonders wertvolle Schätze verstecken wollte, segelte er hierher; aber er landete nicht eher, als bis er auf dem hohen Ufer eine rote Fahne wehen sah. Das war das Zeichen, das ihm Stina gab, zur Kunde, daß keine Gefahr drohte. Dann landete Störtebecker mit seinen Genossen. Ihre Boote und ihren Raub trugen sie das Ufer hinauf und brachten alles nach dem Jordansee, der

im tiefen Waldesdickicht versteckt lag. Dabei schritten sie, einer hinter dem anderen her, das Bett eines kleinen Baches entlang, der vom Jordansee abfließt und in die Ostsee mündet; dadurch wurde jede Spur ihrer Ankunft verwischt. An dem Ufer des Jordansees begann dann ein wildes, ausgelassenes Treiben: die Räuber jubilierten und schwelgten, bis sie zu neuen Taten hinaussegelten. Als Störtebecker und seine Genossen endlich vom Schicksal ereilt wurden, stand die treue Stina noch lange Jahre wartend auf dem hohen Ufer — aber Störtebecker kehrte nimmer wieder. Unermeßliche Schätze sollen am Ufer des Jordansees vergraben oder im Wasser des Sees versenkt liegen; doch weiß niemand, wie sie zu heben sind.

Von den Fischer un siine Fru
Ein Kindermärchen in der pommerschen Volkssprache

Daar was mal eens een Fischer un siine Fru, de waanten tosamen in'n Pispott, dicht an de See — un de Fischer ging alle Dage hen un angelt, un ging he hen lange Tid.

Daar satt he eens an de See bi de Angel un sach in dat blanke Water, un he sach ümmer na de Angel — daar ging de Angel to Grun'n, deep unner, un as he se herut-

treckt, so haalt he eenen groten Butt herut
— de Butt sed to em: »Ick bidd di, dat du
mi lewen lettst, ick bin keen rechte Butt,
ick bin een verwünscht' Prins, sett mi
wedder in dat Water un laat mir swemmen.« — »Nu«, sed de Mann, »du
bruukst nich so veele Woord' to maken,
eenen Butt, de spreken kan, hadd ick
doch woll swemmen laten.« Daar sett't he
en wedder in dat Water, un de Butt ging
fuurts weg to Grun'n un leet eenen langen
Stripen Bloot hinne sich.
De Mann averst ging to siine Fru in'n Pispott un vertellt eer, dat he eenen Butt fangen hadd, de hadd to em segt, he weer een
verwünscht' Prins, doon hadd he em wedder swemmen laten. »Hest du di den nix
wünscht?« sed de Fru. — »Nee!« sed de
Mann, »wat sull ick mi wünschen?« —
»Ach!« sed de Fru, »dat is doch övel, ümmer in'n Pispott to wanen, dat is so stin-
kig un dreckig hier, ga du noch hen un
wünsch uns ne lütte Hütt!« Den Mann
was dat nich so recht, doch ging he hen na
de See, un as he henkamm, so was de See
gans geel un grön da ging he an dat Water staan und sed:

»Mandje! Mandje! Timpe Te!
Buttje, Buttje in de See!
Mine Fru, de Ilsebill,
will nich so, as ick wol will.«

Daar kam de Butt answemmen un sed:
»Na, wat will se denn?« — »Ach!« sed de
Mann, »ick hev di doch fangen hätt, nu
sed mine Fru, ick hadd mi doch wat wünschen sullt, se mag nich meer in Pispott
wanen, se wull geern ne Hütt hebben.« —
»Ga man hen«, sed de Butt, »se is all daar
in.« —
Daar ging de Mann hen, und siine Fru
stund in eene Hütt in de Döör un sed to
em: »Kumm man herin; sü, nu is dat
doch veel beter!« Un daar was eene Stuwe
un Kamer un eene Köck daar in, und da
achter was een lütte Gaarn mit allerhand
Grönigkeiten un een Hoff, da weeren Hö-
ner und Aanten. »Ach«, sed de Mann,
»nu willn wi vergnögt lewen.« — »Ja«,
sed de Fru, »wi willn't versöken.«
So ging dat nu wol een acht oder veertein
Daag, daar sed de Fru: »Mann! de Hütt
wart mi to eng, de Hoff un Gaarn is to
lütt, ick will in een grot steenern Slott wanen; ga hen tum Butt, he sall uns een Slott
schaffen.« — »Ach Fru«, sed de Mann,
»de Butt hett uns eerst de Hütt gewen, ick
mag nu nich all wedder kamen, den Butt
mügt et verdreeten.« — »I watt«, sed de
Fru, »he kann dat recht good un deet dat
geern, ga du man hen!« Daar ging der
Mann hen, un siin Hart was em so swar;
as he awerst bi de See kamm, was dat Water gans vigelett un grag un dunkelblag,
doch was't noch still, dar ging he staan un
sed:
»Mandje! Mandje! Timpe Te!
Buttje, Buttje in de See!

Mine Fru, de Ilsebill,
will nich so, as ick wol will.«

»Na! wat will se denn?« sed de Butt. —
»Ach«, sed der Mann gans bedrövd, »mine Fru will in een stenern Slott wanen.«
»Ga man hen, se steit vör de Döör«, sed de Butt.

Daar ging de Mann hen, un siine Fru stund vör eenen groten Pallast. »Sü, Mann«, sed se, »wat is dat nu schön!« Mit des gingen se tosamen herin, daar weeren so veel Bedeenters, un de Wände weeren all blank, un goldne Stööl un Dische weeren in de Stuw, un achter dat Slott was een Gaarn un Holt, woll eene halve Miil lang, daar in weren Hirsche, Reeh un Hasen, un up den Höff Köh- un Peerdställ. »Ach!« sed de Mann, »nu willn wi ook in dat schöne Slott bliwen un tofreden sin!« — »Dat willn wi uns bedenken«, sed de Fru, »un willn't beschlapen.« Mit des gingen se to Bed.
Den annern Morgen waakt de Fru up, dat was all Dag: da stödd se den Mann mit den Ellbagen in de Siid un sed: »Mann, stah up, wi möten König warden över all dat Land.« — »Ach! Fru«, sed de Mann, »wat wulln wi König warden, ick mag nich König sin«; »Na, denn will ick König sin.« — »Ach! Fru«, sed de Mann, »wo kannst du König sin, de Butt mügt dat nich doon.« — »Mann«, sed de Fru, »ga stracks hen, ick möt König sin.« Daar

ging de Mann un was gans bedrövd, dat sin Fru König warden wull. Un as he an de See kamm, was se all ganz swartgrag, un dat Water geert so van unner up. Daar ging he staan un sed:

»Mandje! Mandje! Timpe Te!
Buttje, Buttje in de See!
Mine Fru, de Ilsebill,
will nich so, as ick wol will.«

»Na, wat will se denn?« sed de Butt. —
»Ach!« sed de Mann, »mine Fru will König warden.« — »Ga man hen, se is't all«, sed de Butt.
Daar ging de Mann hen, un as he na den Pallast kamm, da weren daar so veele Soldaten un Pauken un Trumpeten, un siine Fru satt up eenen hogen Troon van Gold un Demant un had eene grote goldne Kroon up, un up beiden Siiden bi eer, daar stunden sös Jumfern, ümmer eene eenen Kops lüttjer as de annre. »Ach«, sed de Mann, »bist du nu König?« — »Ja«, sed se, »ick bin König.« Un as he eer so ne Wile anseen had, so sed he: »Ach Fru! wat lett dat schön, wenn du König bist, nu willn wi ook nich meer wünschen.« — »Ne, Mann«, sed se, »mi duurt dat all to lang, ick kan dat nich meer uthollen, König bin ick, nu möt ick ook Kaiser warden!« — »Ach! Fru«, sed de Mann, »wat wullst du Kaiser warden?« — »Mann«, sed se, »ga tum

Butt, ick wul Kaiser sin.« — »Ach Fru«,
sed de Mann, »Kaiser kan he nich maken,
ick mag den Butt dat nicht seggen.« —
»Ick bin König«, sed de Fru, »un du bist
min Mann, ga gliik hen!« Da ging der
Mann weg, un as he so ging, dacht he:
»Dit geit un geit nich good, Kaiser is to
utverschamt, de Butt ward am Ende mö-
de.« Mit des kamm he an de See, dat Water was ganz swart un dick, un et ging so
een Keekwind äver hen, dat dat sick so
köret; daar ging he staan un sed:

»Mandje! Mandje! Timpe Te!
Buttje, Buttje in de See!
Mine Fru, de Ilsebill,
will nich so, as ick wol will.«

»Na, wat will se denn?« sed de Butt. —
»Ach«, sed he, »min Fru will Kaiser warden.« — »Ga man hen«, sed de Butt, »se
is't all.«
Dar ging de Mann hen, un as he daarkamm, so sätt siine Fru up eenen seer hogen Troon, de was van een Stück Gold,
un had eene grote Kroon up, de was wol
twee Ellen hoch, bi eer up de Siiden, dar
stunnen de Trabanten, ümmer een lüttjer
as de anner, von den allergrötsten Risen
bett to den lüttsten Dwark, de was man so
lang as miin lüttje Finger. Vor eer, dar
stunden so veele Fürsten un Graven, da
ging de Mann unner staan un sed: »Fru!
bist du nu Kaiser?« — »Ja«, sed se, »ick

bin Kaiser.« — »Ach!« sed de Mann un
sach se so recht an, »Fru, wat lett dat
schön, wenn du Kaiser bist.« — »Mann«,
sed se, »wat steist du daar, ick bin nu Kaiser, nu will ick äwerst ook Pabst
warden.« — »Ach! Fru«, sed de Mann,
»wat wist du Pabst warden, Pabst is man
eenmal in de Christenheit.« — »Mann«,
sed se, »ick möt hüüt noch Pabst
warden.« — »Ne, Fru«, sed he, »to Pabst
kan de Butt nich maken, dat geit nich
good.« — »Mann, wat Snack, kan he
Kaiser maken, kan he ook Pabst maken,
ga fuurts hen!« Daar ging de Mann hen,
un em was gans flau, dee Knee un de Wa-
den slakkerten em, un buten ging de
Wind, un dat Water was, as kaakt dat, de
Schep schoten in de Noot un dansten un
sprungen up de Bülgen, doch was de Himmel in de Midde noch so'n beeten blag,
awerst an de Siiden, daar toog dat so
recht rood up as een swaar Gewitter. Dar
ging he recht vörzufft staan un sed:

»Mandje! Mandje! Timpe Te!
Buttje, Buttje in de See!
Mine Fru, de Ilsebill,
will nich so, as ick wol will.«

»Na, wat will se denn?« sed de Butt. —
»Ach!« sed de Mann, »miin Fru will
Pabst warden.« — »Ga men hen«, sed de
Butt, »se is't all.«
Daar ging he hen, uns as he daarkamm,

satt sine Fru up eenen Troon, de was twee Mil hoch, un had dree groote Kroonen up, un um eer, da was so veel van geistlike Staat, un up de Siiden bi eer, daar stunden twee Reegen Lichter, dat grötste so dick un groot as de allergrötste Torm, bet to dat allelüttste Kötenlicht. »Fru«, sed de Mann un sach se so recht an, »bist du nu Pabst?« — »Ja«, sed se, »ick bin Pabst!« — »Ach! Fru«, sed de Mann, »wat lett dat schön, wenn du Pabst bist; Fru, nu wes tofrede, nu du Pabst bist, kanst du nix meer warden.« — »Dat will ick mi bedenken«, sed de Fru, daar gingen see beede to Bed, awerst se was nich tofreden, un de Girigkeit leet eer nich slapen, se dacht ümmer, wat se noch wol warden wull. Mit des ging de Sünn up; ha, dacht se, as se se ut den Finster so herupkamen sach, kann ick nich ook de Sünn upgaan laten? daar wurd se recht so grimmig un stödd eeren Mann an: »Mann, ga hen tum Butt, ick will warden as de lewe Gott!« De Mann was noch meist im Slaap, awerst he verschrack sich so, dat he ut den Bed feel. »Ach! Fru«, sed he, »gaa in di un bliw Pabst.« — »Ne«, sed de Fru un reet sich dat Liivken up, »ick bin nich ruhig un kan dat nich uthollen, wenn ick de Sünn un de Maan upgaan see un kan se nich ook upgaan laten, ick möt warden as de lewe Gott!« — »Ach Fru«, sed de Mann, »dat kan de Butt nich, Kaiser un Pabst kan he maken, awerst dat kan he

nich.« — »Mann«, sed se un sach so recht gräsig ut, »ick will warden as de lewe Gott, gaa gliik hen to'm Butt.«
Dat fuur den Mann so dörch de Gleder, dat he bewt vör Angst; buten awer ging de Storm, dat alle Böme un Felsen umweigten, un de Himmel was gans swart, un dat dunnert un blitzt; daar sach man in de See so swarte hoge Bülgen as Barg', un hadden baben all eene witte Kroon van Schuum up, da sed he:

»Mandje! Mandje! Timpe Te!
Buttje, Buttje in de See!
Mine Fru, de Ilsebill,
will nich so, as ick wol will.«

»Na, wat will se denn?« sed de Butt. — »Ach!« sed he, »se will warden as de leve Gott.« — »Gah man hen, se sitt all wedder in'n Pißpott.« Daar sitten se noch hüt un dissen Dag.

Philipp Otto Runge
(vorpommerschen Fischern abgelauscht)

127

Klaus Granzow

Die goldene Möwe
nach einer pommerschen Christnachtsage

Bewegt ein großer Wunsch dein Herz,
dann fahre in das Pommerland
und gehe in der Weihnachtsnacht
ganz stumm und heimlich an den Strand.

Dein Wunsch geht in Erfüllung bald,
wenn sich ein Licht im Osten zeigt
und eine Möwe ganz aus Gold
hinauf zum Sternenhimmel steigt.

Und leuchtet sie auch sonnenhell,
halt aus, mach' nicht die Augen zu:
sonst geht es dir mit deinem Wunsch
wie einst dem Fischer siine Fru.

Hugo Kaeker

Der große Krebs im Enzigsee

Der große Krebs im Enzigsee,
das war ein Untier! Jemine,
ein Kalb war gegen ihn ein Zwerg.
Gar schlimm erging's Stadt Nörenberg:
mit seinen Scheren schnitt das Tier
Holz, Stein und Stahl im Stadtrevier.

Die Seeburg kam als erste dran,
zerschnitzt ward sie mit Maus und Mann;
den Mauerkranz rund um die Stadt
rasierte dann er kahl und glatt;
kein Haus im Städtchen war zu stark,
er schnitt es durch wie weichsten Quark.

Und einst, am schönsten Sommertag
zerpflückt' er gar das Kirchendach.
Das war ein Jammer und Geschrei,
den Ratsherrn ward nicht wohl dabei,
sie tagten viel und hielten Rat;
doch keiner fand die Rettungstat.

Zuletzt beschloß man, voll Vertraun
ein neues Gotteshaus zu baun;
da machte sich der Krebs den Spaß
und schnitt ein Stück vom Rutenmaß:
zu klein geriet das Gotteshaus —
das schlug dem Faß den Boden aus.

Ein Drahtnetz wurde ausgesetzt;
wie Garn hat es der Krebs zerfetzt,
bis endlich doch dem Schmied der Fang
im neuen Hartstahlnetz gelang.
Man sperrte ihn ins Pupkenloch:
dort sitzt er angefesselt noch.

Doch wenn er nur den Schwanz erhebt,
erschrickt ganz Nörenberg und bebt,
Und jeder schreit: »Der Krebs, der Krebs!
Er reißt sich los, und ich erleb's,
er kommt aus seinem Loch heraus
und frißt uns alle, Mann und Maus!«

Vom Fastl-Abend bis Lüttenweihnachten

(Sitten und Bräuche im Jahresablauf)

Fastl-Abend-Bräuche

»Wir kommen herein ohn' allen Spott,
einen schön' Fastlabend, den geb euch
  Gott,
einen schön' guten Abend, eine fröhliche
  Zeit,
die uns der Rummelpott hat bereit't.«

Mit diesem alten »Rummelpottlied« wurde in Pommern die Fastlabendzeit eingeleitet. In Westdeutschland wird man bei dem Wort Fastlabend mehr an Karneval und Fasching denken. Doch der Fastlabend in Pommern hat ganz andere Bedeutung. Denn mit »Fasten« haben die Feiern nichts zu tun, im Gegenteil: in dieser Zeit wird tüchtig gegessen und getrunken. Der Ausdruck stammt vielmehr von dem Wort »fasen« oder »fasteln«, wie wir heute noch von »faseln« sprechen, wenn einer wirre Reden führt. Während das Wort heute eine negative Bedeutung angenommen hat, wurde in früherer Zeit derjenige junge Mann, der am besten faseln konnte, d. h. eine lustige Geschichte anschaulich zum besten zu geben wußte, zum »Faselhans« gekrönt. Er durfte sich zur Belohnung seine »Faselliese« selbst auswählen, die dann meistens später seine Frau wurde. Manchmal traten die heiratslustigen jungen Männer auch in Masken auf und machten ihre Faxen. Das Wort »Faxe« ist eine alte germanische Bezeichnung für eine aus Pferdehaaren gefertigte Gesichtsmaske.

In der Chronik der Stadt Stralsund sind diese alten Maskenspiele seit dem 14. Jahrhundert aufgezeichnet worden. Bis zum 16. Jahrhundert sind sie noch vermerkt, gerieten dann aber wohl durch die Schrecknisse, die der Dreißigjährige Krieg mit sich brachte, in Vergessenheit. Erhalten aber blieb der Brauch des »Grünen-Fastabend-Bringen«: Kinder gehen mit grünen Zweigen von Haus zu Haus und erbitten sich mit Sprüchen und Liedern ein paar kleine Gaben. Der bekannteste Spruch lautete:

Ich bring' zum Fastlabend einen grünen
  Busch,
habt ihr nicht Eier, so habt ihr doch
  Wurst!

Am Fastlabend zogen dann sämtliche Brauchtumsgestalten von Haus zu Haus und von Hof zu Hof. Vorneweg ging ein Junge mit Trecksack, Fiedel oder Brummbaß, manchmal auch mit einer selbstgebastelten »Teufelsgeige«. Dann folgte der Schimmelreiter, der schon zum Weihnachtsfest Gaben für die armen Kinder sammelte, in den Zwölf Heiligen Nächten nach dem Rechten sah und am Fastlabend noch einmal auftauchte, um dann bis zum nächsten Winter zu verschwinden. Er war wohl noch ein Abglanz der Wotansgestalt, die in der Sage überall in Pommern herumgeisterte.

Hinter dem Schimmelreiter rumorte der »Erbsbär«, ein Junge, der kunstvoll in Erbsstroh eingeflochten war und wilde Tänze aufführte. Dem Erbsbär zur Seite lief der Storch, ebenfalls Fruchtbarkeit im kommenden Jahr beschwörend. Weitere Glücksbringer im Fastlabendzug waren die »Aschenmutter«, eine Art Roggenmuhme, die alle Kinder, die sie zu fassen bekam, schwarz anmalte, und der Schornsteinfeger, der ja in der ganzen Welt als Glückssymbol gilt.

Besondere Brauchtumsgestalten gab es im Pyritzer Weizackergebiet: den »Schnabbuk« und das »Einhorn«. Das waren Tiermasken, die auch bei Hochzeiten eine gewisse Rolle spielten. Sie waren wohl noch Nachfahren der alten Tiermasken, jenes »Faxenmachens« aus alter Zeit.

Das unverhoffte Auftauchen dieser absonderlichen Gestalten brachte viel Fröhlichkeit in die Fastlabend-Gesellschaften. Die Aschenmutter lief hinter den jungen Männern und der Schornsteinfeger hinter den jungen Mädchen her, um sie mit Ruß anzuschwärzen. Der Schimmelreiter ritt alle Festteilnehmer an, der Erbsbär mit seinem stacheligen Äußeren umarmte alle, der Storch zwickte die Frauen ins Bein und der Schnabbuk stieß die Männer vor sich her.

Als Höhepunkt eines Fastlabend-Festes galt der Wettstreit um den »Fastlabend-König«, wenn es galt, mit einer lustigen Geschichte die Konkurrenten aus dem Felde zu schlagen. Viele alte pommersche Schwänke wurden bei diesem »Erzähler-Wettbewerb« zum besten gegeben und erhielten sich so bis in die heutige Zeit.

Die schönsten pommerschen Geschichten waren zweifelsohne die »Zanower Schwänke«. Zanow, eine Kleinstadt im Bezirk Köslin war das Schilda Pommerns. So gleichen zwar viele Vertellkes aus Zanow den Schildbürgerstreichen, doch viele sind auch Originalgeschichten, so zum Beispiel, wie die Kirche »verschoben« wurde und der Bürgermeister davon eine Glatze bekam und er sich fortan sagen lassen mußte und alle Männer, die eine Glatze hatten: »Du hest ok wol schuwe holpe bi de Zanow'sche Kirch!«

K. G.

Frühling in Pommern

Wenn auf dem Kalenderblatt »Frühlingsanfang« stand, dann war bei uns in Pommern vom Frühling noch nicht allzuviel zu sehen. Zwar mußten wir in der Schule singen »Im Märzen der Bauer die Rößlein einspannt, er setzt seine Felder und Wiesen instand«, doch wir Bauernkinder wußten es besser als der Lehrer. Auf der Wurt hinterm Haus und im Achterweg lag immer noch Schnee, weil die Sonne noch

131

nicht stark genug war. Auch kam der Wind von Osten, und aus dieser Himmelsrichtung waren keine lauen Lüfte zu erwarten.

Wenn dann im April der Frühling wirklich seinen Einzug hielt, merkten wir Kinder es zuerst. Vergessen waren nun mit einmal alle Spiele, die im Winter am warmen Kachelofen unser ganzes Glück gewesen waren. Nun ging es wieder hinaus auf die Dorfstraße, denn dort begann die Zeit des Trünneltreibens. Die »Trünnel« sägte man von einem dicken Eichenast ab, die Rinde wurde abgeschält und die Scheibe glatt und rund geschnitten. Dazu gehörte ein Trünnelschläger, der wie ein Hockeyschläger geformt war. In Wirklichkeit war es irgendein abgebrochener Ast oder eine Baumwurzel.

Die Jungens stellten sich nun in zwei Parteien auf der Dorfstraße etwa fünfzig Meter voneinander entfernt auf, und einer warf die Trünnel mit einer solchen Wucht auf die Steine, daß sie rollend über die Straße sauste. Die Jungens auf der Gegenseite mußten nun versuchen, die Scheibe aufzuhalten. Von der Stelle an, wo man sie zum Stillstand brachte, durfte man dann zurückwerfen. Traf man die Trünnel nicht, so mußte die ganze Partei zu der Stelle zurücklaufen, wo sie ausrollte. Das Spiel wogte also die ganze Dorfstraße hinauf und hinunter und dauerte manchmal den ganzen Tag.

In einigen Dörfern gab es noch eine kunstvollere Abart des Trünnelspiels, die man »Kuhlsoeg« nannte. Zwei Parteien von Jungens versuchten hierbei die Trünnel in eine Kuhle zu treiben. War die Trünnel in der Kuhle verschwunden, traten alle Jungens in einen Kreis und steckten ihre Schläger in die Kuhle, gingen im Kreis herum und sangen: »Röhr üm, röhr üm, de Grütt brennt an!« Und mit einem flinken Schlag flog danach die Trünnel wieder ins Spielfeld. Leidenschaftlich gern wurde auch »Klippchen« gespielt, das man bei uns im Kreis Stolp »Eeßig« nannte und sonst im niederdeutschen Raum »Kippel-kappel« heißt: ein vierkantiges Holzstückchen wurde an beiden Seiten angespitzt und über eine ritzenartige Vertiefung in einer Erdkuhle gelegt. Mit einem Weidenstock wurde es daraus abgeschnellt, so daß es weit ins Feld flog, wo die anderen Jungens versuchen mußten, es mit Stöcken zurückzuschlagen. Sooft man es in der Luft traf, so viele Meter konnte man zurückgehen und dann auf die Weidengerte zielen, die nun über der Vertiefung lag. Wer den Stock traf, durfte nun das Spiel von vorn beginnen. Auch mehrere Steinspiele gab es, von denen eines »Krönchen« hieß. Der Größe nach wurden Feld- und Kieselsteine kunstvoll aufeinandergetürmt. Der oberste Stein war das Krönchen, das nun aus einer bestimmten Entfernung abgeworfen werden mußte. Wer am häufigsten traf, war Sieger.

Ein Spiel mit fünf Kieseln, die man in die Luft werfen mußte und alle wieder auffangen sollte, hieß »Packert«, aber das war uns Bauernkindern oftmals zu artistisch, wir blieben bei den einfacheren Spielen, auch wenn sie noch so simpel waren, wie Greifen und Versteckspielen. Das Besondere dabei waren die alten Abzählreime, in denen man noch Reste der ausgestorbenen wendischen Sprache entdecken konnte. So zum Beispiel die Verse, die an viele verschiedene Reime angehängt wurden:

»eene, meene, minke, tinke,
vaderode, rolke, tolke,
Wiegel, wagel, weg.«

Meistens aber waren die Verse plattdeutsch und kurz, so wie diese:

»eene, meene, mingmang,
Haomel leip de Weg entlang,
Zippel, bippel, buff, baff,
und du bist aff.«

Sehr prägnant war auch der Vers:

»Ix, ax, u — weg büst du!
ix, ax, i — weg sünd ji!
ix, ax, en — du möst renn...!«

Es waren die einfachsten Spiele von der Welt, aber wir erfreuten uns an ihnen, denn wir wußten, daß nun endlich der Frühling gekommen war.

Für die Erwachsenen gab es im Mai das sogenannte Windelbahnfest der Stolper Schuhmacher. Die Windelbahn war ein in Gras gestochenes Labyrinth in der Nähe des Herzoglichen Schlosses, etwa 150 Fuß im Durchmesser. Dieses Labyrinth mußte der Maigraf durchtanzen, und zwar im Kiebitzschritt, abgelenkt und geneckt wurde er dabei von den lustigen Figuren »Bruder Ärmel« und »Bruder Halbsieben«. Skandinavische Forscher meinen, daß es sich bei diesem Labyrinth um ein altes Sonnenheiligtum handelt, und sie erklären den Tanz so: »So glatt wie der Maigraf, der Vertreter der Sonne, die Sonnenbahn durchläuft und sich trotz aller Störungen und Verlockungen nicht zu einem Fehltritt in das Reich der Finsternis verleiten läßt, so glatt wird auch im nächsten Jahr die Sonne ihre Bahn ziehen, ohne sich von der Finsternis verschlingen zu lassen.«

Der Johannistag am 24. Juni wurde in Pommern nicht gefeiert, denn nun hatte längst die Arbeit in Feld und Flur begonnen und zum Ausruhen und Feiern blieb keine Zeit. Lediglich als wichtiger Termin für Zinszahlungen oder Dienstbotenwechsel blieb er bestehen, denn nun begann bald die Zeit der Ernte und da wurden oft zusätzliche Arbeitskräfte gebraucht.

K. G.

Vom Osterrutenaustragen, vom Osterwasser und vom Stiepen

Für uns Kinder in Hinterpommern gab es zum Osterfest einen schönen Brauch: das Austragen der Osterruten. Das eigentliche »Osterstiepen« war mehr den erwachsenen jungen Männern vorbehalten, die mit den Osterruten in die Zimmer der Dorfschönen stiegen. Doch auch wir Kinder sollten zur Osterzeit eine rechte Festesfreude haben, und so gingen wir von Haus zu Haus und trugen die Osterruten aus.

Ganz früh am Ostermorgen wurden wir geweckt, wenn wir nicht schon längst vom Stiepen der Erwachsenen oder vor Aufregung wach waren. Kaum hatten wir unseren Sonntagsstaat angezogen, rannten wir auch schon mit den Ostersträußen aus dem Haus und trugen sie zu unseren Paten. Wir gingen in die Schlafstuben, stellten uns vor den Betten auf, drohten mit den Osterruten und sagten dazu:

»Stiep, stiep, Osterei,
ich bitte um ein Kakel-Ei.
gibst du mir kein Oster-Ei,
stiep ich dir das Hemd entzwei!«

Unsere Onkel und Tanten taten zwar so, als ob sie sich sehr fürchteten, aber in Wirklichkeit freuten sie sich doch sehr über die ersten Ostergrüße und den Frühlingsstrauß, und wir Kinder waren überglücklich, wenn wir eine kleine Tüte voll Ostereier oder ein kleines Geldgeschenk zum Lohn dafür erhielten.

Am liebsten gingen wir Kinder natürlich zu unserer Großmutter. Sie wartete meistens schon auf uns und blieb solange im Bett, bis wir Kleinen mit den bunten Osterruten in ihre Stube gestürmt kamen. Sie hatte für jeden sogar ein ganzes Osternest voll Süßigkeiten zurechtgemacht, und unsere Augen liefen über, wenn wir alle die Herrlichkeiten sahen. Aber wir durften davon erst naschen, wenn wir ein kleines Gedicht aufgesagt hatten:

»Ich bring dir eine Osterrut'
am Ostermorgen früh,
doch hat mir diese kleine Rut'
gemacht viel Sorg' und Müh'.
Ich habe mir diese Mühe
gestern schon gemacht
und mit gar vielem Fleiße
die kleine Rute zustandegebracht.«

Wer einen bunten Strauß übrig behielt, der nahm ihn mit in die Kirche und schmückte damit den Altar. Wir Kinder gingen am Ostersonntag gern zum Gottesdienst, denn wir wußten, daß an diesem Tage nach altem Brauch in der Kirche gelacht wurde. In der Osterpredigt erzählte der Pastor seiner Gemeinde eine Anekdote oder Schnurre, die dann das »Osterlachen« auslöste.

Wir Kinder lachten am lautesten mit, denn wir freuten uns ja auch am meisten, weil wir an diesem Ostermorgen so reich beschenkt worden waren.

*

Sobald wir älter geworden waren, kamen wir jungen Bengels in Pommern gar nicht zur Ruhe. Die Stieperei mußte doch gründlich besorgt und kein Mädchen im Dorf durfte ausgelassen werden. Kurz vor Sonnenaufgang aber liefen wir immer noch herum, um nun auch noch die Mädchen beim Osterwasserholen zu überraschen.

So schwer es oft war, die kräftigen Bauerntöchter durchzustiepen, so leicht war es, sie beim Nachhausetragen des Osterwassers zum Reden zu bringen. Denn wir wußten ja immer, wo wir ihnen am günstigsten auflauern konnten, weil es bei uns nur zwei Quellen gab, die direkt nach Osten flossen: am Unterende nach Henningswalde und hinter dem Mühlenberg nach Starkow zu.

Wenn das Wasser nicht aus einer Quelle kam und zur Sonne hin floß, dann war es kein richtiges Osterwasser. Auch mußte man das Wasser holen, kurz bevor die Sonne aufging und es gegen den Strom in den Eimer schöpfen. Man konnte sich aber auch gleich an der Quelle waschen, am besten dann, wenn die Osterglocken vom Kirchturm erdröhnten.

Das Wichtigste aber war doch, daß dieses schweigend zu geschehen hatte, denn sonst ging alle Heilkraft verloren. Sobald man auch nur ein Wort sagte oder einen Laut von sich gab, wurde aus dem Osterwasser wertloses Schlatterwasser!

Wer es aber schaffte, das Osterwasser schweigend nach Hause zu tragen und sich damit waschen konnte, der brauchte nicht mehr unter unreiner Haut, Pickeln oder Sommersprossen zu leiden. Er war auch gegen alle Krankheiten gefeit.

Einige Bauern gaben auch dem Federvieh von dem Osterwasser zu trinken, denn dann konnte es nicht von Ungeziefer befallen werden. Kühe und Pferde wurden damit getränkt, damit auch sie gegen alle Krankheiten und Seuchen geschützt waren.

Wir jungen Bengels glaubten ja nicht an diesen Hokuspokus und hielten alles für Aberglauben. Darum versuchten wir nun allerlei, um die Mädchen beim Osterwasserholen zum Reden oder Lachen zu bringen.

Hinter der Quelle versteckten wir uns in einer Buchenhecke, und wenn die Mädchen angelaufen kamen, ließen wir sie zunächst in aller Stille das Osterwasser in den Eimer schöpfen. Aber wenn sie dann aufstehen wollten und sich schon fast in Sicherheit wiegten, dann brüllten wir alle laut los, und die Mädchen schrien vor Schreck auf! Das genügte, denn damit war aus dem »Osterwasser« wertloses »Schlatterwasser« geworden.

135

Nun gab es natürlich forsche Bauerntöchter, die nicht so leicht zu übertölpeln waren. Sie guckten uns bloß verächtlich an und liefen mit ihrem gefüllten Eimer ins Dorf zurück. Na, wir natürlich sofort hinterher! Unterwegs versuchten wir, sie mit allerlei Schabernack aufzuhalten. Vor allem aber machten wir die tollsten Faxen, um sie zum Lachen zu bringen!

Doch wenn wir mit unseren Faxen und Witzen überhaupt nichts ausrichten konnten, gingen wir oftmals auch zum direkten Angriff über: dann versuchten wir, die Mädchen zu kneifen oder zu kitzeln oder ihnen das Wasser aus dem Eimer zu schülpern. Wenn das kalte Naß ihre Beine und Füße bespritzte, juchten die Mädchen meistenteils doch los und fingen an, uns auszuschimpfen.

Einigen gelang es manchmal doch, ihr Osterwasser bis nach Hause zu bringen. Auch eine von unseren Mädchen auf dem Hof hatte es einmal soweit geschafft, das sie ihren Eimer voll bis zur Haustür schweigend brachte. Doch als sie in die Küche kam und meine Mutter am Herd sah, rief sie ihr fröhlich zu:

»Ick heww dat schafft! Ick heww dat Osterwaoter bet naoh Huus bröcht!«

Meine Mutter konnte ihr darauf nur noch lachend antworten:

»Nu geit dat Waoter man werrer ut, denn nu is dat Schlarrerwaoter, wiel du tauletzt doch noch schlarret hest!«   *K. G.*

Osterstiepen mit Pistolenschüssen

Ostern 1946 befanden wir pommerschen Dorfjungens uns in einer mißlichen Lage: wir waren einfach zu wenige. Nur drei junge Männer — darunter auch ich — hatten sich aus der Gefangenschaft nach Hause durchschlagen können. Dazu gab es aber ein paar 15jährige Jungens, die nun »erwachsen« genug waren, um uns beim Stiepen helfen zu können. Denn keinesfalls wollten wir nun, da der Krieg zu Ende war, auf diesen alten Brauch des Osterstiepens verzichten, auch wenn unser Dorf eine sowjetische Kolchose geworden war und auf jedem Hof ein politischer Kommissar, ein Arzt, ein Offizier, ein Sergeant, ein Soldat oder ein russisches Mädchen lebten.

Wir wollten ja nur bei den deutschen Mädchen stiepen gehen. Doch da es über zwanzig junge Mädchen in Mützenow gab und sie alle hübsch waren, bedeutete das: wir mußten fast auf alle Höfe gehen und in die richtigen Fenster einsteigen, um am Ostermorgen die Mädchen wachzustiepen.

Früher hatte jeder Dorfjunge gewußt, wo seine Freundin oder Braut, mit der er »ging«, schlief, und ihr Kammerfenster kannte er nur zu genau. Aber nachdem die Russen in die Häuser eingezogen waren, schliefen die jungen Mädchen meistens mit ihren Müttern in einem Raum, um vor Überfällen geschützt zu sein.

So fingen wir schon im Frühjahr an, die Gelegenheiten auszuspionieren und versicherten uns diesmal sogar der Hilfe von Müttern und Vätern (von wegen Fenster- und Türenauflassen), die nicht wie in früheren Zeiten über die rohen Gebräuche der dummen Bengels schimpften, sondern sich darüber freuten, daß die alte Sitte wieder auflebte, was doch viele hoffen ließ, daß sich nach und nach alles wieder normalisierte. Wir Jungens mußten ja vor allem vorsichtig sein, daß die Russen nichts von unserer Stieperei merkten, denn es wäre sicherlich schwierig gewesen, sie von der Harmlosigkeit unseres Tuns zu überzeugen. Sie hätten bestimmt gleich wieder Diebstahl, Sabotage oder gar heimliche Auflehnung vermutet.

Nun, es ging auch alles gut. Wir zogen von Hof zu Hof und stiepten am frühen Ostermorgen alle Dorfschönen aus ihren Betten, ohne daß ein sowjetischer Soldat es merkte, obwohl einige Mädchen sich lautstark zur Wehr setzten und uns mit Osterwasser übergossen. Aber da es wohl meistens ein fröhliches Gekreisch und eine lustige Balgerei war, störte es die Russen nicht weiter in ihrem sonntäglichen Schlaf. So ging es im großen und ganzen bei der Stieperei doch recht friedlich zu, wenn wir mit unseren Osterruten auch ein paar Mal recht heftig und kräftig zuge-

schlagen hatten und ganz schön in Fahrt gekommen waren. Aber auf dem letzten Hof sollte es zum Schluß noch recht kriegerisch zugehen, weil wir die falsche Person beim Stiepen erwischten, die sich nicht mit Gejuchze und Osterwasser verteidigte, sondern mit Pistolenschüssen!

Der Hof von Erich Unnasch, der gleich neben dem Dorfkrug lag, war nämlich als »Tierlazarett« eingerichtet worden, und ein paar Wochen vor Ostern hatte sich auch ein leitender Tierarzt eingestellt. Da er ein höflicher Mann war, beschlagnahmte er nicht einfach die gute Vorderstube, wie man bei uns in Pommern das beste Zimmer nannte, sondern machte bei Frau Unnasch und ihrer Tochter Edith zunächst einen Antrittsbesuch.

Er stellte sich als Tierarzt im Range eines Kapitäns (man sagte »Kapitan«) vor, nannte auch seinen Namen und seinen Wohnort, der irgendwo jenseits des Urals in Sibirien lag. Er sprach ein einwandfreies Deutsch und erklärte zum Schluß stolz: »Mein Vater Arbeiter, sein Sohn Doktor!« Das beeindruckte die Frauen sichtlich, und sie hatten keinerlei Angst vor ihm, obwohl er eine hünenhafte Gestalt und verwegene schwarze Augen in einem etwas bräunlich getönten Gesicht besaß. Aber die Schlaksigkeit seines Ganges erinnerte mehr an einen großen Jungen als an einen schneidigen sowjetischen Kapitan.

Im Laufe der Zeit lernten Edith und ihre Mutter mit dem neuen Gast zu leben und kamen blendend mit ihm aus. Er war zuvorkommend und hilfsbereit und tat keiner Fliege etwas zuleide. Mit schüchternem Lächeln strahlte er die beiden Frauen an, die keinerlei Furcht vor ihm hegten.

Doch eines Nachts wurde Edith aus dem Schlaf gerissen, weil sie Lärm auf dem Hofe hörte. Sie lief ans Fenster und sah, wie davor der betrunkene Tierarzt hin und her schwankte und zu ihr hinaufschaute, um ihr zu Ehren ein Ständchen zu bringen. Mit schöner Stimme und klarer Aussprache sang er laut: »Sah ein Knab' ein Röslein stehn, Röslein auf der Heiden!«

Edith lachte sehr über diese gefühlvolle Darbietung. Doch das hätte sie in dieser Situation lieber nicht tun sollen, denn bei der Zeile »Knabe sprach: ich breche dich, Röslein auf der Heiden!« stürmte er in Ediths Zimmer und wollte auch wohl gleich die Blume brechen, gerade wie der böse Knabe!

»Wo schläft meine Rose?« rief er und taumelte auch schon auf Ediths Bett zu. Das Mädchen floh noch rechtzeitig zu ihrer Mutter, und der Kapitän fiel gestiefelt und gespornt ins weiche Daunenbett, preßte das Deckbett in seine Arme, grunzte selig und schlief sofort ein.

Nach diesem Schreck konnten die beiden Frauen natürlich nicht wieder einschlafen. Sie beobachteten die ganze Nacht hindurch den Eindringling, in dem sie sich so getäuscht hatten. Der rührte sich nicht von der Stelle und lag wie ein Toter im Bett. Nur sein wohliges Grunzen bewies, daß er noch unter den Lebenden weilte.

Wie der Kapitän jedoch am anderen Morgen von seinem seligen Rausch erwachte, wunderte er sich sehr über seine fremde Lagerstatt und starrte die beiden Frauen fassungslos an. Als er die Situation begriff, lief er dunkelrot an und schaute beschämt zur Seite.

Edith und ihre Mutter taten so, als bemerkten sie es nicht und guckten aus dem Fenster. Da erhob sich der Tierarzt schnell und schlich auf leisen Sohlen aus dem Zimmer. Die Frauen nannten ihn von diesem Tag an den »Schleicher«.

Nach dieser turbulenten Nacht wagte sich der Doktor kaum noch aus seinem Zimmer heraus. Wenn er aber doch einmal Edith oder ihrer Mutter im Haus oder auf dem Hof begegnete, murmelte er Entschuldigungen in seinen Bart und blickte zu Boden. Die Frauen waren es zufrieden, denn sie spürten, daß der Kapitän diesen Vorfall ernstlich bedauerte und bereute.

Um so größer war der Schreck, als am nächsten Wochenende — in der Nacht zum Sonnabend auf Sonntag, wenn es in der Kantine Wodka gab — der Tierarzt wieder singend durch das Hoftor geschwankt kam. Diesmal sang er eine Operettenmelodie: »Mädchen klein, Mädchen fein, gib dich drein, sag nicht nein!« Dann stürmte er wieder das Zimmer und rief laut:

»Wo ist Mädchen fein?«

Aber das war schon längst wieder geflüchtet, und der Schleicher fiel wiederum kopfüber in Ediths Bett, umarmte ein Daunenkissen, küßte es beseligt und schlief ein.

Diesmal wachten die Frauen aber nicht die ganze Nacht, denn sie fürchteten sich schon nicht mehr. Sie gingen in das andere Bett und schliefen ungestört bis zum Morgen. Sie nahmen aber noch wahr, wie der Tierarzt erwachte und sich wiederum wie ein Schuljunge davonschlich.

Diese seltsamen »Überfälle« wiederholten sich nun an jedem Sonntagmorgen, wenn der Schleicher zuviel Wodka getrunken hatte. Auch am Ostersonntag war er wieder in aller Frühe mit dem schönen Lied: »Die linden Lüfte sind erwacht, sie säuseln und weben Tag und Nacht!« über den Hof getorkelt und hatte im Zimmer den weiteren Text des Liedes gerufen: »Nun armes Herze sei nicht bang, nun muß sich alles, alles wenden!« Doch es war alles so geblieben: wieder war er in Ediths Bett gefallen, das in der Nähe des Fensters stand, hatte das Kissen umarmt und schlief nun schon wieder glücklich und zufrieden lächelnd seinen Rausch aus.

Auch Edith und ihre Mutter schliefen bereits wieder ruhig, da ja keine Gefahr mehr drohte. Doch hatten sie bei der Aufregung ganz vergessen, daß doch zu Ostern gestiept werden sollte und die Dorfjungens sich heimlich danach erkundigt hatten, wo Ediths Lagerstatt stünde. So hörten sie nicht, wie wir drei Jungens über den Hof gelaufen kamen und uns am Fenster zu schaffen machten. Ganz vorsichtig und leise öffneten wir durch die obere Luke die beiden unteren Fensterflügel und stiegen lautlos ins Zimmer. Wir schlichen zu Ediths Bett. Mein Vetter Georg hob die Bettdecke hoch, und Nachbar Kurt und ich stiepten feste drauf los. Die Osterruten sausten man so durch die Luft, und wir warteten schon auf das Gelächter und Gekreische. Doch es erfolgte zunächst überhaupt keine Reaktion. Deshalb flüsterte Vetter Georg:

»Haut kräftiger zu, sonst merkt sie eure lahmen Schläge gar nicht!«

Nun, das wollten wir uns denn doch nicht nachsagen lassen, und so ließen wir die Osterruten noch kräftiger niedersausen, so daß die zarten Birkenblätter ganz zerfetzt wurden.

Jetzt erst hörten wir ein wildes Knurren und Grunzen im Bett vor uns, das wir uns nicht erklären konnten. Um so deutlicher aber verstanden wir die Stimmen, die aus dem Bett in der anderen Ecke des Zimmers kamen:

139

»Jungens, seid ihr denn nicht recht bei Trost? Da schläft doch der Kapitän, der neue Tierarzt! Wenn er betrunken ist, torkelt er immer hier ins Zimmer und legt sich in Ediths Bett!«

Uns blieb im ersten Moment fast das Herz vor Schreck stehen, als wir erfuhren, wen wir da soeben durchgestiept hatten. Aber als wir dann merkten, daß er besoffen war, wollten wir ihm doch eine Lektion erteilen, damit er begriff, was ihn von deutschen Jungens erwartete, wenn er zu unseren Mädchen ins Bett stieg. So schlugen wir noch einmal wild drauf los und hauten die Osterruten kurz und klein auf dem langen Schleicher.

Diese Dreistigkeit hätte uns leichtsinnigerweise das Leben kosten können, denn nun wachte der Kapitan doch auf und schrie nur immer wieder laut:

»Pistole komm! Pistole komm!«

Doch er fand seine Pistole nicht so schnell, er griff nur nach mir und kriegte mich auch gleich am Schlafittchen und zog mich ganz dicht zu sich heran und starrte mich wutverzerrt an. Ich konnte nicht wahrnehmen, ob er mich in der Dunkelheit erkannte, denn ich hatte genug damit zu tun, mich aus seinem Würgegriff zu befreien. Als ich es endlich geschafft hatte, lief ich schnell zum Fenster, sprang auf den Hof und rannte den anderen beiden Jungens nach. Hinter mir hörte ich immer noch den Tierarzt rufen:

»Pistole komm! Pistole komm!«, und dann pfiffen auch schon ein paar Schüsse hinter mir her, so daß ich schnell in den Schatten des Torwegs sprang und machte, daß ich nach Hause kam.

Die beiden Frauen fürchteten nach diesem Erlebnis das Schlimmste und starrten ängstlich auf die Pistole in der Hand des Kapitans. Als der die zitternden Frauen sah, wurde er jedoch wieder nüchtern und sagte nun ganz verlegen noch einmal »Pistole komm!« und steckte sie in seine Tasche. Dann verbeugte er sich korrekt, flüsterte noch etwas, das wohl heißen sollte: »Bitte, nix Kommandant davon sagen!« und verschwand auf leisen Sohlen.

An den beiden Ostertagen lachten wir nachträglich sehr viel und oft über unser Erlebnis beim Stiepen, und ein wenig fürchteten wir auch, der Kapitan könne sich an uns rächen. Doch es geschah nichts, der Tierarzt war mir gegenüber weiterhin gleichbleibend freundlich, so daß ich schon glaubte, er hätte mich bei der nächtlichen Begegnung nicht erkannt. Ein paar Tage darauf schickte er jedoch nach mir und ließ mir sagen, daß ich mit meinem Pferdegespann bei ihm vorfahren möchte. Das war nichts Ungewöhnliches, denn ich war damals als Kutscher eingeteilt und fuhr des öfteren Offiziere oder Soldaten von einer Kolchose zur andern oder nach Stolp zur »großen Kommandantur« in der Mackensenstraße.

Ich spannte also meine beiden Füchse vor die Kutsche und fuhr zum »Tierlazarett«. Der Kapitan stand schon in voller Uniform bereit und erklärte mir, daß er eine Besichtigungsreise zu den anderen Kolchosdörfern machen müsse, um Abwehrmaßnahmen gegen die Maul- und Klauenseuche zu treffen; wir müßten sofort losfahren.

Er setzte sich zu mir in die Britschka, und die Reise konnte beginnen. Es war zunächst eine sehr angenehme Fahrt, denn der Doktor war ja ein gebildeter Mann, und man konnte sich ausgezeichnet mit ihm unterhalten, da er zudem die deutsche Sprache gut beherrschte. So erkundigte er sich nach meiner Schulbildung, und als er erfuhr, daß ich ein humanistisches Gymnasium besucht hatte, wollte er sogleich wissen, welche russischen Dichter ich denn kenne. Natürlich wollte ich ihm nicht eingestehen, daß wir überhaupt keine Bücher von russischen Autoren lesen durften und so stotterte ich ein paar Namen, die ich vom Hörensagen kannte. Er bemerkte meine Unsicherheit und erklärte stolz, wieviele deutsche Dichter er kenne. Er nannte auch unendlich viele Namen und zitierte dann gleich noch Gedichte von Goethe und Schiller, sprach Monologe aus dem Faust und zuletzt natürlich das »Heideröslein«.

Doch als er zu der Zeile kam: »Knabe sprach: ich breche dich!«, muß ich ihn wohl etwas komisch angeguckt haben, denn er verstummte plötzlich und dachte wohl genau wie ich an seine »Liebesnächte« in Ediths Bett mit einem Daunenkissen im Arm und an die Stieperei am Ostermorgen. Schweigend fuhren wir bis zum nächsten Gasthaus, in dem polnische Schnapsbrenner ihren Samagonka verkauften, und genehmigten uns einen zur Stärkung. Damals beherrschte ich die russische Kunst des Trinkens noch nicht. Ich hatte insgeheim einen Ekel vor dem hochprozentigen Alkohol und nahm immer nur kleine normale Schlückchen zu mir. Dabei hätte ich mir den Tierarzt zum Vorbild nehmen sollen: der jagte sich die ganze Tasse voll Schnaps in einem Anlauf durch die Kehle.

Von den polnischen Gastwirtschaften fuhren wir weiter auf die sowjetischen Kolchosen. Der Tierarzt machte überall nur schnell einen Rundgang durch die Ställe und nahm mich dann gleich wieder mit in die Offiziersunterkünfte und Kantinen, um weiter Wodka mit mir zu trinken.

Ich hatte nun — umgeben von einer großen Schar sowjetischer Offiziere — nicht den Mut, das scharfe Gesöff abzulehnen, denn ich wußte, wie sehr es einen Russen kränkt, wenn man ein Getränk, und dazu noch Wodka, ablehnt. Mir fehlte auch jegliche Routine, ein Bierglas oder eine Tasse voll Schnaps unter den Tisch oder aus dem Fenster zu schütten, wohl oder übel mußte ich alles in mich hineinkippen!

Was daraus wurde, kann man sich denken. Daß wir zwei Kolchosen besuchten, weiß ich noch, von den übrigen Visiten in den anderen drei Dörfern ist mir selbst die kleinste Spur einer Erinnerung abhanden gekommen. Nur im Unterbewußtsein spürte ich noch, daß es schließlich wieder nach Hause ging, daß ich in der Kutsche auf dem Rücksitz lag und der Doktor die Zügel in der Hand hielt und die Pferde mit »Dawai, dawai«-Rufen traktierte.

Als wir schließlich gegen Abend wieder in Mützenow landeten und auf Erich Unnaschs Hof vor dem Tierlazarett hielten, standen Edith und ihre Mutter fassungslos vor der Haustür und starrten auf das trostlose Bild. Sie sahen, wie der hünenhafte Kapitan mich aus der Kutsche hob und ins Haus trug. Die beiden Frauen halfen ihm dann, mich in Ediths Bett zu legen, damit ich dort meinen Rausch ausschlafen konnte.

Der Tierarzt blieb jedoch draußen auf dem Hof und versuchte, die Pferde auszuspannen. Das hätte er eigentlich gar nicht zu tun brauchen, denn es gab noch genügend deutsche Arbeitskräfte auf dem Hof. Aber der Kapitan war wohl auch nicht mehr ganz nüchtern und hatte vergessen, daß er augenblicklich einen wohlbestallten Besatzungsoffizier darstellte.

So versuchte er mühsam, das Ausspannen selbst zu erledigen.

Nun wußte der kluge Tierarzt zwar, wie man ein Pferd von einer Krankheit heilte und wie man es zur Ader ließ oder half, ein Fohlen zur Welt zu bringen. Aber wie man ein Pferd von seinem Geschirr befreite, — das wußte er nicht. Die Zahl der Schnallen und Ösen war beängstigend groß und verwirrte ihn. Die Lederstränge und Riemen schienen ihm sehr kompliziert miteinander verflochten und durcheinander geschlungen und geknüpft zu sein. Doch Betrunkene haben ja mitunter eine himmlische Geduld. So begann der Tierarzt nun Schnalle für Schnalle aufzuhaken und Öse für Öse zu lösen. Alle Schlingen und Schleifen knotete er auf bis Stück für Stück des Geschirrs an den Pferden herabfiel und auf der Erde lag. Ungefähr nach einer Stunde standen die Pferde gänzlich von ihrem Geschirr befreit da. Der Tierarzt stierte frohlockend auf das Gewirr von Lederriemen, Strängen, Schnallen und Gurten und streichelte zufrieden die glatten braunen Pferderücken, als könne er es gar nicht fassen, daß er es wirklich fertiggebracht habe, die lieben Tiere von ihren Fesseln zu befreien. Dann jedoch kam er plötzlich wieder zu sich und trieb die beiden Füchse vom Hof herunter. Die wieherten laut und galoppierten wie die wilde Jagd durch das Dorf in ihren Stall.

Der Tierarzt besann sich noch eine kleine Weile. Dann zog er plötzlich listig grinsend ein Messer aus seiner Tasche, schlich in den Garten und schnitt sich aus den jungen Birkenzweigen einen großen Strauß zurecht. Den ließ er zur Probe wie eine Osterrute durch die Luft sausen und lachte glücklich auf bei dem zischenden Geräusch. So bewaffnet lief er in das Haus zurück, sang aber diesmal kein Ständchen auf dem Hof. Er stand nur plötzlich im Zimmer und fragte Edith und ihre Mutter:

»Wo ist Student vom humanistischen Gymnasium? Kennt nicht Dostojewskij! Kennt nicht ›Der Idiot‹ und sieht doch so unschuldig aus wie Fürst Myschkin! Er ist aber nicht so unschuldig! Nein, nein!«

Und damit trat er an Ediths Bett heran, in dem ich nun eine Weile geschlafen hatte und gerade wieder zu mir kam. Triumphierend schwang der Kapitan seine Birkenrute über mir und ließ sie auf mich niedersausen. Ich spürte es kaum, weil es mir so lächerlich vorkam, daß ich auch einmal durchgestiept wurde, was mir bislang noch nicht passiert war.

Der Tierarzt mußte schießlich auch lachen, aber er stiepte weiter und schrie:

»Ich besoffen in Ediths Bett — du mich schlagen! Du besoffen in Ediths Bett — ich dich schlagen! Wie heißt doch deutsches Sprichwort? Wie du mir — so ich dir!«   *K. G.*

Pfingstbräuche:

»Er hat den Vogel abgeschossen!«

Pfingsten war für mich zu Hause in Pommern immer eine Art »Weihnachten im Sommer«. Denn kurz vor Weihnachten fuhr mein Vater mit uns Kindern in den Wald, um Tannenbäume zu holen und kurz vor Pfingsten lud er uns zu der gleichen Fahrt ein, um Birkensträucher abzuschlagen. Wir mußten einen ganzen Leiterwagen voll von »Pfingstbäumen« beladen, denn zufälligerweise gab es in unserem Wald viele Birken, weil der Boden sich gut für sie eignete.

Wenn wir dann ins Dorf zurückkamen, hielten wir vor jedem Hof. Jeder Bauer bekam einen großen Birkenbaum, der vor das Hoftor gestellt oder an die Eingangspforte genagelt wurde, dazu zwei kleine Birken, die die Haustüre einrahmen sollten, und viele kleine Birkenzweige für die Stalltüren und -fenster. Natürlich gab es auch in den Wohnstuben große Töpfe und Vasen, in denen Birkensträucher standen, denn überall sollte zum Pfingstfest das Maiengrün Haus und Hof schmücken.

Bei den Ausfahrten zum Verwandtenbesuch am Pfingstfeiertag wurden natürlich auch die Kutsche und das Pferdegeschirr mit Birkenzweigen geschmückt. Die Pfer-

143

de schienen sich ihres schönen Schmuckes wohl bewußt zu sein, denn sie trabten stolz die Landwege und Chausseen entlang.

Im vorigen Jahrhundert war Pfingsten ein Fest der Hirten. Sie gaben im wahrsten Sinne des Wortes den Ton an, denn sie besorgten das »Pfingsteinknallen«. Dazu erschienen die Hirten gruppenweise bereits am Sonnabend vor dem Fest auf den Dorfplätzen, um mit ihren Peitschen laut im Takt zu knallen. Abends zogen dann alle in die nächste Kleinstadt, wo auf dem Marktplatz ein zweistündiges »Pfingsteinknallen« vorgeführt wurde. Anschließend spielten sie auf Violinen, Trompeten und selbstgebauten »Teufelsgeigen« zum Tanz auf.

Am ersten Pfingstfeiertag fand dann der Herdenaustrieb statt. Auf ein Trompetensignal hin wurden die Kühe gemeinsam auf die Weide getrieben. Das Tier, das als erstes seiner Herde auf der Gemeindewiese anlangte, bekam einen Feldblumenkranz um die Hörner gelegt. In früherer Zeit wurde an dem Kranz noch eine sogenannte »Tauschleife« befestigt, die den Tieren Schutz vor Wölfen, Krankheiten und Unfällen sichern sollte. Der Hirte, der mit seiner Herde als erster seine Weide erreichte, wurde als Sieger oder als »Tauschlepper« erklärt, der zweite galt als »Mückenstecher«, den letzten nannte man »Pfingstkalb«.

Allgemein verbreitet war auch die Sitte des Pfingstbaumsetzens. Dazu diente aber nicht die bescheidene Birke, sondern die ragende Tanne. Sie wurde ihrer Zweige entkleidet, die zu einem Kranz gebunden und mit Blumen geschmückt an der Spitze des Baumes als Krone befestigt wurde. In aller Heimlichkeit wurde dieser Maibaum dann vor dem Gutshof oder einem Bauernhof aufgestellt, wo sie »abgetanzt« wurde. Den Gutsherrn oder Bauern nannte man dann »Baumherr« und sie mußten für diesen Titel die Jugend des Dorfes zu einem Umtrunk einladen. Zum Dank hielt ein Junge vom Pfingstbaum herunter eine Lobrede und tanzte anschließend mit der »Baumfrau«.

In vielen Bauerndörfern, besonders in Jamund bei Köslin, fanden zu Pfingsten die Feste der »Gilden« statt. Zu diesen Gemeinschaften hatte man sich zusammengeschlossen, um nach der Aussaat des Getreides auf ein gutes Gedeihen und Reifen des Kornes zu hoffen und zu feiern. Der »Gillbaum« war eine Birke, die mit Musik von Hof zu Hof getragen wurde. Man tanzte um den Maibaum herum und wurde dafür mit Essen und Trinken bewirtet. In vielen Orten gab es auch Pfingstumzüge, die echte Gemeinschaftsfeste der Dorfjugend waren. Ebenso war das »Einreiten« ein echtes Gemeinschaftsfest. Zu Beginn versammelten sich die jungen Männer des Dorfes auf ihren Pferden beim »König« des letzten Jahres, ebenso die Mädchen mit bändergeschmückten Harken. Es folgte ein fröhlicher Umzug durch das Dorf, und dann zog man auf den »Kampfplatz«. Ein Stock, der mit einem bunten Strauß geschmückt war, wurde in die Erde gesteckt. Wer ihn als erster vom Pferd aus erreichen konnte, ohne herunterzufallen, war der neue König. Es hieß, daß die Eroberung des Straußes die Besitzergreifung des Frühlings bedeutete. Im Kreis Regenwalde trugen die Pfingstreiter Hüte mit bunten Bändern. Der Vorreiter führte hier auch den Titel »Dogschläper« (Tau-Schlepper). In anderen Dörfern wurden anstatt Blumensträuße Eichenkränze auf Stangen gesteckt, die dann erobert werden mußten. Der Sieger wurde dann mit einem Eichenkranz geschmückt und mußte sich beim »Abtanzen« loskaufen. Im Tempelburger Land war ein Reiterspiel üblich, das dem vorpommerschen Tonnenabschlagen, Kranzreiten oder Ringreiten ähnlich war. Die jungen Männer ritten dabei unter einer hoch hängenden Tonne hindurch und schlugen mit Keulen gegen sie. Wer den Boden einschlug, wurde Bodenkönig. Wer aber den Rest der Tonne herunterschlug, war Tonnenkönig.

Er wurde in einem Festumzug gefeiert und mußte dafür ebenfalls Bier und Schnaps ausgeben.

Der bekannteste Brauch zum Pfingstfest war in Pommern das »Vogelabschießen«, das in vielen Gegenden Deutschlands durchgeführt wird. Man sagt ja auch heute noch: »Er hat den Vogel abgeschossen!« oder »Ihm ist ein guter Wurf gelungen!« Beim Vogelabwerfen war meistens nur die Dorfjugend beteiligt. Mit Holzkeulen wurde nach dem Vogel, der auf einer hohen Stange thronte, geworfen. Wer den Reichsapfel, den der Vogel in der rechten Kralle trug, abwarf, wurde »Kronprinz«, wer den Rumpf herunterholte, war König.

Die Eltern des Königs mußten dann das Fest bezahlen oder aber die Jungens sammelten bei den Eltern Gaben zur Ausrichtung des Festes. In Hökendorf bei Stettin gab es sogar vier Preise und die Dorfjungens erbaten mit diesem Vers ein paar Gaben:

»Oller, Oller, her, her,
gif mi Kees un Botter her.
Mäkes gäwt den Kälwer wat,
gäwt ehr lewer öfter wat,
is bäter as to väl.
Kleen Fisch, de mag ick nich,
de stäken mi in'n Kehl;
groten Fisch, de mag ick wol,
de kosten mi to väl.«

Das Vogelabschießen ist ein so alter Brauch, daß er bereits in einem Schöffenbuch der Stadt Freienwalde im Kreis Saatzig vom 29. Mai 1329 erwähnt wird. In der Urkunde wird eine bestimmte Stelle der Feldmark als »bei dem Baume, welcher Papenbaum heißt, gelegen« bezeichnet. Was mit dem Papenbaum gemeint ist, geht genauer aus einer die Stadt Treptow an der Rega betreffenden Urkunde hervor. Darin wird gesagt, daß auf dem Felde vor der Stadt ein »pappehoghenbom« errichtet sei. Mit dem »Papenbaum« war der Baum mit dem Papagei gemeint. Man warf oder schoß also früher noch auf einen lebenden Vogel, erst später wurde eine hölzerne Taube und später das deutsche Wappentier, der Adler, daraus.

Die Tischler in Pommern hatten immer einen Vorrat von bunten Holzadlern mit Zepter, Krone und Reichsapfel bereit. Auch die Wurfgeschosse waren nicht nur einfache Holzscheite, sondern feingedrechselte Keulen, die mit leuchtenden Farben kunstvoll bemalt wurden.

Nach dem Friedensschluß des siebenjährigen Krieges zwischen Preußen und Rußland im Jahre 1762 wurde in Stettin ein Vogelabschießen zu Ehren von Katharina der Großen, die in Stettin 1729 geboren wurde, abgehalten. Der Königsschütze Kaufmann Tielebein meldete dies nach Moskau. Katharina schickte dafür tausend holländische Dukaten und eine goldene und silberne Krönungsmedaille an ihre Geburtsstadt, der damit wirklich »ein großer Wurf« gelungen war. *K. G.*

Erntebräuche: Der »Alte« und »Buntes Wasser«

Den ersten Sensenschnitt im Roggenfeld tat der Bauer mit einem »Help Gott!« Damit wurde der Segen Gottes für ein gutes Gelingen und eine reiche Ernte angefleht. An einigen Orten wurden früher sogar die Glocken zum Beginn der Ernte geläutet. Dieser Brauch ist in alten Kirchenverordnungen sogar fest verankert gewesen. In manchen Gegenden wurden auch die ersten Ähren aus Demut und Dankbarkeit als Kreuz auf die Erde gelegt. Sobald aber das Anmähen vorbei war, ging es wie besessen an die Arbeit.

Kam während des Mähens der Besitzer oder ein Fremder aufs Feld, so wurde er »gebunden«. Dabei legte der Vormäher dem Herrn ein Seil aus Ähren um den Arm mit dem Spruch:

»Wir haben vernommen,
der Herr ist gekommen.
Wir wollen ihn binden
mit Ähren und Winden.
Das Band, es muß gelöset sein
mit Trinkgeld oder Branntewein!«

In dieser Art gab es sehr viele Reime mit mancherlei Ausschmückungen. Am schönsten und prägnantesten war das knappe und klare Wort:

»Wir binden dich mit Gersten,
du weißt es, daß wir dörsten!«

Das Loskaufen wurde stets prompt besorgt, und nachdem der Branntwein hinuntergespült war, ging die Arbeit nochmal so flott von der Hand. Wenn es aber wirklich vorkam, daß einer sich nicht »auslöste« und diesen Brauch als »Schnurrenkram« abtat, dann stiegen die Mäher nachts heimlich in seinen Garten und mähten ihm den Kohl ab und nannten den Geizhals »Kohlmeyer!«

Der bekannteste Brauch in Pommern war die Gestalt des »Alten« oder plattdeutsch »de Ool« oder «de Oll«. Diese Strohpuppe wurde aus der letzten Garbe angefertigt. Aus Freude über das glückliche Ende der Getreideernte tanzte man fröhlich und ausgelassen um den Strohmann herum. Dann wurde er singend ins Dorf getragen oder auf das schönste Pferd gebunden. Vor dem Herren- oder Bauernhaus hielt der Zug an, ein junges Mädchen trat vor und sagte den Spruch auf:

»Goden Dag, tosaommen in dat Huus.
Wi bringe den Ollen von't Fild no Huus.
Wi hewwe mit ehm üm de Wett bunne,
de Oll, de hett de Sieg gewunne.
Wi fünge us mit ehm an to striden,
de Oll, de wull in'n Fild nich blieven.
Wi hewwe maol bunne rund un bunt,
wi hewwe maol bunne öwer Barg un
    dörch den Grund.
Wi hewwe maol bunne dörch Distel un
    Dorn,
dorför gäw de leiw Gott us immer schier
    Korn.

Wi hewwe maol bunne, dat de Sand so
    stöwt,
un annert Jaohr will wi binne,
dat de Steel sik bögt.
De Oll, dat wir en lustig Hans,
hei bitt sik nu ut Musik un Danz.
Un wenn hei dat würd nich kriege,
denn ward ji annert Jaohr up'n Rügge
    liege.
Wat dohn wi nu mit diesem Olle?
Wille Ji ehm hewwe oder schöle wi ehm
    beholle?«

Nun, der »Alte« wurde niemals abgewiesen, sondern gern ins Haus genommen und für Musik und Tanz, Essen und Trinken eingelöst.

Aus Vorpommern stammt ein Brauch, der nur alten Leuten in Erinnerung geblieben ist, sonst aber ganz vergessen wurde. Man nannte ihn »Buntes Wasser« oder auf plattdeutsch »Bunt Water«. Während die Mäher und Binderinnen noch auf dem Felde waren, hatte die Bäuerin auf dem Hof vor der Haustür einen großen Wasserbottich mit Stachelbeeren, Johannisbeeren, Augustäpfel und Schmalzbirnen oder Kruschkes bereitgestellt. Auf der Wasseroberfläche aber schwammen bunte Blumen, die von Nesseln, Disteln und Kletten umgeben waren. Auf dem Boden des Bottichs lagen einige Flaschen mit Branntwein versteckt.

Daneben standen noch andere Eimer, schwappend voll mit Wasser gefüllt. Abseits auf Brettertischen und Tafeln war das Abendbrot angerichtet: dicke, wurstbelegte Brote, Schinken, Eier und Speck. Auf einem Bock thronte daneben ein Faß mit selbstgebrautem Erntebier.

Kamen nun die Leute müde vom Felde heim, sahen sie vom Hoftor aus schon den Holzbottich, die Blumen und die Eimer, voll mit dem erfrischenden Wasser. Dann gab es kein Halten mehr. Alles fing an zu rennen und stürzte sich mit Gekreisch und Gejuchze auf den Bottich und die Eimer. Die Frauen fischten sich die Früchte des Gartens heraus und die Männer versuchten, sich die Flaschen mit Branntwein herauszuangeln. Das gab natürlich ein fröhliches, munteres Gerangel, ein tolles Durcheinander.

Die Männer wollten die Mädchen mit Wasserspritzern vom Bottich fernhalten, und diese wehrten sich, indem sie die Nesseln, Kletten und Disteln im Wasser ergriffen und damit zurückschlugen. Man lachte, planschte und kreischte, bis sich zuletzt alle gegenseitig mit Wasser übergossen, um sich die verschwitzten und verstaubten Körper zu waschen.

Mit einem kräftigen Abendbrot und einem fröhlichen Umtrunk endete dieser erste Erntetag, an den sich dann noch ein kleines Tänzchen zu Ziehharmonikaklängen anschloß. *K. G.*

Erntefest: Tanz um die Erntekrone

In Pommern wurde das Erntefest meistens am letzten Sonntag im September und das Ernte*dank*fest am ersten Sonntag im Oktober gefeiert. In festlicher Kleidung versammelten sich die Jungen und Mädchen, die Männer und Frauen, die an der Ernte teilgenommen hatten, auf dem Dorfplatz. Die Bauernsöhne und Knechte hatten ihre Forken und Sensen mit buntem Seiden- oder Kreppapier umwickelt und Blumen- und Getreidesträuße am Hut, die Bauerntöchter und Mägde hatten ihre Harken ebenso herrlich mit flatternden roten, blauen und grünen Bändern geschmückt.

Am schönsten ausstaffiert aber war der Erntewagen, der in jedem Jahr von einem anderen Bauern gestellt wurde. Er war nicht nur mit Ährensträußen aus allen Getreidearten und bunten Blumen geschmückt, sondern schwere Girlanden aus Eichenlaub waren durch die Speichen der Räder und die Leiterstangen der Seiten gewunden. Auch der Kutscher und die Pferde waren mit Ährensträußen geschmückt. Hinter diesem Wagen formierte sich dann der Erntezug durch das Dorf: voran schritt ein junger Mann mit einem Säkorb, der nun beim glücklichen Abschluß der Ernte an den schweren Beginn der Ackerzubereitung erinnern sollte. Als nächstes trugen zwei junge Mädchen die

Erntekrone, dahinter folgte die Dorfkapelle und die gesamte lustige Schar der Jungen und Mädchen aus dem ganzen Dorf.

Die Erntekrone wurde in manchen Gegenden Pommerns noch »Aust-Kranz« genannt. Der Kranz ist seit altersher das Sinnbild des sich immer wieder schließenden Jahreskreises gewesen. Aus ihm hat sich dann die Bügelkrone entwickelt, die mit besonderer Kunstfertigkeit von den Männern aus Weidenholz zurechtgebogen wurde. Den Mädchen des Dorfes fiel die Aufgabe zu, die Krone so schön wie nur möglich auszuschmücken. Alle Getreidearten, Roggen, Weizen, Hafer und Gerste mußten verarbeitet werden, dazu die Blumen des Feldes: Kornblume, Rade und Mohn (natürlich aus Papier, denn in der Natur waren sie längst verblüht). In manchen Gegenden Pommerns wurden aber auch Äpfel und Birnen, die Früchte der Obsternte, mit in die Krone gebunden.

Diese herrliche Krone wurde dann in den Gutshöfen dem Gutsherrn von seinen Knechten und Mägden überreicht. In den Bauerndörfern erhielt jedes Jahr ein anderer Hof die Krone. Der Bauer oder der Gutsherr stand dann schon in der Tür des Hauses bereit, wenn der Erntezug singend auf den Hof marschiert kam. Im Halbkreis formierten sich die fröhlichen Schnitter und Schnitterinnen um das Haus. Zwei Mädchen traten mit der Krone vor und sagten einen Spruch auf, der in jedem Ort ein bißchen anders, meistens aber so lautete:

»Guten Tag, ihr Herren insgemein,
ich bitt' ein Weilchen still zu sein.
Wir bringen dar den Erntekranz
für Essen, Trinken, Spiel und Tanz.
Er ist nicht von Distel und Dorn,
sondern von reinem gewachsenen Korn.
Ich will nun wünschen, daß die Pferde gut
    gehn,
und daß die Schweine gut gedeihn,
daß die Frau kann nach dem Rechten
    sehn,
und alle Kinder sich reich verfrei'n.
Dafür bitten wir Bier und Wein
und wollen dabei recht lustig sein!
Musikanten spielt auf,
ohne Rast und Verschnauf!«

Danach wurde die Erntekrone übergeben und ins Haus gebracht, wo sie an einen Haken in der Diele gehängt wurde. Die Musik spielte einen Tusch und der Hausherr bedankte sich mit einem Umtrunk bei allen. Die Sprecherin des Gedichtes erhielt ein Geschenk und alle Gäste einen kleinen Strauß zum Anstecken.

Auf den Gutshöfen wurde nun für das ganze Gesinde der Tisch gedeckt, und der Herr und die »Gnädige Frau« mußten ihre Gäste bedienen. Ein alter Gutsherr pflegte bei dieser Gelegenheit zu sagen: »Dat ganze Johr mokt ji mi satt, dissen

Dag heff ick nu, daß ick juch satt moken kann.«

Auf der Insel Rügen wurde die Erntekrone »abgetanzt«, d. h. jedes Paar tanzte einmal mit der Krone zwischen sich in die Runde bis nichts mehr von ihr übrig war. Meistens wurde sie aber mit in den Tanzsaal genommen, und unter ihr begann dann der Erntetanz, der meistens bis zum Morgengrauen dauerte. Die ganze Zeche bezahlte der Gutsherr oder aber der Bauer, der die Krone in diesem Jahr bekommen hatte.

Es gab aber auch bereits Gemeinschaftskassen, so daß jeder, der bei der Ernte mitgeholfen hatte, wirklich umsonst mitfeiern konnte.

Der letzte Tanz unter der Krone war den jungen Mädchen und Frauen vorbehalten, denn ein alter Fruchtbarkeitszauber waltete in ihr.

Überhaupt war die Zeit rund um das Erntefest zugleich auch eine Zeit der Hochzeiten. Im vorigen Jahrhundert wurden in vielen Dörfern Hochzeit und Erntefest zusammen gefeiert. Und der Erntedanktag war dann zugleich der Dankgottesdienst für die jungen Brautleute.

Auch in der Kirche hing unter dem Kronleuchter eine riesige Erntekrone und wenn dann die Orgel mit dem Lied »Nun danket alle Gott« einsetzte, dann kam der Gesang der Gemeinde wirklich aus dankbarem, übervollem Herzen.   *K. G.*

Reformationstag, Martinstag und Totensonntag in Pommern

Der Reformationstag wurde in Pommern in sehr strenger lutherischer Form begangen, d. h. man ging vor allem zum Gottesdienst, wo noch einmal in der Predigt des Pastors an die Reformation erinnert wurde und die Gemeinde die alten Kirchenlieder Martin Luthers sang. Ein besonderes Brauchtum hatte sich auf dem Lande nicht entwickelt. Wir Kinder freuten uns lediglich, daß wir an diesem Tag nicht zur Schule mußten. Allerdings war es Ehrensache, daß alle Schüler und Lehrer zum Gottesdienst erschienen. Die Pastoren ermahnten uns, an der von Luther erkannten Wahrheit festzuhalten, obwohl wir Landkinder damals gar nicht begriffen, was damit gemeint war.

Viel schöner und wichtiger war für uns auf dem Lande der Martinstag, der 11. November, an dem Martin Luther geboren wurde. Wir Kinder glaubten, daß dieser Tag nach ihm benannt worden sei, bis der Lehrer uns erklärte, daß er auf den Apostel Martin von Gallien, der im 4. Jahrhundert lebte, zurückgehe. Nach alter Überlieferung begann nun das Wirtschaftsjahr des Bauern, da die Ernte draußen auf dem Felde endlich getan war und die Ernte drinnen auf dem Hof begann, was heißen soll: die Schlachtfeste nahmen ihren Anfang.

Zuerst kamen die Gänse an die Reihe. Es gibt ja genug Verse und Lieder um die Martinsgans, die diesen Tag selten überlebt. Am Tage zuvor mußten sie ein ausgiebiges Bad im Dorfteich nehmen, damit ihre Federn und Daunen auch schneeweiß waren. Dann wurden die Gänse des nachts »gepiekt«, wie man das Schlachten nannte. Das Gänseblut wurde in großen Tonschüsseln gesammelt und mit Essig verquirlt, damit es länger frisch blieb für das beliebte »Schwarzsauer«-essen. Wir Kinder mochten das Schwarzsauer nicht so gern, auch wenn es nach Meinung der meisten Pommern das beste Gericht der Welt ist. Theodor Fontane schreibt in seinen Kindheitserinnerungen, daß sein Vater in Swinemünde ebenfalls seine Kinder zum Schwarzsaueressen anhielt, und zwar mit den Worten:

»Ah, das ist recht, davon eßt nur; das ist die schwarze Suppe der Spartaner, alles Saft und Kraft!«

Noch in der gleichen Nacht wurden die Gänse gerupft und die Daunen und Federn zum Trocknen auf den Boden gehängt. Aus dem Gänsefett wurde mit Salz, Majoran und Zwiebeln ein schmackhafter Flum geschlagen, den man auch den pommerschen Kaviar nannte. Am berühmtesten aber waren die pommerschen Spickbrüste, die dann in die Räucherkammer wanderten, um zum Advent und Weihnachtsfest auf den Markt in die Stadt gebracht zu werden. In der zweiten Hälfte des Novembers begann das Schweineschlachten, und wir Kinder mußten beim Wurstmachen helfen, die Därme festhalten und die Würste zubinden, um sie dann in den Kochkessel oder ebenfalls zur Räucherkammer zu tragen. Wenn die Gänsefedern trocken waren, begann das gemeinschaftliche Federnreißen. Die Nachbarsfrauen und -mädchen kamen abends zusammen, um an großen Tischen den Federberg zerkleinern und sortieren zu helfen. Die jungen Männer sorgten dabei mit Erzählen von lustigen und schaurigen Geschichten für die rechte Unterhaltung. Gemeinsam wurden Volkslieder gesungen, und wenn eine Ziehharmonika zur Hand war, wurde zum Abschluß des Abends getanzt. Wenn nach zwei Wochen auf allen Höfen die Federn gerissen waren, gab es den Federnball oder auf plattdeutsch die »Ferrerköst«.

Ernster und gemessener wurden Bußtag und Totensonntag begangen. Sie standen ganz im Zeichen des kirchlichen Lebens. Man gedachte der Toten während des Gottesdienstes und bei den Gängen zum Friedhof. Die Gräber wurden für den Winter mit Tannenzweigen zugedeckt, oftmals auch mit einer Strohschicht versehen, damit die Blumenzwiebeln nicht durch den sehr harten Frost im Winter erfroren.

Die Besinnung auf den Tod führte in diesen Tagen dazu, daß der pommersche Bauer seine Hinterlassenschaften regelte, sein Testament machte, damit die nachfolgende Generation ihren Platz einnehmen konnte. Den Tod fürchtete man nicht nach einem Leben voll Mühe und Arbeit, sondern war des Lohnes im jenseitigen Leben gewiß, wie der pommersche Bildhauer Bernt Notke es vor über 500 Jahren in seinem »Lübecker Totentanz« ausdrückte. Er läßt den Tod zu dem Bauern sagen:

»Groß Arbeit hast du getan,
ich will dich nicht vermahn'.
Mit deiner Arbeit und Not
ist es recht. Ich sage dir bloß:
Gott will dich bezahlen
in seinen obersten Saalen,
fürchte nicht seinen Wink!«   *K. G.*

Adventbräuche: Christrosen und Weihnachtsschule

Wenn der Schnee auf den Wiesen am Fluß zum ersten Mal liegenblieb und der Dorfteich zufror, dann wußten wir Kinder in Pommern: jetzt ist Advent und bald ist Heiligabend. Die Frauen begannen mit dem Basteln von dunkelroten Christrosen aus Seidenpapier, die um ein Weinglas geklebt wurden. In das Glas stellte man eine kleine Kerze, von derem Licht hinter den dunkelroten Seidenblättern ein so heimeliger Glanz ausging, daß jung und alt ganz still wurden und wie verzaubert dasaßen. Die Großmutter erzählte dann in dieser traulichen Atmosphäre, wie der Brauch, zum Advent eine Christrose aufzustellen und anzuzünden, entstanden war:

Der erste Christ, den Bischof Otto von Bamberg 1124 in Pommern getauft hatte, sollte von dem heidnischen Götzenpriester zum Tode verurteilt werden, der ihm höhnisch zurief, wenn über Nacht in der bittersten Kälte Blumen erblühen würden, solle er begnadigt werden. Als der Gefangene am anderen Tag zum Richtplatz geführt wurde, blühten dort wirklich viele rote Blumen: es waren Christrosen. Der alte Mann war frei, und die Pommern nahmen die christliche Lehre, die Otto von Bamberg ihnen brachte, an.

Und viele Jahrhunderte lang hielt sich diese Sitte, die sich nun über ganz Deutschland auszubreiten beginnt, denn auf vielen pommerschen Adventfeiern in München, Hamburg, Köln und Stuttgart, in Nürnberg und Würzburg habe ich die pommerschen Christrosen leuchten sehen. Wissenschaftler haben sogar dieses Wunder zu erklären versucht. Man sagt, daß ein sehr seltener Vogel, der Kreuzschnabel, der zur Adventszeit nistet und brütet, den Samen der Christrose aus dem Süden Deutschlands nach Pommern gebracht habe.

Wir Kinder hatten in der Adventszeit die größte Freude an den Vorbereitungen zur »Weihnachtsschule«, auf plattdeutsch »Wiehnachtsschaul«. Das war eine Feier, die wir Kinder für unsere Eltern und Geschwister auf der Bühne des Dorfgasthofes veranstalteten und bei der wir alle mitwirkten. Wir führten kleine Märchenspiele oder Theaterstücke auf, die in die Adventszeit paßten, oder gestalteten sogar die Weihnachtsgeschichte mit Maria und Joseph, den Hirten auf dem Felde und den drei Weisen aus dem Morgenland. Ich mochte zu gerne Theater spielen, hatte aber nie Glück damit. Immer ging irgendetwas schief, so daß die anderen Dorfjungens zu mir sagten: »Du hast kein Talent dazu. Du kannst höchstens einen Ochsen spielen, so dämlich wie du bist!« Tatsächlich mußte ich dann im nächsten Jahr wirklich den Ochsen an der Krippe spielen, brachte aber mit meinen komischen Brummtönen den Engelchor so zum Lachen, daß er in eine falsche Tonart geriet. Der Lehrer und die älteren Mädchen schimpften mich nachher aus, nur mein Vater tröstete mich und sagte, daß mein Ochse sehr echt und natürlich gewesen sei.

Noch schlimmer erging es meiner Schwester als Verkündigungsengel. Sie mußte in einem weißen Nachthemd vom Heuboden herunterschweben, der sich über der Bühne befand. Hier bekam meine Schwester einen dicken Strick um die Taille geschnürt und wurde durch die Dachluke heruntergelassen.

Als sie so über den Hirten schwebte und sang »Vom Himmel hoch da komm ich her«, sagte doch einer von den Jungens: »Und dabei kommt sie vom Heuboden«. Darüber mußten die anderen Jungens so lachen, daß sie den Engel nicht mehr halten konnten und er bis zum Fußboden durchsackte. Meine Schwester schrie auf und die Jungens zogen sie rasch mit einem kräftigen Ruck wieder nach oben. Dadurch schnürte sich der Strick so fest um ihren Leib, daß sie gar keine Luft mehr bekam und nur noch hauchte: »Er will euer Hei — Hei — Hei —« und da war der Gesang vorbei und die Luft weg. Schnell zogen die Jungens den Engel nun ganz nach oben, so daß anstatt Schnee große Bündel voll Heu herunterrieselten. Bevor aber die Leute lachen konnten, sprang unser gewitzter Dorfschulmeister auf und rief: »Nun singen wir alle zusammen das alte schöne Lied ›Leise rieselt der Schnee‹!« Das taten denn auch alle, nur wir Kinder sangen heimlich: »Leise rieselt das Heu!«

Einen weiteren schönen Brauch gab es an der Ostseeküste in Pommern, das Feiern des »Lüttenweihnachten«, des kleinen Weihnachten. Weil Ochs und Esel bei der Geburt des Christkindes dabeigewesen waren, zog man die Tiere mit in die Fest-

153

freude hinein. Auf dem Futtergang im Kuhstall stellten die Kinder einen geschmückten Tannenbaum auf und sangen für die Tiere die alten Advent- und Weihnachtslieder. Dann ging man in den Wald und sang an den Futterstellen für Hasen, Rehe und Hirsche und zum Abschluß wanderte man an den Strand, steckte den Tannenbaum zwischen die Eisschollen der Ostsee und sang für die Fische im Meer und die Möven am Himmel, die kreischend über Dünen und Brandung flogen.

K. G.

Lüttenweihnachten: das Christnachtfest der pommerschen Kinder

Das war schon ein seltsames Fest, das die Kinder in einzelnen Dörfern Hinterpommerns, besonders in abseits gelegenen Bauerngehöften, feierten. »Lüttenweihnachten« nannten sie es, und ein Fremder konnte sich darunter nicht so recht etwas vorstellen und erfuhr auch kaum etwas genaueres darüber. Denn klammheimlich bereiteten die Jungen und Mädchen ihre Feier vor, weil Pastor und Lehrer nicht herausbekommen durften, was sie planten. Noch jedes Jahr waren sie von denen beschimpft worden, daß sie heidnischen Götzendienst betrieben.

Aber die Kinder ließen sich nicht dadurch abschrecken, daß die Erwachsenen ihnen das »Lüttenweihnachten«-Feiern verboten. Sie brachten es immer wieder fertig, ihr Fest zu begehen, weil in ihnen irgendwo ein Gefühl steckte, daß sie richtig handelten, und ihr Tun nichts Böses sein könne. Sie wußten noch nichts von »Brauchtum und Sitte«; gerade so bestimmt und natürlich wie sie im Frühjahr »Trünnel« spielten, in der Erntezeit den »Alten« mit Garben auf dem Feld banden, — so gehörte auch ihr »Lüttenweihnachten« in den Ablauf des Jahres, wie sie es im Land am Meer erlebten.

Mochten die Kinder denn immer nur Beschenkte sein, nein, zum schönsten Fest des Jahres wollten sie auch andere von sich aus beschenken, und zwar diejenigen, die sie nach Vater, Mutter und Geschwistern am meisten liebten: die Tiere! Und schließlich hatten Ochs und Esel doch auch durch die Stalltür geschaut, als das Christuskind geboren wurde, so konnte man es jedenfalls auf dem großen Bild in der Kirche sehen. Deshalb wollten die Kinder auch die Tiere in die Festfreude hineinbeziehen.

Es begann damit, daß die Kinder während der Bescherung in der »Vorderstube« heimlich die Türen zur Küche und zum Hausflur öffneten, damit auch Hund und Katze den Lichterbaum sahen und die Weihnachtslieder hörten.

Am Abend dann schlichen die Kinder

154

heimlich aus dem Haus und liefen den Achterweg hoch, um in den tief verschneiten Wald zu stapfen. An den Futterplätzen, die der Förster im staatlichen Wald aufgestellt hatte, zündeten sie eifrig die mitgebrachten Kerzen an und sangen dazu Weihnachtslieder für die Tiere des Waldes, für die Hasen, Rehe und Hirsche.

Es war natürlich ein großartiges Abenteuer, so allein in der Nacht mitten im Wald zu sein. Unheimlich bewegten sich die Bäume, und Zweige und Äste hatten so merkwürdige Formen wie Gespenster.

Doch damit allein, dem Feiern in Haus und Hof und im Wald, war das »Lüttenweihnachten« noch nicht zu Ende. Die Kinder wohnten schließlich oft nahe an der See, und da dachten sie natürlich auch an die Fische im Meer und die Möven am Strand, die kreischend über Dünen und Brandung flogen.

Mit ihren Kuhstöcken schlugen die Jungen die aufeinander getürmten Eisschollen auseinander und steckten einen Tannenbaum in ein Wasserloch. Noch einmal zündeten dann die Mädchen die Kerzen an, so daß die kleinen Flammen wild im Ostwind flackerten. Und dann schmetterten sie zusammen mit lauten Stimmen die fröhlichsten Weihnachtslieder gegen das dumpfe Rollen der Brandung. Die Kinder glaubten fest daran, daß nun alle Fische an die Oberfläche kämen und alle Möwen

heransegelten, um mit ihnen ihr »Lüttenweihnachten« zu feiern.

Danach aber blieben sie ganz still, denn es war ihnen, als tönten tief unten vom Meeresgrund die Glocken von Vineta zu ihnen herauf, der märchenhaft schönen und reichen Stadt mit goldenen Toren und herrlichen, aber leeren Tempeln, die hier vor der pommerschen Küste vor tausend Jahren versunken war.

Doch plötzlich hörten die Kinder die geheimnisvollen Glockentöne nicht mehr, sie vernahmen nur noch das geisterhafte Singen des scharfen Windes, der sich an den Eisschollen brach. Die Kerzen waren ausgebrannt und verloschen. Doch keiner wagte mehr, den Tannenbaum aus dem Wasserloch zu holen, denn die Angst vor den Vinetaglocken spukte zu fest in den bäurischen Kinderschädeln. Sie starrten alle nach Osten, denn ein anderer Aberglaube nahm sie ganz gefangen:

Eine goldene Möwe solle hier in der Christnacht gegen Morgen aufsteigen. Vor diesem Wunder durfte man dann nicht die Augen schließen, denn nur wer dem hellen Schein mit offenen Augen standhielt, konnte darauf hoffen, daß der größte Wunsch seines Lebens in Erfüllung gehen würde.

Doch so sehr die Jungen und Mädchen auch den Himmel absuchten, die Möwe ganz aus Gold zeigte sich ihnen nicht. Deshalb zogen sie schließlich müde und erschöpft wieder ins Dorf zurück. Sie trabten über die Felder, glitschten den Achterweg hinunter, schlichen über den Hof ins Haus und krochen schnell ins Bett. Überglücklich schliefen sie ein. Ein Fest für die Tiere hatten sie gefeiert, die pommerschen Bauernkinder, ein wunderbares, ein herrliches Fest! Und in jedem Jahr, das schworen sie sich, wollten sie es wieder feiern, ihr »Lüttenweihnachten«!

K. G.

Pommersche Taufgebräuche

Wurde in Pommern ein Kind geboren, ging der Vater hinaus in den Garten und pflanzte einen Baum, der wie das Neugeborene kräftig wachsen und gedeihen sollte. Für einen Jungen wählte man einen Apfelbaum, für ein Mädchen einen Birnenbaum, für ein Zwillingspärchen einen Kirschbaum. Die Türen im Haus wurden geöffnet, damit die Seele des Kindes zu seinem Körper finden könne.

Während des Geburtsvorganges waren Fenster und Türen jedoch verschlossen, sogar die Schlüssellöcher wurden verstopft, damit keine bösen Geister sich dem Wochenbette nähern konnten. Der jungen Mutter war es dann jedoch vorbehalten, das Zeichen des Kreuzes auf die Stirn des neugeborenen Kindes zu zeichnen oder es ein wenig mit Wasser zu besprengen. Damit wehrte man die Dämonen und Hexen ab, die danach dem Kinde nichts mehr anhaben konnten.

Den ersten Kirchgang der Wöchnerin nannte man Aussegnung. Auf der Türschwelle mußte sie über eine Axt oder einen Besen schreiten, denn vor Metall und Reisern fürchteten sich die bösen Geister. Zur Taufe gingen oft Vater und Mutter nicht mit in die Kirche, sondern nur die Paten. Diese wurden vorher von der Hebamme oder der Großmutter des Kindes eingeladen. Meistens wurden die Tanten und Onkel des Kindes dazu ausgewählt. Bei einem Jungen waren dies zwei Männer und eine Frau, bei einem Mädchen zwei Frauen und ein Mann. Der Vater des Kindes konnte bei einem Jungen zwei Verwandte auswählen, die Mutter eine. Dagegen durfte der Vater bei einem Mädchen nur einen Verwandten bestimmen, wogegen die Mutter das Recht hatte, zwei Paten aus ihrer Verwandtschaft zu wählen. Unter den Paten sollte möglichst ein junges Mädchen sein, das zum ersten Mal dieses ehrenvolle Amt versah und dann »Jungfer-Pate« genannt wurde. Sie durfte das Kind zur Taufe in die Kirche und ins Elternhaus zurücktragen. Ging die Jungfer-Pate mit dem Kind schnell, so glaubte man, würde das Kind schnell laufen lernen.

Die Kindtaufen fanden meistens im Anschluß an den sonntäglichen Gottesdienst statt. Meistens blieb jedoch die ganze Gemeinde bei der Zeremonie dabei, so daß sie wie ein Teil des Hauptgottesdienstes wirkte.

Gleich nach der Taufe schoben die Paten unter das Kissen, auf dem der Täufling lag, ihr Patengeschenk. In früherer Zeit waren dies zwei Taler. Sie legte man in einen kästchenartigen Briefumschlag und schrieb einen frommen Spruch dazu, wie z. B. diesen, den man im Pyritzer Weizackergebiet gebrauchte:

Großer Gott von großen Taten,
laß dies Kindlein wohlgeraten!
Dieses liebe Töchterlein laß dir, Gott,
    befohlen sein!
Wie im Alter so in der Jugend
zier es mit Gottesfurcht und Tugend!
Laß dies seine schönste Zierde sein,
schmück es mit den Gaben dein!
Oder:
Gottes wunderreicher Segen fällt hernieder wie ein Regen.
Fall auf diesen meinen Paten, daß er
    möge wohlgeraten,
daß er möge wohlgedeihen, Gott und
    Menschen zu erfreuen.

Bei manchem Hoferben legte man noch eine Münze extra hinzu, damit ihm das Geld später nicht ausgehen könne oder einige Brotbrocken, damit er stets zu essen oder Pferdehaare, damit er Glück im Umgang mit Pferden habe. Bei Mädchen tat man einige Körner von Leinsamen hinein, damit sie mit dem Flachs Glück hätten und später gut spinnen und weben könnten, auch wohl einige Federn, damit ihnen das Federvieh gut geriete, oder einige Nähnadeln, damit sie gut schneidern lernen würden. Im vorigen Jahrhundert bestand das Festmahl zur Taufe aus dicker Hirse mit Fischen, diese wurden in Bier braun gekocht. Dann gab es aber auch Braten mit Backpflaumen, sogar Wein wurde angeboten. Nach einer »Vertell«-Pause wurde Kaffee ausgeschenkt und Kuchen angeboten. Zum Abend ging man bereits nach Hause, weil ja das Vieh auf den Höfen versorgt werden mußte.

Die Paten blieben dem Kind sein Leben lang treu verbunden und dankten ihm für seine gute christliche Lebensführung, indem sie ihm bis zur Einsegnung an jedem Heiligabend ein wertvolles Geschenk zudachten.   *K. G.*

Pommersche Hochzeitsbräuche

Ein paar Wochen vor jeder pommerschen Bauernhochzeit waren die Hochzeitsbitter unterwegs, um die vielen Gäste zur Hochzeit einzuladen. Sie wurden auch Köstebitter oder Brautjunge genannt. Brautjunge hießen sie wohl deshalb, weil dies Amt meistens die ledigen jüngeren Brüder der Braut übernahmen. Der Hochzeitsbitter war fein ausstaffiert, in pommerscher Tracht oder dunklem Anzug. Ein bunter

157

Blumenstrauß mit langen, farbigen Bändern schmückte seitlich den Hut oder den Zylinder, im Knopfloch steckte ebenfalls ein Blumenstrauß und am Krückstock flatterten grüne und weiße Seidenbänder. Der Hochzeitsbitter war in jedem Haus gern gesehen. Er stellte sich in der besten Stube in Positur und sagte einen Einladungsvers in hoch- oder plattdeutsch auf. Meistens endete dieser mit dem Spruch: »Ihr habt die Botschaft nun vernommen und werdet doch gewiß zur Hochzeit kommen!« Als Lohn für die Einladung erhielt der Hochzeitsbitter einen Schnaps eingeschenkt und zum Zeichen, daß man die Einladung angenommen hatte, wurde ihm ein buntes Taschentuch auf den Rücken seiner Jacke geheftet. Diese bunten Tücher trug er dann auch am Hochzeitstag, wenn er die Gäste empfing oder beim Servieren am Tisch half.

Der Polterabend vor dem Hochzeitstag war den jungen Leuten vorbehalten, die auch meistens die Polterei veranstalteten, um die bösen Geister zu vertreiben. Auch Nachbarn und Kinder konnten unaufgefordert erscheinen. Oft wurden Hühner mitgebracht, die dem Brautpaar als Bereicherung der Festtafel überreicht wurden. Kinder sagten Polterabend-Gedichte auf und übergaben Braut und Bräutigam kleine Geschenke. Dem Brautpaar wurden auch lustige Streiche gespielt, am beliebtesten war die Sitte, einen alten Kinderwagen auf das Dach des Hochzeitshauses zu setzen. Es war für den Bräutigam oft nicht leicht, diesen wieder vom Dachfirst abzumontieren. Überhaupt war die Nachtruhe für das Brautpaar kurz bemessen, denn es mußte vor Sonnenaufgang alle Scherben gemeinsam zusammenkehren und hinter dem Haus vergraben. Dies galt als Zeichen künftigen Ehefriedens.

Als Hochzeitstag wurde in Pommern meistens der Freitag gewählt. Schon um 10 Uhr früh versammelten sich die ersten Gäste. Am Hoftor empfing eine Kapelle jede Kutsche, die auf den Hof rollte. »Zur Hochzeit einspielen« nannte man diese Sitte. Als Dank für den flotten Marsch oder das schmissige Lied mußte die ankommende Familie dann auch die Musik bezahlen.

Die Braut durfte vor dem Kirchgang ihren Bräutigam nicht sehen. Ihre Mutter und ihre Schwestern kleideten sie an. Früher bestand das Hochzeitskleid aus schwarzer Seide, erst nach dem Ersten Weltkrieg folgte man den modischen Gebräuchen und ging in Weiß. Zum Gottesdienst fuhr man im geschmückten Brautwagen und nach dem Trauungszeremoniell war es Sitte, daß das Brautpaar einen »breiten Stein« umschritt. Wo es noch Hünengräber gab, ging man zu den Ahnen, um deren Segen zu erbitten. So bedeutete die Redensart »auf dem breiten Stein stehen« gleich heiraten. Die Braut rief: »Hier steh ich ganz allein auf einem breiten Stein; und wer mich lieb hat, holt mich ein.« Dann mußte der Bräutigam zu ihr hinaufspringen und mit ihr auf dem Stein den Brauttanz beginnen.

Danach ging es nach Hause zu einem reichlichen Festtagsschmaus, zu dem besonders viele Hühner geschlachtet waren, damit »das Glück gackern« könne. Am Schluß des Essens sammelten die Köchinnen mit einem Vers ihr »Kökschengeld« ein, in dem es zum Schluß hieß: »Für die guten Gaben will ich Euch alle loben, doch sollt ihr dran denken: der Segen kommt von oben!« Danach wurde getanzt und gegen Mitternacht der Brauttanz abgehalten. Die Braut mußte dabei mit jedem männlichen Gast und der Bräutigam mit jedem weiblichen Gast ein »kurzes Ende« lang tanzen. Jedes Paar mußte wiederum die Musik bezahlen, so daß diese recht erkleckliche Einnahmen hatte und bis zum frühen Morgen fleißig durchspielte. Zum Schluß fand ein Kranzabtanzen statt. Hierbei mußten die ledigen jungen Männer versuchen, der Braut den Kranz zu entreißen, was der junge Ehemann zu verhindern suchte. An anderen Orten mußten die jungen Mädchen ihr Glück versuchen, um Kranz und Schleier der Braut zu erhaschen. Diejenige, die den Schleier erwischte, so glaubte man, würde dann die nächste Braut sein. Als letzter Tanz gegen Morgen wurde der Be-sentanz veranstaltet. Das war ein Kehraus, bei dem sich Tänzer und Tänzerinnen gegenüber standen. Zwischen ihnen tanzte ein Einzelner auf einem Besen, plötzlich ließ er ihn fallen und erwählte eine neue Tänzerin. Alle suchten nun neue Partner und derjenige, der übrigblieb, mußte nun mit dem Besen tanzen.

Am Sonntag nach der Hochzeit fand die Nachhochzeit statt. Dabei mußten die jungen Eheleute ihre Gäste bedienen und sich darin üben, großzügige Gastfreundschaft zu zeigen. Hierbei fand man auch Gelegenheit, die Geschenke und die Aussteuer der Braut zu besichtigen. Diese wurden dann am Dienstag nach der Hochzeit auf einen Kastenwagen geladen und auf den Hof des Bräutigams gefahren. Oft wurde vom Hof der Braut heimlich ein Hahn gestohlen und dann auf dem Hof des Bräutigams ausgesetzt. Gespannt beobachtete man dann den Kampf des fremden Hahns mit dem Haushahn, denn aus Sieg und Niederlage glaubte man vorauszusehen, wer in der künftigen Ehe das Regiment führen würde. *K. G.*

Totenbräuche in Pommern

In Pommern fürchtete man den Tod nicht, sondern sah ihm gefaßt entgegen. Jeder Bauer ordnete rechtzeitig seine Hinterlassenschaften, damit die nachfolgende Generation den ihr gebührenden Platz einnehmen konnte. Damit dem Sterbenden der Übergang zum anderen Dasein erleichtert wurde, holte man den Pastor, der dem Todgeweihten das Heilige Abendmahl gab. Wenn das letzte Stündlein kam, traten die nächsten Angehörigen, die das Bett umstanden, zurück, und alle Fenster wurden geöffnet, damit die Seele ungehindert zum Himmel ziehen konnte; ein Sterbelied wurde gesungen und ein kurzes Gebet gesprochen. In früherer Zeit gab es noch die uns heute befremdende Sitte des Zurückrufens, des »Torüggraupe«. Heute empfinden wir es als schreckliche Zumutung, daß der Sterbende noch einmal mit lautem Schreien in die Ohren und kräftigem Schütteln an den Schultern ins Leben zurückgerufen werden soll. Doch ist es früher wahrscheinlich in einigen Fällen gelungen, den Kranken durch diesen Schock tatsächlich für ein paar Tage länger am Leben zu erhalten. Deshalb wurde die Hoffnung genährt, daß man einen Sterbenden wirklich zurückrufen könne.

War der Tod jedoch eingetreten, hielt man alle Uhren im Hause an und die Spiegel wurden verhängt, da der Spiegel als Zeichen irdischer Eitelkeit nun ausgedient hatte. Durch das Verhängen mit schwarzen Tüchern waren somit auch alle teuflischen Mächte gebannt. In der Mittagsstunde des nächsten Tages wurden die Sterbeglocken in drei Abständen, in drei »Pulsen« geläutet. Die Totengräber — meistens die Nachbarn — waren vorher auf den Friedhof gegangen, um das Grab auszuheben. Sobald sie den Rasen abgestochen hatten, erklang der erste Puls. Wenn die Hälfte der Arbeit getan war, ertönte der zweite Puls, und nach Beendigung der Arbeit wurde der dritte Puls geläutet. Solange die Glocken erklangen, ruhte die Arbeit. Beim zweiten Puls wurde das zweite Frühstück oder das »Klein-Mittag« eingenommen. Bei Erwachsenen waren die Pulse länger, bei Kindern kürzer, auch konnte man aus der Dauer des Glockengeläutes auf das Alter des Verstorbenen schließen.

Der Tote wurde im Trauerhaus in der besten Stube, der »Vorderstube«, aufgebahrt. Der Sarg aus Eichenholz mußte so aufgestellt werden, daß das Fußende der Tür zugekehrt war. Auch mußte der Tote später mit dem Fußende zuerst hinausgetragen werden, damit er keinen aus dem Trauerhaus nach sich ziehen konnte. Das Totenkleid bestand meistens aus einem weißen Gewand. Unverheiratete Mädchen erhielten ein Hochzeitskleid und Brautschmuck. In einigen Gegenden Pommerns erhielten sie sogar eine Totenkrone aus Seide, Glasperlen, Flittergold und langen Bändern. Diese Krone wurde als Sinnbild des ewigen Lebens auf dem Sarg angebracht. Oft gab man den Toten ein Gesangbuch mit, damit sie am Jüngsten Tag sofort den Lobpreis Gottes anstimmen könnten. Fischern wurde meistens ein altes Fischernetz in den Sarg gelegt. Von diesem Netz sollten sie in jedem Jahr einen Knoten lösen und sich somit die Zeit bis zur Auferstehung vertreiben. Kindern gab man ihr liebstes Spielzeug mit und älteren Menschen legte man ein Licht in die Hände, damit ihre Seelen leichter den Weg zum Himmel fänden.

War der Bauer oder Gutsbesitzer gestorben, war es üblich, daß man alles Vieh auf den Hof trieb, sobald seine Leiche hinausgetragen wurde. Das Vieh sollte auf diese Art vom Tod des Herrn erfahren. In Ostpommern war es Sitte, daß die Söhne oder Knechte in die Ställe zwischen die Tiere traten und auf plattdeutsch sagten: »Nu dräge sei jugen Herrn weg.«

Wenn der Tote auf einem Wagen zum Friedhof gefahren wurde, beobachtete man die Pferde genau. Wenn ein Pferd sich unterwegs nach einem Gehöft umdrehte, so glaubte man, würde dort der nächste Tote abgeholt werden. Machten die Pferde sogar Halt, dann würde an dieser Stelle schon in kürzester Zeit der nächste Tote herausgetragen werden.

Wenn der Tote auf dem Gottesacker eingesegnet war, begab sich die ganze Trauergemeinde in die Kirche, wo der Pastor noch einmal eine Predigt hielt, die je nach Bezahlung kurz oder lang ausfiel. Die einfache Leichenrede kostete einen Taler. Eine Predigt mit sogenanntem »Ruhmeszettel« wurde mit fünf Talern veranschlagt. Im »Ruhmeszettel« zählte der Pastor alle Verdienste des Verstorbenen auf und stellte seinen Lebenswandel als leuchtendes Vorbild hin.

Nach dem Gottesdienst und der Totenfeier begann im Trauerhaus der Leichenschmaus. Dazu hatte jede Familie, die daran teilnahm, ein Huhn, ein Stück Butter oder eine Kanne Milch geschickt. So gab es ein reichliches Mahl mit Hühnersuppe, Braten und süßem Reis, später dann auch Kaffee und Kuchen in großen Mengen. Zunächst waren noch alle Leidtragenden ernst und traurig, aber sobald der Branntwein die Zungen löste, griff immer mehr eine kaum noch zu unterdrückende Heiterkeit um sich. In ganz Niederdeutschland kannte man diese Sitte des »Fellversaufens«. Doch Obrigkeit und Geistlichkeit haben gegen diese Ausartung der Sitten mit Erfolg geeifert, so daß der Brauch aufhörte. Doch muß man bedenken, daß diese Sitte aus der Notwendigkeit entstand, die Angehörigen, die oft von weit her gekommen waren, mit Speis und Trank zu versorgen. Denn auch Beerdigungen waren und sind nun einmal Familienfeste, zu denen sich die Verwandten endlich einmal wieder trafen und heute noch treffen.   *K. G.*

Vom Essen und Trinken der alten Pommern

»Und weil itzo auch größer Reichtum als vorzeiten, so hat mit demselben die Pracht in Eßen und Trinken, Kleidung, Wohnungen zugleich mit zugenommen. Außerhalb der Gastereyen zwar leben die Leute in ihren Häusern zimlich spahrsam, jedoch gleichwohl nicht so spahrsam und geringlich als in Hochteutschland, da das gemeine Volk mit wenig Fleisch und Fischen und dagegen viele Rüben, Kraut, Erbsen, Pasternack, Käse und Wasser und Suppen gespeist wird, womit sich unsere Leute nicht wollen contentieren lassen, sondern müssen Fleisch, Fisch, Speck und Bier die Fülle haben, wenn sie arbeiten sollen. Seyn mit wenig gerichten content. Auf Hochzeiten, Kindtaufen und Begräbnissen aber und anderen Gastereyen ist ein großer Luxus, Überfluß und Verschwendung (worin es auch an guter Policey Ordnung sehr mangelt), welche noch itzo wie bei den alten Teutschen und Wenden sehr gemeine, daß es itzo dahin kommt, daß auch der gemeine Pöbel in Städten, ja die Bauren auf Dörffern sich der alten Wenden und Sachsen speise, welche gewesen Milch, Käse, Kohl, Rüben, Speck, Kleine Fischlein, Holtz-Äpfel, sich nicht begnügen lassen, sondern in ihren Zusammenkünften und Wirthschaften muß itzo gesottenes und gebratenes vorhanden, auch die Kost gewürtzt seyn. Bey denen von Adel aber werden itzo 10, 20 und mehr essen, köst-lich zugericht, auf einen gang aufgetragen, muß auch an Marcipanen und allerhand confecten und Leckerey, wovon die alten nichts gewust, nicht mangelen. Der Wein, unangesehen er in diesen Landen nicht wächst und sehr Theuer ist, wird so gemein, daß deßelben auf Hochzeiten, Kindtauffen, Gastereyen fast soviel, ja zuweilen mehr als des Biers getrunken wird, das itzo eines edelmanns Hochzeit oder Begräbniß auf viel 100 Rthlr. zu stehen kommt.«

Der Veröffentlichung von Prof. Dr. A. Haas »Die Große Lubinsche Karte von Pommern«, Stettin 1926, entnehmen wir die Schilderung der pommerschen Eß-und Trinkgewohnheiten kurz vor dem Dreißigjährigen Krieg, erschienen 1611 in Eilhard Lubins »Beschreibung des Pommerlandes«.

Lubin über Pommerns Fischreichtum

Weiter sagt Lubin in seiner »Beschreibung des Pommerlandes« vom Jahre 1611: »Für allen Dingen aber hat Pommern den Preiß und Ruff von vielen guten Fischen, welche sowohl im Saltzen Meer, als in frischen fließenden Ströhmen, Bächen, stehenden Sehen und Teichen gefangen werden, daß ich kühnlich schreiben will, daß kein Land oder Fürstenthum im gantzen Römischen Reich Teutscher Nation sey, welches sich Pommern an Vielheit und mannigerley Art (den etliche sagen dürfen, daß in Pommern über Siebentzigerley Arth Fische zu finden) guter wohlschmeckender Fisch vergleichen könte...«

Was Micraelius anno 1640 schrieb

Im sechsten Buch seiner »Sechs Bücher vom Alten Pommerlande« schrieb der Chronist Joh. Micraelius im Jahre 1640: »Man hat lange zeit nicht allzuviel im Lande gekocht / auch sehr grob Bier gebrawet / aber nun mit der zeit beginnen sie beser zu lernen. Dann es kommen viel Hochteutsche hinein / die bringen bessere art / davon es die anderen lernen / und beginnen nun zartlicher und leckeriger zu leben / dann zuvor / und suchen nur das beste aus«

Altpommersche Hochzeiten

Der Pommer war allzeit ein fröhlicher Gesell, Anlaß zum Feiern ließ er nicht gerne vorübergehen. Geburt, Hochzeit und Tod — diese drei Pole im menschlichen Leben — mußten in Gemeinschaft von Freunden und Anverwandten begangen werden; die Männer wollten dabei ihren Reichtum zeigen, die Frauen ihre Schönheit — alle liebten es, gut zu essen und zu trinken. So darf es nicht wundernehmen, daß die Zeit vor dem 30jährigen Kriege eine Unmäßigkeit, ein Überbietenwollen zeitigte, das die Städte zu strengen Verordnungen veranlaßte.

Hören wir, wie es in einem reichen Bürgerhause um 1600 zuging! Der Stadtkoch hat sich im Hochzeitshause niedergelassen und eine Küche auf dem Hofe aufgeschlagen, die Essenmengen waren nicht auf dem gewöhnlichen Herd zuzurichten. Es durfte bei Strafe kein anderer als der Stadtkoch genommen werden, keine andern als die Stadtmusikanten. Dem Koch zur Seite steht ein Heer von Unterköchen, Abwaschfrauen, Bedienern und Schenken. Da wird Brot und Kuchen gebacken, Geflügel gerupft, Wildbret gehäutet, Schweine und Rinder zugerichtet, Konfekt hergestellt, die Obsternte aus dem Keller geholt, der Wein und das Bier geprüft.

Doch nur der erste Stand, die vornehmen Bürger und Kaufleute, durften Wein geben. Der zweite Stand, Handwerker usw., mußte erst Erlaubnis einholen, der dritte, Arbeitsleute und Dienstboten, sich an Bier halten. Diese Dreiteilung geht durch sämtliche Vorschriften, die Zahl der Schüsseln, die Art der Kleidung.

Ein vornehmer Hochzeitsvater darf 8 Tische setzen zu je 12 Personen; das kommt ihn sauer an, er lüde gern dreimal so viel Gäste ein. Lesen wir doch von einer Landhochzeit, bei der 910 Personen gespeist wurden; sie verzehrten insgesamt 5 Ochsen, 65 Kälber, 45 Lämmer, 55 Schweine, 60 Hasen, 100 Paar Kapaunen, 145 Paar Tauben, 10 Schock Karpfen usw., und tranken dazu 4 Oxhoft Franzwein, 460 Tonnen. — Hatten freilich vorher die Speisen mit 45 Pfund Gewürz zubereitet. Das gibt Durst!

Grausamerweise ist das Mahl auf 5 Gänge festgesetzt: 1. Hühner aus der Würze, oder ein Suppenfleisch (das soll heißen: Hühner oder Rindfleischsuppe). 2. Eynn Gebratenes, so gut als eynn jeder beybringen kann. 3. Eynn Zumuß (einen Gemüsegang). 4. Eynn gesotten Willt. 5. Eynn Gebecke. Außerdem war noch ein Schaugericht verstattet; ausgeschmückte Schweinsköpfe und allerhand Gallerte, die nicht verspeist wurden. Vor allen andern mußten die Spielleute bewirtet werden.

Nach der Heimführung dem »Zu Bette bringen der Braut« darf der Ehemann — dem was anderes lieber wäre — seinen nächsten Freunden noch »eine kleine Abendmahlzeit« vorsetzen, die jedoch »schon« um ein Uhr beendet sein muß.

Andern Tags wurde das Übriggebliebene aus dem Brauthaus gespendet, das Dorf damit »beteilt« und auch die Armen nicht vergessen.

Hochzeit am Stettiner Herzogshofe

Die ungeliebte Brandenburgerin war 1490 »mit Tode abgegangen«. Nachdem er sie ein schicklich Jahr betrauert, holt sich Bogislav der Große, teils aus Liebe, teils aus Politik, die schöne Polin, Prinzess Anna. Dat gäw ne Hochtied! Jede, auch die geringste pommersche Stadt, verehrt ihrem Landesherrn einen goldenen Becher — damals hatten sie's noch dazu! Nun wurde gezecht:

1 600 Tonnen Bier, auf je zwanzig Personen eine Tonne. Zwanzig Fuder Landwein. Wo mochte der gewachsen sein? 34 Lagen Südwein. Wahrscheinlich süßer als jener. Zwei Fässer Rheinwein. Man verspeiste 200 Ochsen und fette Kälber, am Spieß gebraten, 700 Schafe, 180 Schweine, 250 Seiten Wildschweinspeck, 6 000 Hühner, 360 Gänse und etliche Spanferkel, die nicht weiter gezählt wurden. Dazu 60 000 Eier, 60 Wispel Roggen, 12 Wispel Hafer für die Pferde. An Gewürzen 10 Pfund Pfeffer, 18 Pfund Safran, 16 Pfund Nelken, nur ein Pfund Ingwer, da-

für aber 2 Zentner Rosinen. (Wir vermissen den Honig — sie müssen doch ihre Kauken gesüßt haben!) Da es noch keine Kartoffeln gab, ward alles mit Brot gegessen, damit zugleich die Teller abgewischt. Sein Metz brachte jeder mit, Gabeln gab's nicht — wofür hat der Mensch Finger zum Zulangen und Zähne zum Zerkleinern?

Das reichliche Gewürz wird auch zu Würzwein verwendet worden sein, wie er vorm Schlafengehen gern noch im Bett warm getrunken wurde. Wieviel von alkoholischen Getränken auf die Frauen entfiel, sagt die Chronik nicht. Sie konnten auch ganz schön supen, und alte Kämmerei-Rechnungen berichten uns, wieviel Wein und Bier Prinzessinnen und Hofdamen täglich zu verlangen hatten.

Die Doberaner Inschrift

Wie sich ein pommerscher Edelmann das Leben nach dem Tode dachte, berichtete eine alte Inschrift, angebracht in der Bülowkapelle zu Doberan, der mecklenburgischen Stadt, nahe Rostock. Sie lautet in Urform:
Wieck, Düwel, wieck! Wieck wid van my!
Ick scheer my nich en Hoahr um dy.
Ick bün en Pommersch Edelmann,
Wat geiht dy, Düwel, mien Supen an?
Ick sup mit myn Herrn Jesu Christ,
Wenn du, Düwel, ewig dösten mötst.
Ick drink mit em söet Kolleschal,
Wenn du sitzt in de Höllenqual.
Die von Bülow gehören zum pommerschen Uradel. Die Forscher meinen, der Inhalt beziehe sich auf einen Trinkspruch, den der soeben getaufte Edelmann seinem Zechkumpan, einem armen Heiden, bringt. Man erkennt das hohe Alter der Kaltschale, die der trunkfeste Herr im Himmel mit Herrn Jesus zusammen trinken will.

Else Hoffmann

Von der Martinsgans

Martin Reepel berichtet im »Pommernspiegel« 1934: »Im Jahre 1610 ladet Herzog Bogislaw XIV. den Herzog Franz von Alten-Stettin brüderlich zum nächsten Martini-Abend nach Rügenwalde zur Martinsgans ein. Und 160 Jahre später achtet Friedrich der Große gar wohl darauf, daß zur gegebenen Zeit die Martinsgans aus der alten Herzogstadt auf der Tafel zu Sanssouci erscheint.

Ein Reisebericht von 1795

Aus Johann Friedrich Zöllners, König-lich-Preußischen Ober-Consistorialrats und Probstes in Berlin, »Reise durch Pommern nach der Insel Rügen und einem Theile des Herzogthums Mecklenburg, im Jahre 1795«: (In Briefen). Stettin, 23. Julius 1795: »... Da diese Sammlung uns so lebhaft daran erinnerte, daß Catharina II. hier zu leben anfing, so nahmen wir mit desto größerem Vergnügen eine Einladung in eine Ressource an. »Nahm meinem Gaum allein meinem
  Augenmerk:
Mein Teller ward so reich an Gräthen und
  an Schalen
Von Hummern, Martripors, Seeigeln,
  Admiralen
Wie eine Musee zu Nürenberg«...
Den Anblick dieses meines Tellers hätte ich Dir gern gegönnt, meine Teure...«
Wollin, 27. Julius 1795: Ausflug nach Lebbin: »... Nach der Ostsee zu erblickten wir das Dorf Pritter (Halbinsel), welches auch in Berlin bekannt ist, weil die schönen Aale, die man uns verkauft, gewöhnlich Pritter-Aale heißen. Obgleich die meisten nicht von den Fischern in Pritter, sondern von andern in der Nachbarschaft auf dem Haff gefangen werden.«
Misdroy, 28. Julius 1795: Besuchte meinen Onkel, Erbkrüger und Strandvogt Johann Philipp Zöllner und mußte auf das dringlichste gemahnt werden, mich wieder im Kruge einzufinden. Dort erwartete uns ein reichlicher Vorrath von geräucherten Aalen und Flundern, Wurst und Lebenswasser. Am häufigsten sind hier Aale, Zander, Hechte, Plötze, Barsche, Zährten, Uckeleys, Grünlinge, Bleie, Stint, zuweilen auch Lachs. Das Räuchern ist eine Beschäftigung der Weiber. Unter dem Namen Pritter-Aale wird ein ansehnlicher Handel nach Pommern, der Mark und sogar Schlesien getrieben.

(gekürzt)

Aus Caspar David Friedrichs »Geschwisterbriefen«

Aus der Sammlung »Geschwisterbriefe« des großen pommerschen Malers Caspar David Friedrich, herausgegeben von Friedrich Wiegand 1924 in Greifswald:
C. D. Fr. am 26. 3. 1818 an Praefke-Greifswald: »... Deine Schwester hat neuerlich meiner Frau eine Gänsebrust und Wurscht geschickt und heute wird sie sich schriftlich bei sie bedanken...«
An seinen Bruder Wolf, Dresden 10. 12. 1822: »Sei so gut und schreibe uns genau und umständig die Zubereitung des Fleisches, es müßte doch wohl mit dem Teufel zugehen, wenn Sächsche Gänse nicht auch einigermaßen gut schmecken sollten... Eben als ich vom Tisch aufgestan-

167

den schrieb ich diese Zeilen, den Wohlgeschmack des Pommerschen Leckerbissens noch im Munde...«
An seine drei Greifswalder Brüder, Dresden 2. 10. 1825: »Es scheint wirklich als wenn Gänsebrüste und Mettwürste das brüderliche Band zwischen uns geknüpft hielten.«

Eine Jugenderinnerung
Theodor Fontanes

Theodor Fontane, der Dichter der Mark, berichtet in »Meine Jugendjahre« über den letzten Besuch bei seinem siebzigjährigen Vater: »Und nun wollen wir anstoßen. Es ist noch Rotwein aus Stettin; die Stettiner manschen am besten. Was Echtes gibt es überhaupt nicht mehr. Weißt du denn noch den alten Flemming mit seinem echten Bordeaux? Er nennt ihn immer bloß Médoc, ihm so ohne weiteres einen vollfranzösischen Zunamen zu geben, soweit wollt' er doch nicht gehen. Médoc ist übrigens ein wirtlicher Ort, freilich sehr klein, höchstens 1 400 Einwohner... Ja, der alte Flemming, ein vorzüglicher Herr. Ist nun auch schon zur Großen Armee, alles marschiert ab... Na, ewig kann es nicht dauern. Und nun stießen wir an und ich sah, daß es wieder die schönen Pokalgläser aus der alten Swinemünder Zeit waren.«

Die Schlacht- und Backzeit vor Weihnachten

Niemand hat auch besser als Theodor Fontane in seiner Selbstbiographie »Meine Kinderjahre« die vorweihnachtlichen Vorbereitungen im Swinemünder Bürgerhaus, die so ziemlich für ganz Pommern gelten können, beschrieben:
Das gesellschaftliche Leben ruhte während der Spätherbsttage, man erholte sich von den Strapazen der Sommersaison und stärkte sich für die Wintergesellschaften. Aber ehe diese kamen, war noch ein mehrwöchentliches Interregnum durchzumachen, die Schlacht- und Backzeit, die letztere schon mit der Weihnachtszeit zusammenfallend.
Mit dem Gänseschlachten fing es an. Es handelte sich dabei um mancherlei, zunächst wohl um die Federn zur Herstellung immer neuer Fremdenbetten, vor allem aber auch um die geräucherten Gänsebrüste, die fast so wichtig waren wie die Schinken und Speckseiten im Rauchfang. Waren kurz vor Martini die Gänse zu diesem Zweck in genügender Zahl herangetrieben und auf dem Hofe, wo nun ein entsetzliches Schnattern uns eine Woche lang um unsere Nachtruhe brachte, zu letzter Auffütterung eingepfercht, so wurde auch schon der Tag zu Beginn der Festlichkeit festgesetzt. Meist Mitte November. War nun die Gänseschlachtzeit her-

angekommen, so bedeutete das eine erheblich gesteigerte Raumbeschränkung, denn am selbigen Abend, an dem das Massakrieren beginnen sollte, stellte sich zu dem, was für gewöhnlich die Gesindestube beherbergte, auch noch ein Aufgebot alter Weiber ein, vier oder fünf, die sonst als Wasch- oder auch wohl als Jätefrauen ihr Dasein fristeten.

Und nun begann das Opferfest. Immer spät abends. Durch die weit offenstehende Tür, geöffnet, weil es sonst vor Stickluft nicht auszuhalten gewesen wäre, schienen die Sterne in den verqualmten und durch ein Talglicht kümmerlich erleuchteten Raum hinein. Nächst der Tür aber in einem Halbkreis standen die fünf Schlachtpriesterinnen, jede mit einer Gans zwischen den Knien, und sangen, während sie mit einem spitzen Küchenmesser die Schädeldecke des armen Tieres durchbohrten (eine Prozedur, deren Notwendigkeit mir nie klar geworden ist), allerlei Volkslieder, deren Text in einem merkwürdigen Gegensatz sowohl zu dem mörderischen Akt wie zu der Trauermelodie stand. So wenigstens mußte man annehmen, denn die Mädchen begleiteten die Volkslieder mit unendlichem Vergnügen, ja, die besonders traurig klingenden Stellen sogar mit Juchzern. Meine beiden Eltern waren sittenstreng, und es war oft die Rede davon, ob diesem frechen Treiben nicht Einhalt zu tun sei; schließlich aber hatte man den Kampf dagegen aufgegeben.

Die Schrecknisse dieser Gänseschlachtepoche waren mit der eigentlichen Schlachtnacht und den Trauermelodien keineswegs abgetan, sondern setzten sich durch mindestens eine halbe Woche hin noch weiter fort. Diese Schlachtzeit war nämlich zugleich auch die Zeit, wo das aus Gänseblut zubereitete »Schwarzsauer« tagtäglich auf unseren Tisch kam, ein Gericht, das nach pommerscher Anschauung alles andere aus dem Felde schlägt. Auch mein Vater hielt es für seine Pficht, sich dieser landestümlichen Anschauung anzuschließen, und sagte, wenn die dampfende Riesenschüssel erschien: »Ah, das ist recht; davon eßt nur; das ist die schwarze Suppe der Spartaner; alles Saft und Kraft.« Er selber suchte sich geradeso wie wir das Backobst und die Mandelklöße heraus und überließ die Kraftbrühe der Gesindeschaft draußen und vor allem den Schlacht- und Klageweibern, die sich durch ihre Bohrversuche den begründeten Anspruch darauf erworben hatten. Etwa vierzehn Tage später folgte dann das Schweineschlachten.

Anfang Dezember wurde immer auch noch ein Hirsch von der Oberförsterei hier eingeliefert, der nun aufgebrochen an die Giebelwand des Gesindehauses gehängt wurde. Tag um Tag trat dann die Köchin an das schreckliche Giebelornament heran und schälte erst den Ziemer und dann die Vorder- und Hinterschlägel heraus, so daß wir immer aufatmeten, wenn es mit dieser Wildherrlichkeit wieder vorbei war.

Unter einem glücklicheren Stern stand die Backwoche, wo mit Pfeffer- und Zuckernüssen begonnen und mit Brezeln, Kranz- und Blechkuchen aufgehört wurde. Wir durften nicht nur mit in die Backstube hinein, darin es überaus anheimelnd nach bitteren Mandeln und geriebener Zitrone roch, sondern erhielten auch als Weihnachtsvorgeschmack eigens für uns Kinder gebackene kleine Wecken, alles reichlich zugemessen. »Ich weiß«, sagte meine Mutter, »daß sie sich den Magen daran verderben, aber das ist besser, wie wenn sie knapp gehalten werden. Sie sollen all diese Zeit über eine Festfreude haben, und die bringt ihnen ein Festkuchen am besten bei.«

Bismarck und die pommersche Gans

In der »Chronik von Gribswold«, Leipzig 1907, erzählt Karl Adam: »Een gauden Mund vull eeten gaw dat hier. Wer denkt dorbie nich an dei pommersche Gaus'! As Bismarck Bundsdagsgesandter in Frankfurt was, is hei mit den französchen Angbassadür ne Wedd ingahn, wecke Land

wal dei sworste Gaus' liefern dät, Pommern odder dat Elsass. Hei schrew ja nun furts an Neumeistern in dei Hunnenstrat, wo hei em wol ne swore Fettgaus' schicken wull. Un Neumeistersch het ja über dei halwen Nächt bei dei Gäus' seten und em so veel Proppens rin staken, dat sei eine Gaus' von 27 Pund trechtproppt kreeg. Dei hat sei Bismarcken schickt, un hei het in dei Wedd wunnen. Darför het hei Neumeistern een sülwernes Gausei gewen. Dat leet sich als Salt- und Pfefferfatt vonein trecken.«

»Besser als in Berlin...«

In den »Stettiner Nachrichten«, 2. Jahrgang, Nr. 2 vom Februar 1951 berichtet H. M. auf Seite 9:

»Die meisten Stettiner wußten gar nicht um die Einzigartigkeit ihrer Baumkuchen, wie sie in Stettin in allen Konditoreischaufenstern und auf den Hochzeitstafeln prangten. Wo sonst in der Welt werden denn Baumkuchen so dunkelbraun gebacken und dann ringsherum an den Aststümpfen mit blendend weißen Zuckertupfen versehen? Ja, überhaupt, die Stettiner Konditor', bei denen es überall ein Baiser mit Schlagsahne für zehn Pfennig gab! (Natürlich nur vor dem Ersten Weltkrieg!) Wenn die Kaiserin kam, mußte Frau Mainck (?) ihre Spezialitäten vorsetzen, weil in Berlin so etwas niemand liefern konnte. Die Männerwelt ging stattdessen zu Timm, unten bei der Baumbrücke. Da gab es geschabte Deutsche Beefsteaks, wie sonst nirgends. (Und herrliche Fischgerichte!)

*

Wer lang supt, lewt lang.

Ein pommerscher Magen kann alles vertragen!

Pommersche Redensarten

Pommersche Bäckerspezialitäten

Während die Stettiner Konditoren ihre berühmten Baumkuchen herstellten, fertigten die Stettiner Bäcker als besondere Spezialität die bekannten »Stettiner Salzkuchen« sowie die anderenorts auch meist unbekannten »Knüppel« und »Schrippen« an. In Stolp kannte man die »Stolper Pameln«, in den Kreisen Rummelsburg, Bütow und in Leba die »Neujörkes« und »Krämonkes«, in den Kreisen Neustettin, Köslin und Belgard auch die »Neujahrsschrippen« und die »Niejährsschröttchen«. Mancherorten, so in Stettin, kannte man auch, wie in Süddeutschland, die »Fastenbrezeln«.

Der eßbare Weihnachtsbaum

Alles am pommerschen Weihnachtsbaum war eßbar, er selber ausgenommen. Lametta, in blecherne Halter gesteckte Stearinkerzen, schwebende Engel gab's nicht. Das wurde in letzter Zeit erst importiert. Unsere Kerzen waren aus dem Wachs der heimischen Immen gezogen, ihr Duft gehörte zum Heiligabend, ebenso wie der Honiggeruch des Kleingebäcks, das in den Zweigen hing und das Aroma der rotbackigen Äpfel, die an goldenem Faden aus dem Fichtengrün lugten. Die Mürbchen, Ausstecher in Form von Sonne, Mond und Sternen, Kreuzen und Kringeln, wechselten mit vergoldeten Walnüssen. Ganz oben schwebte, sich in der Hitze drehend, ein silberner oder goldener Stern. Die Kinder durften den Märchenbaum zuerst nur anstaunen, geplündert ward er am Sylvesterabend.

Man kannte in Pommern weder den Ausdruck Christbaum, noch Christkind. Knecht Ruprecht war's, der in der Adventszeit Pfeffernüsse und Zuckerstangen in den Schuh steckte oder in eigener Person den unartigen Knaben und Mädchen mit der Rute drohte, den artigen einen Vorgeschmack der kommenden Herrlichkeit aus seinem Sack reichte. In den kleinen Städten und auf dem Dorf herrschte noch nicht die Betriebsamkeit, die heute dem heiligen Fest seinen Zauber nimmt.

171

Hochtid, Döp un Gräfnis

Das waren die Feste, im bäuerlichen Leben Pommerns nicht nur, sondern auch in dem seiner kleinen Städte, mit ihren Ackerbürgern, Gärten und Kleinvieh besitzenden Handwerkern, Kaufleuten und Beamten. Es wuchs einem zu, man konnte schon was springen lassen! Und das tat man denn ja auch. Weihnachts- und Erntebier-Sitten wurden schon anderorts geschildert; jetzt machen wir eine Landhochzeit mit!

Gern genehmigen wir, von der Fahrt im offenen Wagen durchgefroren, einen Korn. Die Kirche wird kalt sein.

Im Brauthaus freilich schwitzt man vor Betriebsamkeit. Alle Bratpfannen des Dorfes sind hergeliehen, um in dem großen Backofen, entfernt vom Haus, Kalbs- und Schweinebraten aufzunehmen. Die Hühner wurden schon am Vortag entweder im Waschkessel gekocht oder in einem der golden blinkenden Messingkessel, die wir dann im Weltkriege opfern mußten. Jeder Gast bringt zwei bis vier Pfund Butter, künstlich verziert: Blumen, Girlanden und allerhand Tiere mit silbernem Löffel eingedrückt. Das Mahl beginnt mit Brühsuppe, darin Grießklößchen schwimmen. Dann Geflügel, Fisch, Braten, Süßspeise, der allbewunderte Baumkuchen, zu schade zum Anschneiden! Selbstgebrautes Bier und ein Korn helfen, die fetten Dinge hinunterzuspülen. Die Musikanten haben schon von der Kirche her geblasen, sind bewirtet worden und stimmen jetzt zum Tanz an, im ausgeräumten Zimmer oder auf der Tenne. Um Mitternacht gab's Kaffee und Kuchen.

Kam dann der Erstgeborene zur Welt, so ward wieder, wenn auch in engerem Rahmen, gefeiert. Hier schrieb die Sitte als ersten Gang vor: Milchreis mit Zucker und Zimt, von zerlassener Butter überschwemmt.

Un dat Gräfnis? War eine »schöne Leich« etwa kein Grund zum Feiern? Der liebe Tote ist gut aufgehoben, hat nun alles hinter sich. Also, Musik am Grabe, daheim Kaffee, viel Kuchen, Bier und Korn. Der Herr Pastor durfte nicht fehlen, man hätte ihm das sehr übel genommen!

E. H.

»Lüchting, fret Fisch!«

Zu einem biederen Tucker in Wollin kam einst ein Handwerksbursche um Almosen. Da gerade das Mittagessen auf dem Tisch stand, Kartoffeln und selbstgefangene Fische, wird er genötigt, tüchtig zuzugreifen. Denn die Wolliner waren von jeher gastfreundliche Mitmenschen. Um seinen hungrigen Magen schneller zu füllen, griff der Gast ahnungslos nach den Kartoffeln und schonte die Fische. Eine Weile sah der Gastgeber das ruhig mit an, zuletzt aber sprang er empört auf und prägte den noch heute bekannten Spruch: »Du, Lüchting, fret Fisch, Tüften sin düer!«

Dies geflügelte Wort erschien in unseren Tagen auf dem Wolliner Notgeld, Zeichen dafür, daß den Insulanern trotz allem der Humor nicht ausgegangen war.

Dat einzigst Gemüs'...

Amtsrat P., ein vorpommersches Original, überquert den Stralsunder Marktplatz, um, wie allwöchentlich, bei seinem Stammtisch aufzutauchen. Da sehen seine Augen etwas sehr Liebliches, die Neuvermählte seines Neffen Krischan. Blond, schlank, zart.

»Tag, Onkel Amtsrat!« schwenkt sie fröhlich ihr Einholnetz, »was machen Sie?«

Barsch fährt er die Verdutzte an: »Wat heit' hier Sei? Wi sägge us du!«

»Also du, liebes Onkelchen; und schönen Dank für die frischen Eier!«

»Wat häst dor in dien Einholnetz? Gräunet? Wotau is dat?«

»Aber, Onkel Amtsrat, schöner, frischer Spinat.«

»Puh, dat frette bi us de Käuh...«

»Oh, Gemüse ist doch soo gesund, und zu den Eiern; wie wird das schmecken!«

»Mien leiw Döchting, ick will di wat seggen: Dat einzigst Gemüs' in mien Ogen is de Rumtopp!« — Sprach's und verschwand in seiner Wirtstür, wo schon der steife Grog mit viel Rum seiner wartete.

E. H.

Pommersche Rezepte

Heringsstipp

Unter einen halben Liter heller Grundsoße mischt man feingehackten Hering, läßt zehn Minuten ziehen und schmeckt mit etwas Essig oder Zitrone ab. (Sardelle und Kapern verfeinern die Stipp.)

Das Grundrezept aller Soßen ist immer das gleiche. Bei hellen eine gelbe Mehlschwitze, bei dunklen eine braune. Helle Soßen lassen sich würzen mit Dill, Tomate, Senf, Meerrettich, Petersilie, Schnittlauch. Auch die bekannte Holländische Soße gehört hierher (Butter, Weizenmehl, Brühe, Milch oder Sahne, Eigelb, Zitronensaft).

173

Süß-saure Speckstipp

Zwiebeln werden in Milchwasser weich gedünstet und aus Mehl, in saurer Milch verrührt, eine weiße Tunke gemacht. Gekochte Pellkartoffeln zieht man ab, schneidet sie in Scheiben, tut gewürfelten, ausgelassenen Speck mit den Grieben hinzu und schmeckt noch mit Essig und Zucker ab. Man kann auch saure Sahne verwenden!

Thymianstipp

Aus Fett, durchwachsenem Speck, Zwiebeln, Mehl helle Grundsoße, mit Salz und Pfeffer abschmecken, 3 Stiele Thymian hinzu, Pellkartoffeln und Senfgurken als Beigabe.

Stampfkartoffeln und Buttermilch

Dies ist eins der urpommerschen Gerichte, das man anderswo nicht kennt! Die Salzkartoffeln, schön mehlige, werden tüchtig mit etwas Milch und Butter durchgestampft, richtig geschlagen, dann über die heißen Kartoffeln die Buttermilch gegossen. Man kann auch in Fett geröstete Zwiebeln darüberstreuen; wird aus tiefen Tellern gegessen.

Heringskartoffeln

Heringskartoffeln, wie oben, nur statt der Buttermilch gewässerte, fein gewiegte Vollfettheringe hineingeben.

Kartoffelsupp, Kartoffelsupp...

»... den ganzen Tag Kartoffelsupp«. Das war der Text, den man einst einem bekannten militärischen Trompetensignal unterlegt hatte. Sicherlich zuerst in Pommern, dem Land der guten Kartoffeln und der oft und gern gegessenen Kartoffelsuppe. Ihre Herstellung war einfach genug: Geschälte, rohe Kartoffeln läßt man mit Salz in Wasser oder Fleischbrühe weichkochen und fügt Lorbeerblätter und Gewürzkörner hinzu. In Würfel geschnittener Speck wird in der Pfanne ausgelassen und darübergegossen. Als Beilage gab es meist Zieschen (Würstchen) oder Scheiben der guten selbstgeschlachteten Dauerwurst.

Aber die Kartoffeln bildeten auch die Grundlage für manch anderes pommersches Gericht. Allen voran Stampfkartoffeln mit Scheiben gebratenen Specks und Buttermilch! Dann Pellkartoffeln mit Butter und Matjes-Hering oder statt der teueren Butter mit einer Speck- oder Senftunke. Auch »Schusterstipp« war sehr beliebt zu Pellkartoffeln oder Salzhering, der mit nachstehender Tunke angerichtet wurde: Milch und Weizenmehl werden zu einer sämigen Tunke gekocht und vom Feuer genommen. Man gibt Lorbeerblätter, Gewürzkörner und einige Nelken hinzu und läßt alles bis zum Erkalten ziehen. Dann rührt man die Heringsmilch durch ein Sieb dazu, schneidet Zitronen- und Gurkenscheiben hinein und gibt den abgezogenen, einen Tag gewässerten und dann filetierten Salzhering in die Tunke. Das Gericht soll einen halben Tag durchziehen.

Kartoffelsalat
auf pommersche Art

Ein Tassenkopf Weinessig, eine halbe Tasse feines Öl, ein Teelöffel Salz, eine feingeriebene Zwiebel und anderthalb Tassenköpfe Brühe werden gut verquirlt. Die in der Schale gekochten, rasch in Scheiben geschnittenen, noch heißen Kartoffeln (am besten nicht mehlige Salatkartoffeln) rühren wir unter. Alles muß rasch geschehen, auch wenn die Finger dabei ein wenig Hitze dulden! Die mehlige Soße wird nur leicht unter die Kartoffelscheiben gezogen, damit sie nicht zerfallen. Darüber feingehackte Petersilie und der

Rand mit Petersilienblättern garniert. Kein ganz leicht verdauliches, aber sehr wohlschmeckendes Gericht.

Kümmelkartoffeln

Zu diesem altpommerschen Gericht werden geschälte Kartoffeln mit reichlich Fett, am besten halb Butter, halb Rindertalg so weich gekocht, daß sie zerfallen. Nicht zuviel Wasser drangeben! Mit einem Löffel voll Kümmel durchgerührt, der einmal mit aufkocht, munden sie vorzüglich und sind sehr gesund. Dazu aß man in Pommern gern Backobst oder kaltes Fleisch, Karbonade oder Buletten.

Fettkartoffeln

Aus dem Neustettiner Kreise wurde die Vorschrift für ein Kartoffelgericht zur Verfügung gestellt, das sich »Fettkartoffeln« nennt. Das Lappenfett von der Gans wird in große viereckige Stücke geschnitten, mit Thymian und Majoran eingesalzen und eine Woche stehen gelassen. Zu diesem Gericht kocht man eine ganz einfache Kartoffelsuppe mit Suppengemüse. Von dem eingesalzenen Fett brät man 4—6 Stücke kroß mit Zwiebeln aus und gibt es über die Kartoffelsuppe.

175

Dünstkartoffeln

Rohe Kartoffeln schälen und in kleine Würfel schneiden. In einen größeren Kochtopf 1 Teelöffel Fett tun, darauf die Kartoffeln mit etwas Salz und Wasser, fingerdick hoch im Topf. Bei kleiner Flamme garen lassen, bis das Wasser fast verdunstet ist. Petersilie und Schnittlauch dazwischenstreuen.

Braunes Kartoffelgemüse

Mit 50 g Speck oder 30 g Fett eine dunkle Mehlschwitze machen (2 Eßlöffel Mehl), mit Gemüsebrühe ablöschen. Zwiebel, Porree, Salz, Essig, Zucker, Basilikum, Bohnenkraut und Kümmel. Eine halbe Stunde kochen lassen, die in Scheiben geschnittenen rohen Kartoffeln hineingeben und alles zusammen nochmals heiß werden lassen. Zum Schluß Petersilie oder Schnittlauch dazugeben.

Heringskartoffeln

Bescheideneren Ansprüchen genügten Heringskartoffeln: Hierzu wurden z. B. gekochte Kartoffeln in dünne Scheiben geschnitten und mit Essig, fein gewiegten Zwiebeln, Salz und Pfeffer gewürzt und schließlich der gewässerte Hering enthäutet und entgrätet, in kleine Stücke geschnitten dazugetan.

Pommersche Eierpfanne

Bei »Pommersche Eierpfanne« bildet Kartoffelbrei die »Grundlage« für das delikate Gericht: Aus 1 kg Kartoffeln, 1 Tasse Milch, 1 Eßlöffel Butter, etwas Salz schlägt man einen lockeren Kartoffelbrei und streicht ihn in eine gefettete Pfanne oder feuerfeste Form. Mit dem Löffel drückt man vier bis sechs kleine Gruben in den Brei, gibt in jede Grube 1 Teelöffel feingewürfelten Schinken, schlägt vorsichtig 1 Ei hinein, begießt mit etwas Sahne, bestreut mit Semmelmehl und belegt mit Butterflöckchen. Im Ofen wird das Gericht goldgelb überbacken und mit Tomatentunke serviert.

Pellkartoffeln mit Grieben und Äpfeln

Die Grieben werden, wie beim Apfelgriebenschmalz, mit Zwiebeln und Thymian aufs Feuer gebracht, dann tut man so viele ungeschälte, mit Kreuzschnitt versehene weinsaure Äpfel ins Fett wie Personen sind, muß aber daran denken, daß Äpfel viel Fett schlucken. Sind sie weich, nimmt man sie mit Zwiebeln und Thymian aus dem Fett heraus und läßt diese weiter braten bis die Grieben schön braun und knusprig, aber nicht zu dunkel sind. Wird heiß mit Pellkartoffeln gegessen, schmeckt aber auch kalt zu Brot.

Speckeier

Zwei gehäufte Eßlöffel Weizenmehl rühre mit wenig Wasser glatt, salze mäßig und gib ein Bund Schnittlauch daran. Schlage dann tüchtig mit dem Löffel die Eier. In einer Stielpfanne wird nun für jeden eine Scheibe Räucherspeck leicht ausgebraten. Gib noch etwas Fett in die Pfanne, spüle den Topf aus und backe auf kleinem Feuer einen dicken Eierkuchen. Will er sich ansetzen, so fährt man mit breitem Messer unter. Dazu Pellkartoffeln und grünen Salat. Ist typisch pommersch.

Pommersche Fischspezialitäten

In alten pommerschen Chroniken und Berichten wird schon über Pommerns Fischreichtum geschrieben. Auch die große Lubinsche Karte nennt in ihrem Verzeichnis allein 79 Sorten Fische. Es ist ja kein Wunder; denn wo viel Wasser ist: die Ostsee, das Haff, die Flüsse und die Seen, gibt es viele Fische und somit viele Fischgerichte und eine gewerbliche Verarbeitung des Fischsegens.

Beginnen wir mit der Insel Rügen. Eine der auffallendsten Fischarten dort ist der Hornfisch, der Fisch mit den grünen Gräten. Er schmeckt sehr gut gebraten, ähnlich wie Aal, ausgezeichnet auch sauer in Gelee. In Binz wurde er gekocht und mit holländischer Tunke gereicht.

In Lauterbach, im Süden der Insel, lernten wir den echten Rügenaal kennen bei den Aalfischern Gebrüder Husmann. Interessant war es, zuzusehen, wie die Fischersfrau die sich schlängelnden »aalglatten« Fische kochfertig machte. Die dünnen Aale legte sie, soviel wir für eine Mahlzeit brauchten, auf den Sand. Mit einer Fußspitze trat sie vorsichtig auf den Kopf des Aales, während der andere Fuß, angetan mit dem sandigen Holzpantoffel, den Aal durch Scheuern von dem anhaftenden Schleim befreite. Dann nahm sie ihn hoch, ritzte mit einem spitzen Küchenmesser schnell den Bauch bis zum Kopf auf, gleichzeitig die Eingeweide mit herausreißend und am Schluß den Kopf abschneidend. Das geht so schnell, daß man dem Vorgang kaum folgen kann.

Der dünne Aal wird am besten zur Aalsuppe genommen. Zuletzt, wenn die Suppe mit etwas Mehl abgerührt ist, recht viel Kräuter, darunter Dill, zutun. Die dickeren Aale werden in Stücke geschnitten, gebraten und am besten mit Kartoffelsalat gegessen. Besonders schöne, ausgesuchte kamen in die Räucherei. Die bekannte Feinkostfirma Appel besaß in Lauterbach eine Aalräucherei und eine Fischkonservenfabrik. So ein Aal, frisch aus der Räucherei geholt, ist eine Delikatesse. Die Rugianer salzen den Aal auch zu Pökel-Aal (Päck-Aal), ein rechtes Fischergericht.

Den größten Fanganteil in den Rügenschen Gewässern bilden die Heringe und der Dorsch. Ferner wird der Gold- und Steinbutt gefangen. »Goldbutt soll man kochen, nicht braten, dann wird er im Geschmack wie Kalbfleisch geraten.« Zuletzt noch die Zubereitung des »Rugianer Herings«: Recht kleine Heringe werden dazu gebraucht, über Nacht in Essig gelegt und am nächsten Tag filetiert. Sie müssen »gar« sein. In eine Schüssel legt man eine Schicht dieser Filets, streut Rosenpaprika, gemahlene Nelken, und eine Prise Zucker darauf, legt wieder eine Schicht Filets darauf, streut wieder das Gewürz und so fort. Nach zwei Tagen sind sie durchzogen und schmecken wunderbar als Beilage zu Bratkartoffeln oder auf Brot.

Wer den Ostseehering gern gebraten einlegen will, soll es einmal nach Stralsunder Art tun. Gebraten werden 1 Kilo Heringe in eine Schüssel geschichtet mit Zitronenscheiben dazwischen, obenauf legen wir Zwiebelscheiben. Ein Gemisch aus Essig und Wasser nach Geschmack, dazu ein halber Liter helles Bier, wird darübergegossen. Die Heringe bekommen einen frischen, prickelnden Geschmack. Diese Rezepte bereitet man nur mit Ostseeheringen, die im Geschmack besonders zart und mild sind.

Heringsdorf auf Usedom-Wollin war vor 1820 ein kleiner Fischerort, dessen Bewohner vor allem vom Fang der Heringe lebten. Als Friedrich Wilhelm IV. die Inseln 1820 besuchte, taufte er diesen kleinen Ort, der bis dahin noch keinen eigenen Namen führte, Heringsdorf. Später wurde er eines der bekanntesten pommerschen Seebäder. Der Nachbarort Ahlbeck ist durch die Räucherflundern bekannt geworden. Eine Misdroyer Spezialität war Aal grün mit Gurkensalat.

Hering auf pommersche Art

Nicht zu große Heringe werden, nachdem man sie gründlich gewässert hat, halbiert und entgrätet, worauf man sie noch einmal in vier Stücke schneidet. Nun legt man die Heringsstücke auf eine flache Schüssel, schlägt saure Sahne mit dem Schneebesen schaumig, würzt sie mit

Pfeffer, Salz und etwas Paprika, worauf die Sahne auf die Heringsstücke recht schön und dick gestrichen wird. Vor dem Anrichten gibt man auf die Heringe noch gehackten Schnittlauch und Petersilie.

Gefüllte Salzheringe

6 Salzheringe, einige frische oder getrocknete Pilze, 2 Löffel Mostrich, 2 Zwiebeln, Salz und Pfeffergurken, rote Rüben, 3 Tomaten, 30 g Fett.
Die gut gewässerten Heringe werden von Kopf, Schwanz und Mittelgräte befreit und auf einer Platte oder einem Brett ausgelegt. Die Pilze werden fein gewürfelt und in Fett gedünstet. Dazu gibt man feingeriebene Zwiebeln, verrührt die Heringsmilch mit Mostrich und füllt diese Masse in die Heringe. Garniert und umlegt wird die Heringsplatte mit roten Rüben, Gurken und Tomatenscheiben.

Heringsklops

1 Pfund gehacktes Rind- und Schweinefleisch, halb und halb, wird mit 2 eingeweichten Brötchen, 2 kleinen gehackten Salzheringen, einer großen geriebenen Zwiebel, Pfeffer, einem Eiweiß und Salz nach Bedarf zu einem festen Teig vermengt und Klopse daraus geformt, die man in Salzwasser 20 Minuten kochen läßt. Zur Soße bereitet man eine helle Mehlschwitze, die mit dem Klopswasser aufgefüllt wird, tut etwas von dem gehackten Hering hinein, schmeckt mit Zitronensaft ab, rührt das Eigelb darunter und schüttet eine Röhre Kapern dazu.

Scholle gebraten

Kleinere Schollen werden gereinigt, von Kopf und Flossen befreit, abgetrocknet, mit Salz bestreut, mit etwas Zitronensaft beträufelt, in Ei und Semmel paniert und in steigender Butter oder gutem Fett goldbraun gebraten. Die Soße wird mit einigen Eßlöffeln kochendem Wasser verlängert, mit etwas Zitronensaft geschärft und über die Fische gegeben. Es werden Salzkartoffeln und grüner Salat oder Kartoffelsalat dazu gereicht.

Enten- oder Gänsebraten

Nach dem Sengen und Waschen werden die Tiere ausgenommen — auf die Einzelheiten einzugehen, verbietet uns der Platz — dann werden Beifuß und Majoran,

179

Apfelschnitz, Rosinen, Brot, Zucker und Zimt gemischt und damit die Gans stramm vollgefüllt. (In Pommern verwendet man zur Gansfülle keine Kastanien.) Der Rumpf wird zugenäht oder mit Wurstspeilen zugesteckt. Im Bratofen mit einem Viertelliter Wasser angesetzt, muß die Brustseite eine Stunde zuerst nach unten liegen, dann erst wenden! Fett abschöpfen! Ist, bei fleißigem Begießen, die Gans braun und knusprig geworden, so wird sie in der letzten Viertelstunde nicht mehr begossen, dafür mit kaltem Salzwasser abgeschreckt.

Gänseweißsauer

Das Klein (Köpfe, Hälse, obere Flügelspitzen, Herz, Pfoten, diese mit den sorgfältig gereinigten Därmen umwickelt,) wird mit Gewürz und Lorbeerblatt, Salz und Zwiebeln gargekocht. (Das Umwickeln der Pfoten mit dem Darm ist urpommersch!) Die Brühe wird durch ein feines Tuch geseiht, mit Essig abgeschmeckt, mit Gelatine gesteift und über die Fleischstücke gegossen. Man spart Gelatine, wenn man Kalbshaxen mitkocht. Beigabe: Bratkartoffeln.

Gänseschwarzsauer

Die Fleischbrühe von Leberwurst und Preßkopf wird kochend mit Blut gemischt — soviel Blut, daß es eine ebene Suppe gibt, dazu Backpflaumen und Birnen mit Zimt und Gewürz gargekocht, Salz, Essig und viel Zucker, Schnuten und Poten.

Pastorenbraten

Weißsauer von Gans oder Schwein kann man leicht in »Pastorenbraten« umwandeln. (Diesen Namen hat dieses pommersche Gericht davon, daß man dem Herrn Pastor gern etwas Gutes anbot, wenn er unverhofft zu Besuch kam!) Man stellt das Glas mit Weißsauer in die Röhre oder in warmes Wasser, nimmt Brust oder Keule heraus, wälzt sie in Mehl und brät sie knusprig. Vom Gelee macht man eine süß-saure Tunke und reicht alles mit Salzkartoffeln.

Gänseleberpastete

2 Pfund durchwachsenes Schweinefleisch, ein viertel Pfund Fliesen (Flomen), 6—8 große Lebern drei- bis viermal durch die feinste Scheibe der Hackmaschine dre-

hen. Dann mit Salz, Pfeffer, Kraut und Trüffeln würzen. Eine halbe Stunde rühren, die Gläser mit fettem Speck auslegen, nicht ganz vollfüllen, sehr vorsichtig einwecken.

Oder 3 Pfund Gänseleber, 4 Pfund frischen Speck, 4 ganze Eier, Pfeffer, Salz, Muskat schichtweise mit Gänseleberscheiben und Trüffeln in die Gläser packen.

Gänsemagen

Die Magen werden gereinigt, die Haut abgezogen, mit Salz eingerieben, zur Spickbrust in die Lake gelegt, nach fünf Tagen herausgenommen, abgerieben und in den Rauch gehängt. Gut durchgeräuchert, werden sie auf der Reibe gerieben und mit Gänseschmalz aufs Brot gegessen. (Sehr pikant!)

Apfelgriebenschmalz

Man kann es sowohl aus Gänseflomen und dem abgebrannten Gänsefett herstellen wie aus Schweineflomen und Rückenfett. In beiden Fällen werden die Flomen in etwa 1 cm große Würfel geschnitten, das andere Fett in kleine Würfel, weil es länger zum Ausbraten braucht. Man tut so viel Milch in einen Kochtopf, daß der Boden bedeckt ist, gibt das geschnittene Fett hinein und bringt das Ganze auf schwaches Feuer. Umrühren, bis es fast geschmolzen ist. Jetzt pellt man mehrere Zwiebeln ab, versieht sie ebenso wie 2 bis 3 ungeschälte Äpfel, von denen die Blume entfernt ist, mit einem Kreuzschnitt und gibt sie mit einem Strauß Thymian in das kochende Fett. Das Ganze muß langsam braten, bis Äpfel und Zwiebeln weich und diese leicht gebräunt sind. Äpfel, Zwiebeln und Thymian werden mittels Schaumkelle herausgenommen und auf einen Teller getan. Das Fett läßt man auf schwachem Feuer, bis die Grieben goldgelb, also nicht völlig ausgebraten sind. Durch ein Sieb gelassen, haben wir nun fertiges Schmalz. Die darin gekochten Äpfel schmecken gut zu Brot.

Nun muß der Kochtopf noch einmal aufs Feuer, in dünne Scheiben geschnittene weinsaure Äpfel schmoren darin bis sie, halb zerkocht, mittels Stampfen zerrührt werden. Mit den Grieben, die aber nicht knusprig sein dürfen, je nach Säure der Äpfel noch etwas beigefügtem Zucker bilden sie nun das Griebenschmalz. Luftdicht abgeschlossen ist es unbegrenzt haltbar; geöffnet, muß es bald verbraucht werden.

181

Pommersche Gänseflomen

Das Bauchfett wird eine Nacht in mehrmals erneuertem, kaltem Wasser mit einer Zwiebel gewässert, enthäutet und entweder durch die Maschine getrieben oder besser mit der Hand gehackt und durch ein Sieb gerührt. Eine geriebene Zwiebel, getrockneter und durchgerührter Majoran und Thymian (2 zu 4) werden später der Fettmasse beigegeben; erst muß diese mindestens eine Stunde geschlagen werden. Nun vorsichtig salzen, die Gewürze und Zwiebeln hinzu, es muß wie Marmor aussehn und der reine Schaum sein. Man achte darauf, daß alle Wasserteilchen aus der abgetropften Flom entfernt waren, bevor man sie zerrieb. Wasser würde die Haltbarkeit mindern. In Gläser gefüllt, gut zugebunden, muß der »Kaviar« recht kalt stehen. Hält sich nicht lange. Auf Brötchen gestrichen, ein köstlicher Geschmack. Die Fürstin Johanna von Bismarck verschenkte Proben dieser pommerschen Spezialität an Diplomaten. Im übrigen Deutschland unbekannt.

Gänsespickbrust

Die Brust wird sorgsam vom Brustknochen gelöst — die beiden Hälften dürfen nicht auseinanderreißen — mit der Haut nach unten auf den Tisch gelegt, das zarte Fleisch mit Pfeffer und Salz bestreut, mit beiden Händen so lange hineingeschlagen, bis sich Lake bildet. Nun werden die Hälften zusammengeklappt, sauber gestutzt und die drei offenen Seiten mit einem Baumwollfaden dicht an dicht zugenäht. Nachts kommt die Spickbrust unter eine Presse (Brett mit Stein), dann wird sie 9 Tage mit der sich bildenden Lake befüllt (in einer tiefen Schüssel) und danach goldgelb geräuchert.

Teewurst nach Rügenwalder Art

Zu 20 g fettem Schweinebauchfleisch, kleingeschnitten, kommen 10 g mageres helles Fleisch, durch feine Scheibe gelassen. Gewürz: pro kg Fleischmasse 32 g Salz, 4 g Konservensalz, 2 g weißer gemahlener Pfeffer, 1 g edelsaurer Rosenpaprika. Mit der Fleischmasse gut vermengt, dann in schnellem Lauf durch feine Wolfscheibe gelassen. Scharfes Messer im Wolf Hauptbedingung. Masse wird gut durchgerieben, in Cellophandärme gefüllt. Teewurst muß 2—3 Tage in mäßig warmem Rauch vorrösten, ehe sie in den Rauch kommt. Würste werden im Kaltrauch goldbraun geräuchert. (Das Original-Rügenwalder-Teewurstrezept kann nicht beschrieben werden, da es geschützt ist.)

Süße Blutwurst!

Blut, Weizenmehl, Semmelmehl, Rosinen, Zucker, Zimt, Salz, Gewürz, Nelken, Zitrone, durchgedrehte Schwarten und Brühe werden zu einem dickflüssigen Teig zusammengerührt und die Masse in runde Därme gefüllt. Beim Hineinstechen mit einer langen Stopfnadel müssen Fettaugen, kein Blut zu sehen sein! Süße Blutwurst hält sich nicht lange, sie wird daher gleich gegessen.
Tollatsch und Blutwurst waren für uns alle die Hauptsache beim Schlachtfest. Vom Gutsherrn bis zum Gänsejungen freute sich jeder darauf. Tollatsch und Blutwurst wurden heiß mit der Wurstsuppe gegessen oder nach dem Erkalten in dicke Scheiben geschnitten, in der Pfanne mit tüchtig Fett gebraten, dazu für jedes Stück eine dicke Apfelscheibe (Kernhaus herausgestochen) gebraten, beim Anrichten darauf gelegt. Keine Zukost weiter.

Feine Landleberwurst

Vier Pfund in Streifen geschnittene, kurz gewässerte Leber wird mehrere Male durch die Fleischmaschine gedreht. Drei Pfund Rückenfett werden gebrüht, aber nicht weichgekocht, und in Würfel geschnitten. Dieses mischt man mit vier Pfund gekochtem Wellfleisch, 200 g Zwiebelfett, 2 Teelöffel Majoran, einen halben Teelöffel gemahlenen Pfeffer, 1 Eßlöffel Zucker und 180 g Salz.

Pommersche Lungwurst

Nimm die Lunge von dem Schwein,
tue sonsten noch darein,
was zu andrem du zumeist
nicht recht zu gebrauchen weißt.

Emsig, wie die kleine Biene,
dreh es durch die Hackmaschine.
Gib nun Salz und Pfeffer dran,
würz es auch mit Majoran.

Bring alsdann das Wurstgemenge
fleißig knetend ins Gedränge.
In die Därme stopf es zierlich,
auf die Stöcke häng's manierlich!

Zu der Lungwurst stillem Jammer
'rein nun in die Räucherkammer!
Doch geduldig, weil's so Brauch,
hält sie aus und schluckt den Rauch.

Ach, es ahnt ihr Wurstgemüt
nicht, was ihr in Zukunft blüht:
Endlich, wenn die Freiheit winkt,
man sie still hinunterschlingt.

Elfriede Kannenberg

Hüppel di püppel, de Worscht hett twee
    Zippel,
Twee Zippel hat de Worscht, un ick heff
    Dorscht,
De Speck hätt twee Ecken, dat schall man
    so smecken! *(Abzählvers)*

*

Allens hätt en End, blot de Wurscht hät
    twee.

*

De Gaus is en slichten Vagel, taum Früh-
    stück tau veel, tau Middag tau wenig.

*

Wenn de Brade versolten, is de Köcksch
    verleiwt.

Rindfleisch mit Plummen

En Pundke schiert Rindfleisch nimm,
Dörwachsen Swienfleisch is nich slimm,
Backplummen oock en Pund.
Din Oller seggt: Leiw Fru, scheen Dank,
Dit Äten wünsch' ick mi all lang,
Dor wässert eim de Mund!

Hammelfleisch mit Mohrrüben

En Pundke Hammel, jung un fett,
Mohrrüben sniedst in Scheiben nett,

Un Tüfften oack dormang.
Gaud Zwiebel möt natierlich rin,
Oak Petersil, gewiegelt fien,
Frettst di doaran nich krank!

Eisbein, Arwten un Suerkraut

Doaräwer gifft't so'n scheen Gedicht,
Wi sülwsten kunnt so reimen nicht!
Dick Arwten kaakt, un Suerkohl,
Un denn dat Eisbein! Noch eenmoal,
Leiw Mudder, güw dem Teller vull,
Son Äten smeckt doch gor tau dull!

*

Rindfleisch un Plummen is en schön Je-
richt, blot, wi kreejen't nich!
(Fritz Reuter)

Pommerscher Schweinebraten

König unter den Fleischgerichten bleibt
der Braten. Ob von fettem oder magerem
Fleisch, er bildet den Hauptgang an festlicher Tafel; wo die Mittel ausreichen, auch
am Sonntagstisch. Und — Reste lassen
sich so vielfach verwenden, daß ein größe-
rer Braten nicht teurer kommt als Kurzge-
bratenes. Interessant ist die Aussage von
Pommernfrauen, daß alles wundervoll im

Elektrobratofen gerate, ein Braten aber in den alten Öfen saftiger werde.

Mageres Fleisch geben Rind und Kalb, fettes Hammel und Schwein, die Gans brutzelt im eigenen Fett. Doch rät die Altmeisterin pommerscher Kochkunst, Mariechen Rosnack, in ihrem 130 Jahre zählenden Kochbuch von 1823, immer ein wenig Wasser unterzugießen.

*

Das zwei bis drei Zentner schwere pommersche Hausschwein lieferte uns den zünftigen Weihnachtsbraten. Liebt der Engländer seinen Truthahn, so verlangt der pommersche Hausherr nach einem Stück aus der Keule, vom Vorderschinken, dem Kamm, während der Bauch gern mit Hülsenfrüchten zusammen gekocht oder auch in Scheiben gebraten wird. Das Fleisch wird geklopft, mit Salz und Pfeffer eingerieben, vorher Schwarte einschneiden. Wenig kochendes Wasser in die Pfanne geben, 2—3 Stunden lang braten, überschüssiges Fett abfüllen, die Soße mit Kartoffelmehl binden. Dazu mehlige Salzkartoffeln; als Beigabe Eingemachtes, etwa süßsaure Birnen, Preißelbeeren, auch Selleriesalat.

Pommersch Nappkaucken

Nimm en Pundke Mehl, half Pundke Botter, grad so veel Zucker un ne Pris' Salt. Reib' ne saftge Zitron af, brüh ock ne Handvull säute Mandeln, mit poar bittre mang, un denn veer bet fief Ejer. Nu schlägst wie värickt. Vörher häst en Hefstick mit 40 Gramm Hef' ansett — dat is so veel as twee Ätläpel vull — rührst de gaud upgangen Hef' tau dem Teig, giffst em in ne utfettet Form un backst entweder sülben oder bi dinen Bäcker. Oock im »Küchenwunder«. Dit güfft en nahrhaften billigen Sündagnahmiddagskaucken. Kann en lütt Kind aeten un ne olle Grotmudder vädragen. Gauden Appetit!

*

Pul di man jümmer de Rosinen ut'n Kauken!

Loat di nich nödige! Möt jedwedderein tauseihe, wo hei bliwwt!

Magd, Biest! Dem janze Stint frettst mit eis up? Dor biet' ick dreemoal von af!

Mäke, wennst Fisch kaake kannst, kast ock all Dag frije!

Aeten un Drinken hält Liew un Seel tosamen,
un manch Fuuler nährt sick davon.

185

An Stelle eines Nachworts

Wiederbegegnung mit der Heimat

Die Häuser, Höfe, Straßen haben sich verändert,
jedoch die Landschaft sieht noch so wie einstmals aus.
Du fühlst, wenn du durch Feld und Wiesen wanderst:
in dieser Landschaft bin ich immer noch zu Haus.

Die Frauen, Männer, Kinder haben sich verwandelt,
in ihrer Sprache, ihrem Denken kennst du dich nicht aus.
Erst unter alten Freunden, Weggefährten, spürst du wieder:
bei diesen Menschen bin ich immer noch zu Haus.

Ja, Landschaft, Menschen, Sprache sind es, die uns binden,
und auch die Freiheit — sprechen wir es ruhig aus —,
solange wir sie ernsthaft suchen, werden wir sie finden
und allzeit wissen: hier sind wir zu Haus!

Klaus Granzow

Autoren und Quellen

Arndt, Ernst Moritz, geb. 26. 12. 1769 in Groß-Schoritz auf Rügen, studierte in Greifswald und Jena Theologie, wurde 1800 Privatdozent und 1806 Professor für Geschichte und Philosophie in Greifswald. Vor Napoleon floh er nach Schweden und wurde 1812 Mitarbeiter des Freiherrn vom Stein in Petersburg. Der große Patriot und Freiheitssänger wurde jedoch 1821 wegen demagogischer Umtriebe seines Amtes als Professor in Bonn enthoben und erst 1840 wieder eingesetzt. 1848/49 war er Abgeordneter der Nationalversammlung in Frankfurt und starb am 29. 1. 1860 in Bonn.

Bismarck, Otto von (1815—1898), Schöpfer des deutschen Kaiserreiches, genannt »Der eiserne Kanzler«. 1851—58 preußischer Gesandter beim Deutschen Bund in Frankfurt, wird 1862 preußischer Ministerpräsident, errichtete den Norddeutschen Bund unter Leitung von Preußen. Bewog im Krieg gegen Frankreich 1870/71 die süddeutschen Staaten zum Anschluß ans deutsche Kaiserreich, dessen erster Kanzler er wurde. Er verwaltete in jungen Jahren das Gut Kniephof, Kreis Naugard, heiratete 1847 Johanna von Puttkamer in Reinfeld-Alt Kolziglow und erwarb das Gut Varzin im Kreis Rummelsburg.

Bogislaw X. (1454—1523), bedeutendster pommerscher Herzog auf dem Greifenthron. Er beendete den Erbfolgestreit mit Brandenburg und vereinte ganz Pommern in seiner Hand. 1493 erreichte er vor dem Reichstag die Aufhebung des von Brandenburg beanspruchten Lehnsverhältnisses und erhielt 1521 den kaiserlichen Lehnsbrief. Wirtschaft und Kultur des Landes erlebten einen ungeheuren Aufschwung.

Bredow, Hans, geb. am 26. 11. 1879 in Schlawe, gest. am 9. 1. 1959 in Wiesbaden. Er baute 1908 als Vorstandsmitglied der Telefunken den deutschen Schiffs- und Überseefunkdienst auf. Ab 1919 errichtete er als Ministerialdirektor im Reichspostministerium ein Reichsfunknetz und wurde der »Vater des deutschen Rundfunks«. Er setzte sich für die Überparteilichkeit des Rundfunks ein und wurde deshalb von den Nationalsozialisten verhaftet und erhielt Tätigkeitsverbot. In dieser Zeit baute er ein historisches Rundfunkarchiv auf und legte 1945 als Regierungspräsident in Wiesbaden einen neuen Entwurf für die zukünftige Gestaltung des deutschen Rundfunks vor. Die Gesetze vieler Rundfunkanstalten tragen seine Handschrift.

Brunk, August, war bis zu seinem Tode 1922 Studiendirektor in Osnabrück, eifriger Sammler pommerscher Volksüberlieferungen. Sein Beitrag stammt aus dem Heimatbuch »Pommerland«, herausgegeben von Hermann Kasten und Dr. Karl Müller im Brandstetter-Verlag zu Leipzig, 1926.

Bugenhagen, Johann, geb. 24. 6. 1485 in Wollin, gest. am 20. 4. 1558 in Wittenberg. 1504—21 Rektor der Lateinschule in Treptow an der Rega. Zugleich von 1517 an Lektor des Klosters Belbuck, von Herzog Bogislaw X. auf eine Reise durch Pommern geschickt, so entstand die »Pomerania«, eine erste Geschichte Pommerns in lateinischer Sprache. 1520 trat Bugenhagen zu Luthers Lehre über, wurde Stadtpfarrer in Wittenberg, Professor der Theologie, Beichtvater und Freund Luthers. Er wurde 1534 nach Pommern zurückgerufen, wo auf dem Landtag in Treptow beschlossen wurde, die Reformation in Pommern einzuführen. Auch für den Dänenkönig Christian III., für Braunschweig, Hamburg und Lübeck verfaßte er eine neue Kirchenordnung. Bugenhagen übersetzte die Bibel ins Plattdeutsche, um sie allen Gläubigen zugänglich zu machen.

Buschan, Georg (1863—1942), eigentlich Schiffsarzt, bedeutender Verfasser völkerkundlicher Werke, sein Beitrag ist der »Illustrierten Völkerkunde«, 1922, entnommen.

Brüggemann, Ludwig Wilhelm, geb. 1743 in Jakobshagen, Kreis Saatzig, schuf als Schloßprediger in Stettin ein grundlegendes Werk über seine Heimat: »Ausführliche Beschreibung des gegenwärtigen Zustandes des Königlich Preußischen Herzogthums Vor- und Hinterpommern«.

Döblin, Alfred, geb. am 10. 8. 1878 in Stettin, gest. am 26. 6. 1957 in Emmendingen/ Baden. Er stammte aus jüdischer Kaufmannsfamilie. Sein Vater verließ die Familie, die Mutter siedelte zu ihren reichen Brüdern nach Berlin über, als »armer Verwandter« Studium der Medizin, von 1911—1933 Nervenspezialist und Kassenarzt in Berlin. 1945 Rückkehr als französischer Staatsbürger im Dienste der Besatzungsmacht. Sein Hauptwerk ist der Roman »Berlin-Alexanderplatz«, der erfolgreich verfilmt wurde. Sein Beitrag stammt aus »Die Zeitlupe« im Walter-Verlag AG, Olten.

Fallada, Hans (Pseudonym für Rudolf Dietzen), geb. am 21. 7. 1893 in Greifswald als Sohn eines Landes- später Reichsgerichtsrates, gest. am 5. 2. 1947 in Berlin. Er führte ein unstetes Leben und war als Gutsrendant und landwirtschaftlicher Beamter auf Rügen und in Hinterpommern tätig, später Angestellter des Rowohlt Verlages. Seine Hauptwerke sind »Kleiner Mann, was nun?«, »Wolf unter Wölfen«, »Der Trinker«. Sein Beitrag ist erschienen in »Gesammelte Erzählungen« im Rowohlt Verlag GmbH, Reinbek bei Hamburg, 1967.

Feininger, Lyonel (1871—1956), bedeutender Maler und Grafiker, von 1919—1933 Lehrer am »Bauhaus«, kehrte 1937 nach New York zurück. Die Sommerferien verbrachte er oft mit seinen drei Söhnen in Deep an der Ostsee. Die Zitate stammen aus seinen Briefen.

Fontane, Theodor (1819—1898), siedelte mit seinen Eltern 1827 nach Swinemünde über, wo sein Vater eine Apotheke erwarb. 1836—1840 Apothekerlehrling in Berlin, danach Korrespondent in London, Kriegsberichterstatter und Theaterkritiker an der »Vossischen Zeitung«, wandte sich erst als Sechzigjähriger dem Roman zu und blieb bis ins hohe Alter produktiv. Hauptwerke: »Effie Briest«, »Der Stechlin«, »Meine Kinderjahre« und »Von Zwanzig bis Dreißig«.

Fulbrecht, Paul, geb. am 21. 6. 1908 in Bergholz/Löcknitz, aufgewachsen in Stettin, erste Veröffentlichungen im »Stettiner General-Anzeiger«. Schöpfer formvollendeter Gedichte und preisgekrönter Erzählungen. Sein Gedicht stammt aus dem Gedichtband »Lyrische Reise von Pommern nach Pommern«, 1963.

Friedrich, Caspar David, geb. am 5. 9. 1774 in Greifswald, gest. am 7. 3. 1840 in Dresden. Bedeutender Maler der Romantik und Schöpfer der »unendlichen Landschaft«. Seine Gemälde »Der Mönch am Meer« und »Die Klosterruine von Eldena«, sowie »Das Kreuz im Gebirge« erregten großes Aufsehen. Er übersiedelte nach Dresden und wurde dort 1817 Professor an der Akademie der Künste. Seine »Wiesen vor Greifswald« und »Regenbogen über der Insel Rügen« sowie die Hafenbilder seiner Heimatstadt gehören zu den Höhepunkten der romantischen Malerei.

Gaudecker, Rita von, geb. 14. 4. 1879 in Molstow, Kreis Greifenberg, gest. 18. 3. 1968 in Allmendingen. Sie verbrachte ihre Jugend in Pommern und verwaltete von 1919—1945 als 1. Vorsitzende des Helferbundes vom Kapellenverein drei Kinderheime an der Ostsee, 1945 Flucht nach Holstein und Allmendingen. Ihre Erzählungen und Gedichte erschienen in vielen Bänden, ihren Nachlaß verwaltet in liebevoller Weise Frau Thea Lönnies.

George, Heinrich, geb. am 9. 10. 1893 in Stettin, gest. am 25. 9. 1946 im Lager Sachsenhausen. Nach vielen Provinzjahren kam er 1921 an das Deutsche Theater in Berlin und 1923 an das Staatstheater. Seine größten Rollen waren der »Götz von Berlichingen«, »König Lear«, »Falstaff«. In den Filmen »Postmeister«, »Kolberg«, »Andreas Schlüter« u. v. a. wurden er weltberühmt. Er spielte auch den Franz Biberkopf in »Berlin-Alexanderplatz« von Döblin.

Granzow, Klaus, geb. am 10. 9. 1927 in Mützenow, Kreis Stolp. Bauernsohn, Schauspieler am Ohnsorg-Theater in Hamburg. Erhielt für seine Bücher über Pommern den »Pommerschen Kulturpreis«. Für seine Erzählungen, besonders über die »Pommeranos in Brasilien« erhielt er mehrere Literaturpreise. Seine Beiträge stammen aus dem Band »Es war die schönste Zeit« und aus mehreren Pommerschen Heimatkalendern.

Hauptmann, Gerhart (1862—1946), einer der größten Dramatiker Deutschlands. Als Schlesier wurde er vertrieben und fand seine letzte Ruhestätte auf seiner geliebten Insel Hiddensee. Dort verlebte er viele Sommer mit produktiver Schaffenskraft. »Gabriel Schillings Flucht« spielt auf Hiddensee, sein Schauspiel »Iphigenie in Delphi« schrieb er in vier Wochen auf der Insel. Mit Genehmigung des Verlages Ullstein GmbH, Berlin, aus der »Centenar-Ausgabe«.

Hoffmann, Else, starb 1954 hochbetagt wenige Wochen nach Erscheinen ihres Buches »Hundert Köstlichkeiten aus der Pommerschen Küche«, das sie zusammen mit Werner Gauß herausgab. Else Hoffmann stammte aus Schlawe und betrachtete die Arbeit an den »Hundert Köstlichkeiten« als einen besonders schönen Abschluß ihres schriftstellerischen Wirkens, das in erster Linie ihrer pommerschen Heimat galt. Der Absatz »Vom Essen und Trinken der alten Pommern« ist diesem Buch entnommen. (Pommerscher Buchversand, 1967, 2. Aufl.)

Hoffmann, Hans, geb. am 27. 7. 1848 in Stettin, gest. am 11. 7. 1909 in Weimar. Gymnasiallehrer in Stettin, Stolp, Danzig und Berlin, danach Redakteur und freier Schriftsteller in Freiburg i. Br. Er wurde 1902 Generalsekretär der Schillerstiftung. Umfangreiches Schaffen, u. a. die Romane »Das Gymnasium zu Stolpenburg«, »Tante Fritzchen«, »Von Haff und Hafen«, dazu Ostseemärchen und Geschichten aus Hinterpommern.

Huch, Ricarda (1864—1947), eine der größten deutschen Dichterinnen, schrieb das dreibändige Werk »Der große Krieg in Deutschland«, in dem sie auch Pommerns Leiden in den Wirren des Dreißigjährigen Krieges eindrucksvoll darstellte. Ihr Gedicht stammt aus dem Band »Wiederbegegnung«, Verlag Mensch und Arbeit, München.

Humboldt, Alexander von (1769—1859), Naturforscher von Weltrang, stammte aus »altem pommerschen Geschlecht« wie er selbst bezeugte. Er war bahnbrechend durch die vergleichende Betrachtung aller Naturerscheinungen. Ausgedehnte Reisen führten ihn nach Südamerika, in den Ural, nach China und ans Kaspische Meer. Hauptwerk »Kosmos« in 5 Bänden. Viele Gebirge, Flüsse, Gletscher und Meeresbuchten sind nach ihm benannt.

Humboldt, Wilhelm von (1767—1835), bedeutender Gelehrter und Staatsmann. Er gründete als preußischer Kultusminister die Berliner Universität, war Gesandter in Wien, Rom und London. Seine liberale Gesinnung führte 1819 zur Entlassung. Staatspolitische und ästhetische Schriften, umfangreicher Briefwechsel mit Schiller.

Kannenberg, Elfriede, geb. am 13. 5. 1888 in Kurland, seit 1920 in Simmatzig, Kreis Belgard, verheiratet. Kulturberaterin der pommerschen Hausfrauenvereine. Verfasserin vieler Märchen- und Weihnachtsspiele. Lebt in Hamburg.

Kaeker, Hugo, geb. am 9. 5. 1864 in Gartz/Oder, gest. 18. 10. 1940 in Stettin. Seine Gedichtsammlung »Vom Land und Meer« bietet eine Fülle pommerscher Sagenstoffe. Er gab drei Bände »Pommersche Heimatdichtung« heraus.

Kantzow, Thomas, geb. 1505 in Stralsund, gest. 25. 9. 1542 in Stettin. Er war Sekretarius der Herzoglich-Wolgastischen Kanzlei, gab die bekannte Chronik »Pomerania, Ursprunck, Aldtheit und Geschicht der Volker und Lande Pommern, 1542« heraus.

Kasten, Hermann, geb. am 8. 6. 1866 in Pegelow/Saatzig, lebte als Rektor der Stein-Fichte-Schule in Köslin und starb auf einem Vertriebenentransport 1946 in Potsdam. Er gab das Buch »Pommerland« heraus, aus dem mehrere Beiträge entnommen sind.

Kleist, Ewald von, geb. am 7. 3. 1715 auf Gut Zeblin bei Bublitz, gest. am 24. 8. 1759 nach der Schlacht bei Kunersdorf. Er besuchte die Universität in Königsberg und mußte in dänische Militärdienste treten, kam 1740 nach Preußen zurück. Als »Dichter und Soldat« enge Freundschaft mit Gellert und Lessing, der ihn als »Major von Tellheim« im ersten deutschen Lustspiel verewigte. Von seinen Natur- und Liebesliedern fand »Der gelähmte Kranich« Eingang in die Schullesebücher.

Kramp, Willy, geb. am 18. 6. 1909 in Mühlhausen/Elsaß, verbrachte seine Schulzeit in Stolp, studierte in Königsberg und Berlin, ab 1936 im höheren Schuldienst, 1939—1942 Heerespsychologe, danach Wehrdienst und russische Gefangenschaft, über die er den Bericht »Brüder und Knechte« schrieb. Sein Beitrag stammt aus dem Buch »Der letzte Feind«, Neuausgabe erschienen im Verlag F. H. Kerle GmbH, Freiburg.

Lagerlöf, Selma (1858—1940), schwedische Dichterin, Weltruhm durch den Erstlingsroman »Gösta Berling«, für den sie 1909 den Nobelpreis erhielt. Berühmt wurden auch ihre »Christuslegenden« und ihr Kinderbuch »Die wunderbare Reise des kleinen Nils Holgersson mit den Wildgänsen«, aus dem das Kapitel »Die Stadt auf dem Meeresgrund« entnommen ist.

Löns, Hermann, geb. 28. 8. 1866 in Kulm, gest. 26. 9. 1914. Kinderzeit in Deutsch Krone, studierte in Greifswald Medizin und Naturwissenschaften, begeisterter Jäger, schrieb Tiergeschichten (»Mümmelmann«) und Naturschilderungen, seine volksliedhaften Gedichte wurden oft vertont, »Sänger der Lüneburger Heide«.

Lüpke, Gerd, geb. am 19. 5. 1920 in Stettin, verlebte seine Kinderjahre in Loitz und Grimmen, wuchs in Ribnitz auf und lebt heute in Varel/O., bekannter Rundfunkmann, schrieb viele Hörspiele und Tausende von Sendungen für alle Rundfunkanstalten, erhielt den »Pommerschen Kulturpreis« und viele andere Auszeichnungen. Seine Gedichte, Erzählungen und plattdeutschen Plaudereien sind in verschiedenen Büchern veröffentlicht worden.

Malade, Theodor (1869—1944), Studium der Medizin in Greifswald und Berlin, später Arzt in Treptow/Tollense. Schrieb Heimatbücher über Greifswald und »Geschichten von der Scholle«, »Geschichte vom lütten Schnider« und »Geister der Tiefe«.

Micraelius, Johann, geb. 1597 in Köslin, gab als Rektor der Universität Greifswald, der ältesten alma mater Preußens, in seinem Werk »Sechs Bücher vom alten Pommernland« dessen gesamte Geschichte bis zum Erlöschen des Fürstenhauses heraus.

Müllert-Grählert, Martha, geb. am 20. 12. 1876 in Barth, gest. am 19. 11. 1939 in Franzburg, wuchs in Zingst auf und ging als Erzieherin nach Berlin, heiratete den Hippologen Müller, der 1911 einen Ruf nach Japan erhielt. Dort schrieb Martha Grählert aus Heimweh das Gedicht »Wo de Ostseewellen trecken an den Strand«, das aber erst durch die Umschreibung auf »Nordseewellen« populär und bekannt wurde. Sie schrieb nach dem Tode ihres Mannes Schelmenstücke und plattdeutsche Verse und trat als »Mudder Möllersch« auf.

Oertzen, Elisabeth von, geb. am 19. 7. 1860 in Trieglaff, gest. am 29. 4. 1929 in Dorow bei Regenwalde, verlebte ihre Kindheit auf dem Rittergut Batzwitz. Nach ihrer Heirat blieb sie auf dem Gut Dorow. Sie schrieb zahlreiche humoristische Geschichten in mundartlicher Färbung, die das hinterpommersche Landleben treffend beschreiben: »Die ollen vielen Jungs«, »Entenrike«, »Der goldene Morgen«, »Wir auf dem Lande«. Ihre Beiträge stammen aus »Pommerland« und »Wir Pommern«.

Pompe, Adolf, geb. am 12. 1. 1831 in Stettin, gest. am 23. 12. 1889 in Demmin. Studium der Theologie in Halle, Oberlehrer in Stettin, Superintendent in Lauenburg und Demmin, schrieb das Pommernlied auf einer Ferienwanderung im Harz.

Reepel, Martin, am 1. 10. 1878 in Berlin geboren. Er war Oberschullehrer und Schriftleiter in Stettin, Vorsitzender des Landesvereins Pommern, schrieb mehrere Bücher über Wanderungen durch Pommern und Betrachtungen über den pommerschen Charakter und den pommerschen Humor.

Rehbein, Franz, 1867 in Neustettin geboren als Sohn eines kranken Schneidermeisters und einer Waschfrau. Schon als Junge mußte er auf den Gütern Hinterpommerns arbeiten und ging mit 14 Jahren als »Sachsengänger« nach Holstein, wo er ebenfalls die sozialen Mißstände als Landarbeiter und Tagelöhner kennenlernte. Mit 28 Jahren wurde ihm an einer Dreschmaschine der rechte Arm abgerissen. Er ging mit Frau und Kindern nach Kiel und später nach Berlin als Zeitungsausträger und später als Lokalberichterstatter des »Vorwärts«. 1907 begann er seine Biographie unter dem Titel »Leben eines Landarbeiters« niederzuschreiben und starb 1909 mit 42 Jahren.

Runge, Philipp Otto, geb. am 23. 7. 1777 in Wolgast, gest. am 2. 12. 1810 in Hamburg. Ausbildung zum Maler in Hamburg und Kopenhagen. Freundschaft mit Tieck und Brentano in Dresden, ebenso mit C. D. Friedrich. Neben seinen romantischen Gemälden schrieb er hoch- und plattdeutsche Verse und lauschte pommerschen Fischern

Märchen ab, die er den Brüdern Grimm für ihre Sammlung zur Verfügung stellte.

Schleich, Carl Ludwig, geb. am 19. 7. 1859 in Stettin, gest. am 7. 3. 1922 in Saarow bei Berlin. Er studierte Medizin unter Virchow, Entdecker der Lokal-Anästhesie. Er schrieb viele Gedichte, Betrachtungen und Erinnerungen. Der erste Bestseller in Deutschland war sein Buch »Besonnte Vergangenheit«, erschienen 1922 im Ernst Rowohlt Verlag, Berlin, aus dem sein Beitrag stammt.

Schlichting, Siegmund, geb. am 4. 1. 1853 in Isinger im Pyritzer Weizacker. Im Kirchdorf Beyersdorf erlebte er eine fröhliche Kindheit. Seine »Stettiner Kreuzpolka« wurde hier im Jahre 1885 zum erstenmal getanzt.

Stephan, Heinrich von, geb. am 7. 1. 1831 in Stolp, gest. am 8. 4.1897 in Berlin. Er war der Neuorganisator des deutschen Postwesens, Generalpostmeister und Gründer des Weltpostvereins 1874. Er erfand die Postkarte 1865 und führte 1877 den Fernsprecher ein. Daneben verfaßte er zahlreiche Werke über das Postwesen, schrieb Gedichte und humorvolle Zweizeiler.

Weiss, Konrad, fränkischer Erzähler, 1940 verstorben. In seinem Buch »Deutschlands Morgenspiegel« beschreibt er eine Wanderfahrt durch Pommern, aus dem wir die Beiträge über Stettin abdrucken.

Witzlaw III., Fürst von Rügen, geb. 1265, gest. 8. 11. 1325 in Barth. Pommerscher Minnesänger, kam 1302 an die Regierung. Seine Lieder sind in der »Jenaer Handschrift« überliefert.

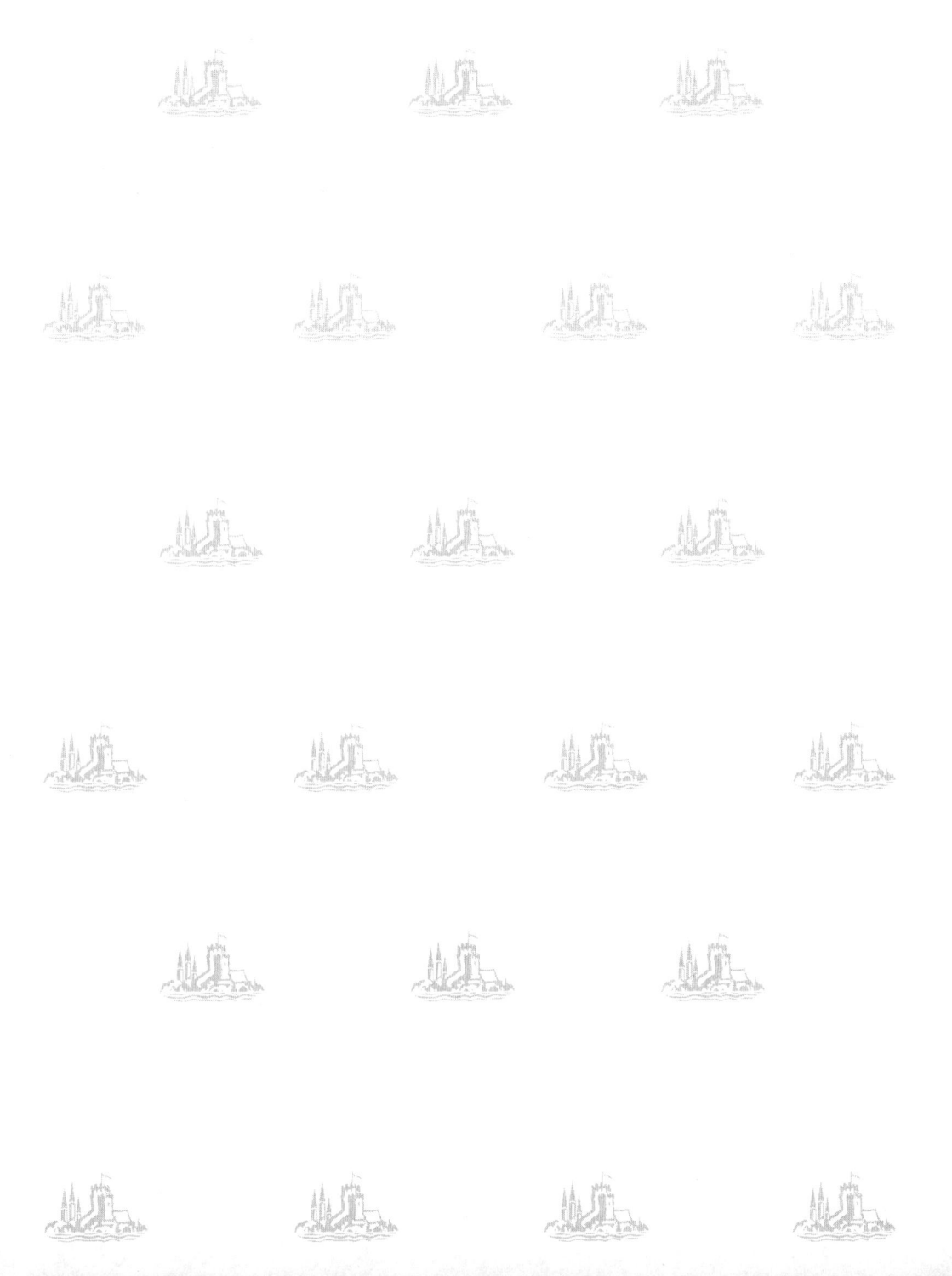

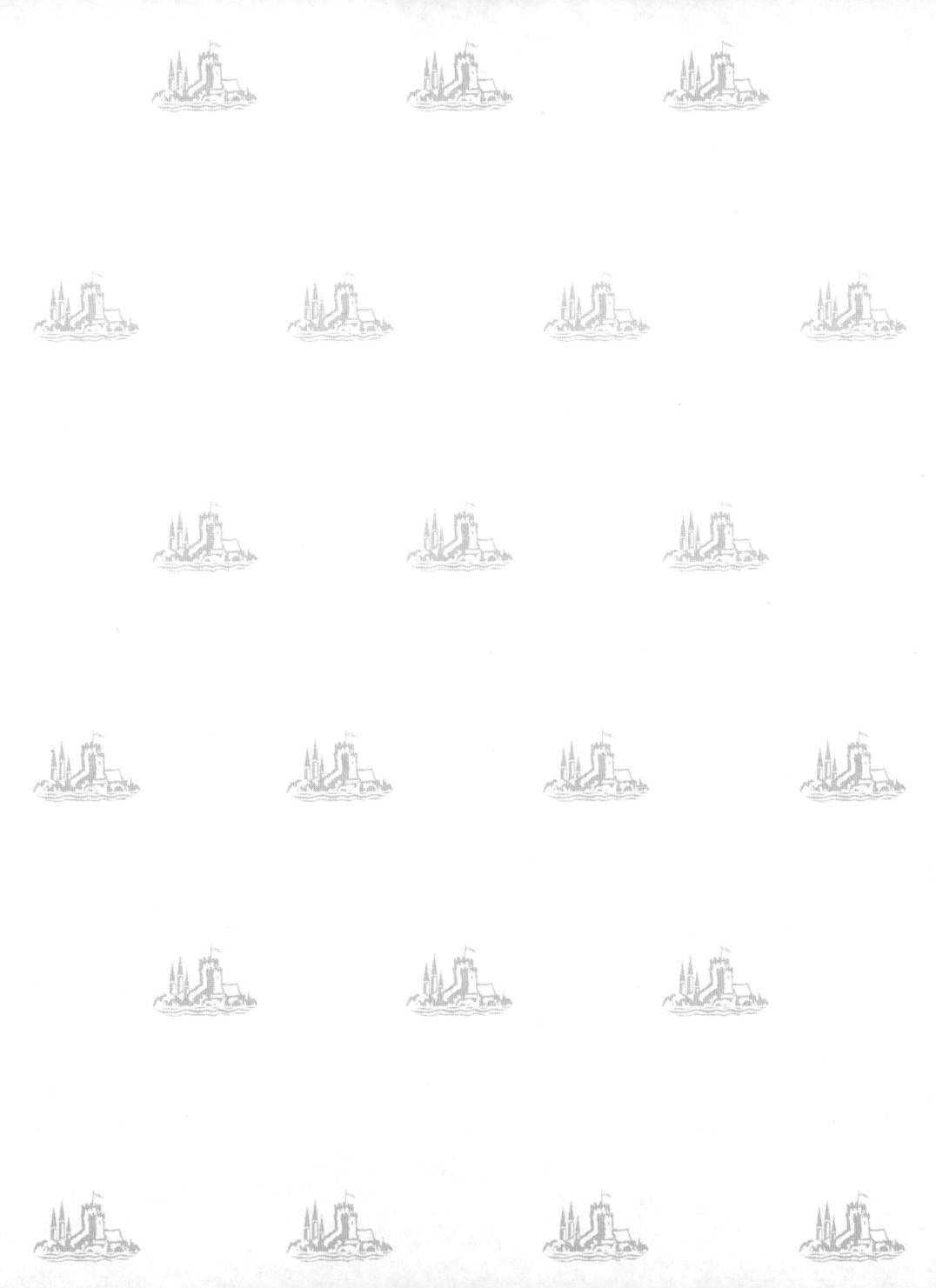